데이터베이스 II

DATABASE II

이상호 저

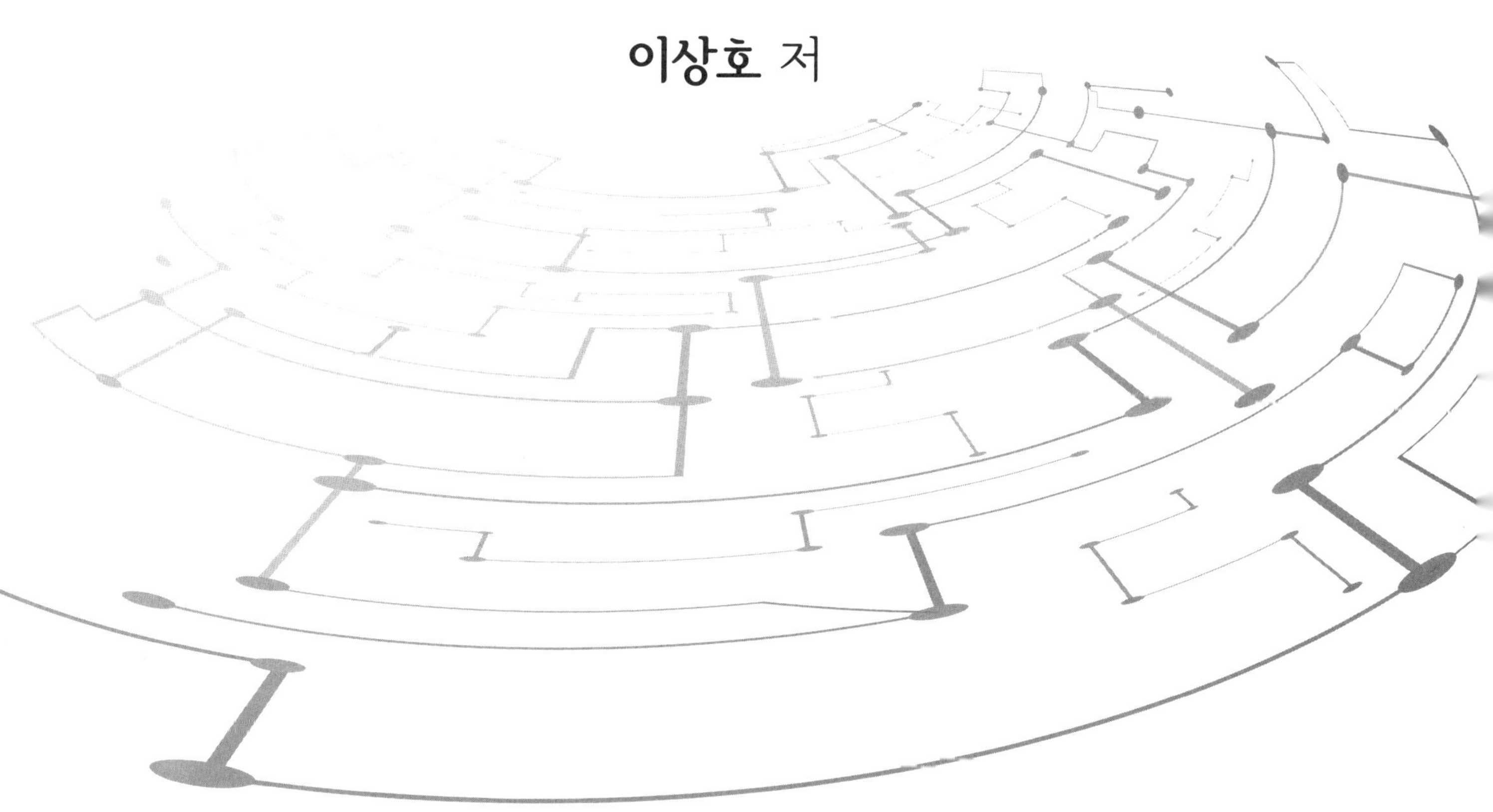

SSU Press

목차

시작하기 5

Chapter 01 트랜잭션 이론 9
1.1 트랜잭션 개념 • 10
1.2 직렬가능 • 15
1.3 직렬가능 시험 • 24
1.4 회복가능 • 26

Chapter 02 동시성 제어 31
2.1 록 기반 규약 • 32
2.2 다중 단위 크기 록킹 • 41
2.3 교착상태 • 45
2.4 삽입 및 삭제 연산 • 48
2.5 SQL 트랜잭션 분리 • 52

Chapter 03 회복 57
3.1 장애 및 회복 • 58
3.2 로그 • 63
3.3 로그 기반 회복 • 68
3.4 원격 백업 • 76

Chapter 04 저장 장치 79
4.1 물리적 저장 매체 • 80
4.2 자기 디스크 • 85
4.3 RAID • 93
4.4 화일 구성 • 99
4.5 버퍼 관리 • 106

Chapter 05 색인 109
5.1 기본 개념 • 110
5.2 B^+-트리 색인 • 117
5.3 B^+-트리 변형 • 128
5.4 정적 해쉬 • 135
5.5 동적 해쉬 • 139
5.6 비트맵 색인 • 147

Chapter 06 질의 처리 151
6.1 개요 • 152
6.2 선택 연산 • 156
6.3 외부 정렬 • 159
6.4 조인 연산 • 163
6.5 다른 연산 • 172
6.6 수식 평가 • 174

Chapter 07 객체 관계형 데이터베이스 시스템 179
7.1 동기 • 180
7.2 구조 타입 • 184
7.3 상속 • 187
7.4 집합 타입 • 189
7.5 객체 식별자와 참조 타입 • 192
7.6 RDB, ORDB, OODB • 196

Chapter 08 OLAP, 데이터 웨어하우스, 데이터 마이닝 199
8.1 OLAP • 200
8.2 데이터 웨어하우스 • 210
8.3 데이터 마이닝 • 217

부 록 229
영문/한글 용어 변환표 • 230

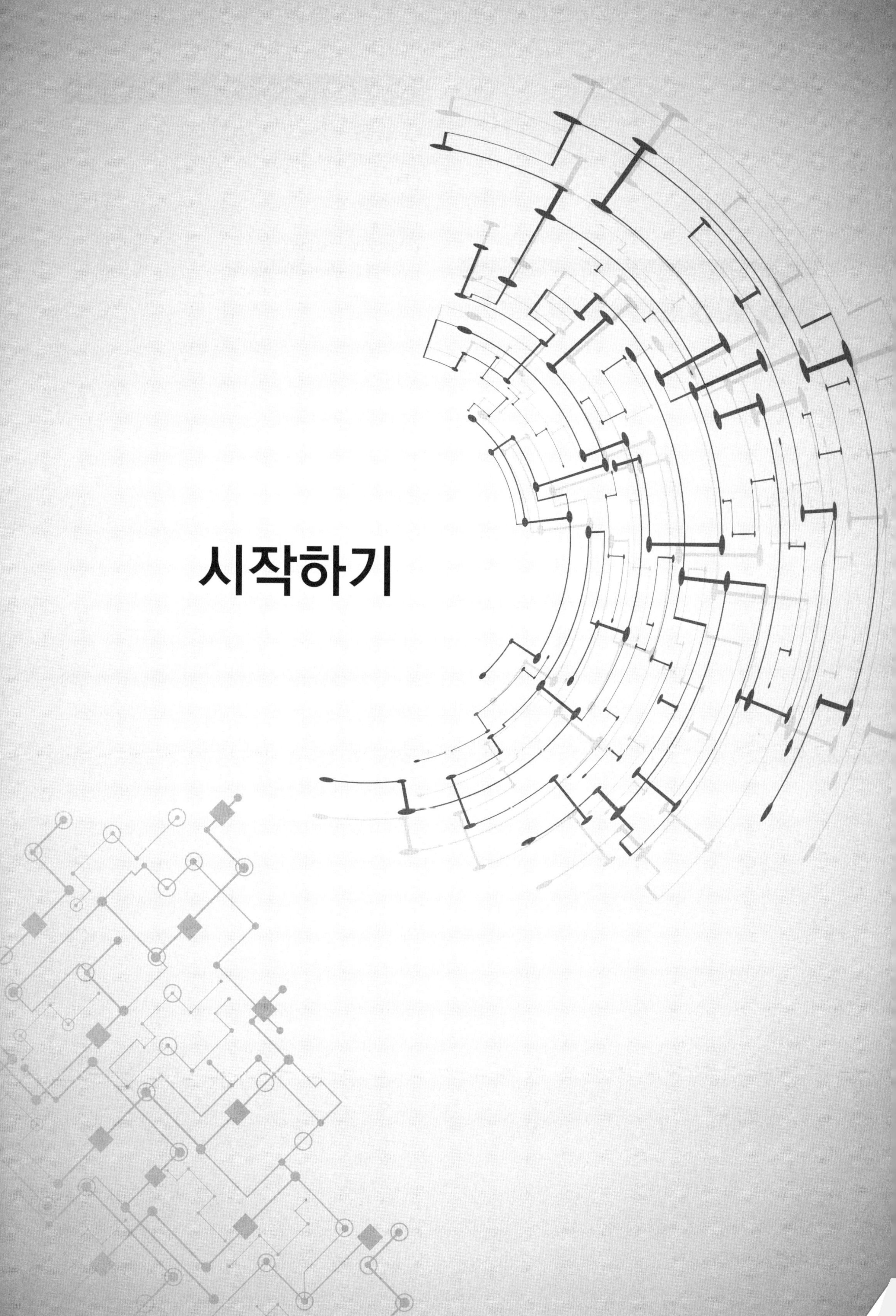

시작하기

0. GETTING STARTED

Table of Contents

- Transaction Theory
- Concurrency Control
- Recovery
- Storage
- Index
- Query Processing
- Object-relational Databases
- OLAP, Data Warehouse and Data Mining

시작하기

본 책은 데이터베이스에 관하여 이전에 출판되었던 "데이터베이스 I" 교재의 후속 판이다. "데이터베이스 I" 교재에서 다루지 못하였으나, 대학교 및 대학원 과정의 데이터베이스 강의에서 반드시 다루어져야 하는 내용을 중심으로 본 책을 구성하였다.

본 교재는 기본적으로 강의에 적합한 형태로 집필되었으며, 그 결과 교재의 서술방식, 구성, 내용 배열은 "데이터베이스 I"과 동일하다.

목차

본 책의 목차를 보인다. 첫째, 데이터베이스 시스템에서 중요한 개념인 트랜잭션에 관하여 기본 이론, 동시성 제어, 회복 기능에 관하여 살펴본다. 둘째, 데이터베이스 시스템에 대한 내부 구조 및 운영 지식을 위하여, 저장장치, 색인, 질의어 처리 기술을 살펴본다. 마지막으로 현대 데이터베이스 시스템에 관한 주제로 객체관계형 데이터베이스, 데이터 웨어하우스, 데이터 마이닝에 관하여 살펴본다.

한 학기 강의는 16주로 구성이 되므로, 각 주제에 대하여 2주간 할당하여 강의한다.

Major References

- A. Silberschatz, H. Korth and S. Sudarshan, Database System Concepts (6th edition), McGraw Hill, 2011.
- J. Gray and A. Reuter, Transaction Processing: Concepts and Techniqiues, Morgan Kaufmann, 1993.
- P.A. Bernstein, V. Hadzilacos and N. Goodman, Concurrency Control and Recovery in Database Systems, Addison-Wesley Publishing Company, 1987.
- R. Elmasri and S.B. Navathe, Fundamentals of Database Systems (6th Edition), Addison Wesley, 2010.
- W. Kim, Introduction to Object-Oriented Databases, The MIT Press, 1990.

주요 참고문헌

본 책 서술을 위하여 참조하였던 주요 참고 문헌을 보인다

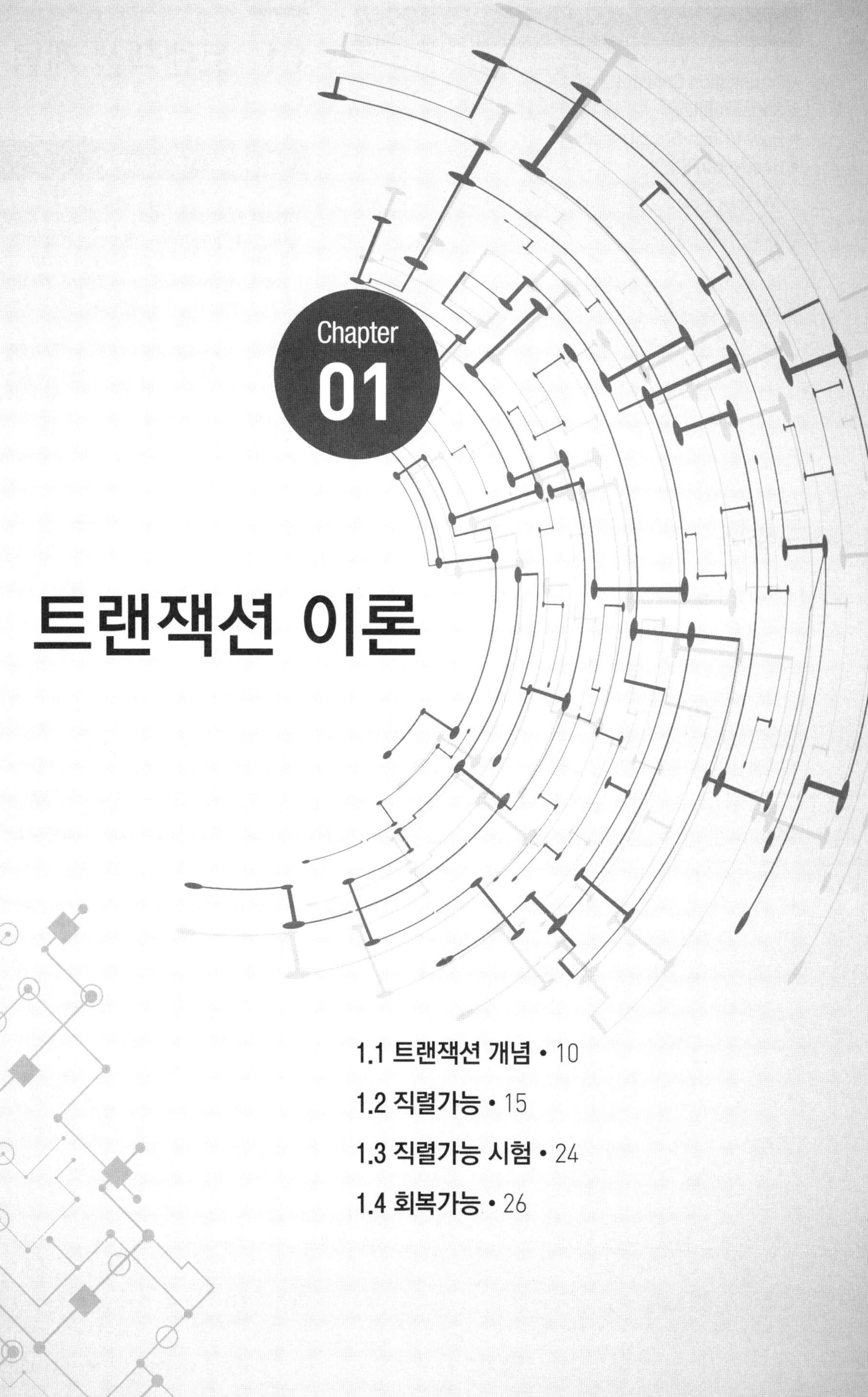

Chapter 01

트랜잭션 이론

1.1 트랜잭션 개념 • 10
1.2 직렬가능 • 15
1.3 직렬가능 시험 • 24
1.4 회복가능 • 26

Subtopics

- Transaction Concept
- Serializability
- How to Test Serializability
- Recoverability

구성요소

트랜잭션 기능은 데이터베이스 시스템이 제공하는 중요한 기능 중의 하나이며, 많은 상용 데이터베이스 시스템이 트랜잭션 기능을 제공한다. 트랜잭션 기능은 많은 사용자가 동시에 접근하는 비행기 예약, 은행 업무, 신용카드 처리, 주식시장, 온라인 쇼핑몰 등 많은 응용 분야에서 사용된다. 트랜잭션은 데이터베이스 시스템과 다른 일반 소프트웨어를 구분하는 기능이라고 할 만큼 데이터베이스 시스템의 중요한 기능이다.

본 장에서는 트랜잭션에 대한 주요 이론을 살펴본다. 트랜잭션의 개념, 트랜잭션 스케줄, 직렬, 직렬가능(serializability), 회복가능 등에 관하여 살펴본다.

1.1 트랜잭션 개념

Transaction Example

```
start transaction;      // start a new transaction
select @orderNumber := max(orderNUmber)
from orders;  // get latest order number
set @orderNumber = @orderNumber  + 1;
// set new order number

// insert a new order for customer 145
insert into orders(orderNumber, orderDate,
requiredDate, shippedDate, status,
customer Number)
values(@orderNumber, now(), date_add(now(),
INTERVAL 5 DAY), date_add(now(), INTERVAL 2
DAY), 'In Process', 145);

// insert 2 order line items
insert into orderdetails(orderNumber, productCode,
quantityOrdered, priceEach, orderLineNumber)
values(@orderNumber,'S18_1749', 30, '136', 1);
insert into orderdetails(orderNumber, productCode,
quantityOrdered, priceEach, orderLineNumber)
values(@orderNumber,'S18_2248', 50, '55.09', 2);

commit; // commit changes

// get the new inserted order
select * from orders a inner join orderdetails b on
a.ordernumber = b.ordernumber
where a.ordernumber = @ordernumber;
```

트랜잭션 예제

트랜잭션은 하나의 논리적 작업을 수행하는 데이터베이스 연산의 순서(sequence)이다. 데이터베이스 시스템을 이용하여 사용자가 원하는 연산을 수행할 때, 수행하고자 하는 연산의 논리적인 단위가 트랜잭션이며, 구체적으로는 데이터베이스 접근 프로그램에서 데이터베이스 연산의 순서로 구성되는 프로그램의 일부이다. 트랜잭션은 데이터를 접근하고 갱신하는 데이터베이스 프로그램의 수행 단위라고 할 수 있다.

MySQL 시스템에서 제공하는 트랜잭션의 예제이다. 상기 트랜잭션은 새로운 주문 번호를 구하여 두 개의 테이블(orders, orderdetails)에 해당 주문 데이터를 삽입하는 트랜잭션이다. 데이터베이스 시스템마다 다소 간의 SQL 구문상의 차이는 있으나, 트랜잭션의 기능은 동일하다.

Transaction Concept

- A transaction is a unit of database program that accesses and possibly updates various data items
- A simplified transaction to transfer $50 from account A to account B
  - read(A)
    A := A – 50
    write(A)
    read(B)
    B := B + 50
    write(B)

트랜잭션 개념

사용자는 데이터베이스 접근 및 수정을 하기 위하여 SQL 언어를 사용한다. 응용 프로그램 개발은 embedded SQL, ODBC와 같은 SQL API 등 다양한 방식이 있으나, 공통점은 일반 프로그램 내에 SQL 언어가 산재해 있는 형식이다.

SQL 언어로 작성되는 트랜잭션을 사용하는 경우 필요이상으로 복잡하고 특정 시스템에 의존적인 기술이 되므로, 본 교재에서는 단순화된 트랜잭션 모델을 사용한다. 데이터베이스에 적용되는 모든 연산은 read/write 연산으로 대치할 수 있으므로, 단순화된 트랜잭션 모델에서는 read/write 연산만 사용하여 트랜잭션을 구성하기로 한다. 트랜잭션은 컴퓨터 프로그램 내에서 데이터베이스에 대한 read/write 연산이 삽입되어 있는 프로그램의 일부이다.

상기 프로그램은 은행 A 계정에서 B 계정으로 50불을 송금하는 단순화된 트랜잭션 예제이다.

Transaction Management

- Two main issues to deal with
  - Hardware/software/transaction failures
  - Concurrent execution of multiple transactions

트랜잭션 관리

트랜잭션과 관련되는 두 가지 이슈는 다양한 시스템 장애를 극복하는 회복 기능과 다수개의 트랜잭션을 동시에 수행하였을 때 발생하는 문제점을 해결하는 동시성 제어 기능이다.

A transaction should have the ACID properties

- Atomicity: Either all operations of the transaction are properly reflected in the database or none are
- Consistency: Execution of a transaction in isolation preserves the consistency of the database
- Isolation: Although multiple transactions may execute concurrently, each transaction must be unaware of other concurrently executing transactions. Intermediate transaction results must be hidden from other concurrently executed transactions
- Durability: After a transaction completes successfully, the changes it has made to the database persist even if there are system failures

트랜잭션은 ACID 성질을 가져야 한다

트랜잭션은 데이터베이스 무결성을 유지하기 위하여 ACID 성질을 가져야 하며, ACID는 상기에 나와 있는 네 가지 성질의 첫 자로 만든 약어이다. ACID 성질은 트랜잭션을 정의하는 명확한 기준이다.

원자성(atomicity)은 all-or-nothing을 의미한다. 일치성(consistency)은 단일 트랜잭션의 수행은 데이터 무결성을 유지한다는 가정이다. 고립성(isolation)은 다수 트랜잭션이 동시에 수행이 되어도 사용자에게는 본인 트랜잭션만이 홀로 수행되고 있는 느낌을 준다는 성질이다. 지속성(durability)은 완료된 트랜잭션의 결과는 후에 시스템 장애가 발생하여도 데이터베이스 상태에 반영되어야 한다는 것이다.

사용자가 트랜잭션을 선언하면 데이터베이스 시스템은 트랜잭션의 ACID 성질을 사용자에게 제공하여야 한다. 예를 들어, 트랜잭션 수행 중에 시스템 고장이 발생하여 트랜잭션을 끝까지 수행하지 못하면 트랜잭션의 원자성 성질로 인하여 해당 트랜잭션이 수행되지 전의 데이터베이스 상태로 복귀하여야 한다. ACID 성질을 사용자에게 제공하기 위하여 데이터베이스 시스템은 내부적으로 많은 연산을 수행한다.

Example of Fund Transfer (1/3)

- Transaction to transfer $50 from account A to account B
  1. read(A)
  2. A := A – 50
  3. write(A)
  4. read(B)
  5. B := B + 50
  6. write(B)
- Atomicity requirement
  - If the transaction fails after step 3 and before step 6, money will be "lost" leading to an inconsistent database state
  - Updates of a partially executed transaction should not be reflected in the database
- Durability requirement
  - Once the user has been notified that the transaction has completed (i.e., the transfer of the $50 has taken place), the updates to the database by the transaction must persist even if there are software or hardware failures

자금이체 예제 (1/3)

구좌 A에서 B로 50불을 자금 이체하는 트랜잭션이다. 예제 트랜잭션에서 ACID 성질이 어떻게 적용될 수 있는지를 설명한다.

원자성은 트랜잭션 모든 연산이 수행되거나 아니면 전혀 수행되지 않아야 한다(all or nothing)는 성질이며, 상기 예제에서 만약 3번 라인을 수행하고 6번 라인 수행 전에 시스템 장애가 발생하여 트랜잭션 끝까지 연산을 할 수 없으면 3번 라인 효과를 데이터베이스 시스템에서 제거하여야 하는 성질이다. 3번 라인 효과는 A 데이터 값 변경이므로, 데이터베이스 시스템은 장애가 발생하면 데이터 아이템 A를 원래 데이터 값으로 다시 변경하여야 한다. 1번 및 2번 연산은 데이터 베이스 값을 변경하지 않았으므로 원자성 성질에 의하여 데이터베이스 시스템이 특별히 조치를 취하지 않는다.

지속성(durability)이 보장되지 않은 데이터베이스 시스템은 실생활에서 사용할 수가 없다. 만약 고객이 은행에 입금하였는데 다음날 디스크 장애로 인하여 은행에서 입금사실을 고객에게 확인해 줄 수 없다면 큰 문제가 발생할 것이다.

Example of Fund Transfer (2/3)

- Consistency requirement
  - In general, consistency requirements include
    - · Explicitly specified integrity constraints (such as primary keys and foreign keys)
    - · Implicit integrity constraints
      - Here, the sum of A and B is unchanged by the execution of the transaction
  - A transaction must see a consistent database. During transaction execution the database may be temporarily inconsistent. But when the transaction completes successfully the database must be consistent

자금이체 예제 (2/3)

트랜잭션 일치성은 독립적인 하나의 트랜잭션 수행에 의하여 데이터베이스 무결성제약이 위배되지 않는다는 성질이다.

데이터 무결성제약은 명시적으로 선언되는 제약과 묵시적으로 선언되는 제약 등이 있다. 트랜잭션 시작 시에 데이터베이스가 무결성제약을 만족하면 트랜잭션이 종료하였을 때도 무결성제약을 만족하여야 한다는 성질이다. 다만 트랜잭션 수행 중간에는 데이터베이스가 무결성제약을 만족하지 않을 수도 있다.

트랜잭션 내부의 논리 오류로 인하여 트랜잭션이 완료되었을 때 데이터베이스 무결성이 위배될 수 있으나, 여기서는 이러한 가능성은 없다고 가정한다. 현실적으로는 트랜잭션이 데이터베이스가 제공하는 무결성제약을 만족하도록 설계되어야 한다.

Example of Fund Transfer (3/3)

- Isolation requirement — if between steps 3 and 6, another transaction T_2 is allowed to access the partially updated database, it will see an inconsistent database (the sum A + B will be less than it should be)

T_1	T_2
1. read(A)	
2. A := A – 50	
3. write(A)	
	read(A), read(B), print(A+B)
4. read(B)	
5. B := B + 50	
6. write(B)	

- Isolation can be ensured trivially by running transactions serially (one after the other)

자금이체 예제 (3/3)

고립성 요구사항에 위배되는 트랜잭션 수행이다. 시간은 그림 위에서 밑으로 흐른다고 가정한다. T_1이 세 개 문장이 수행되고, 그 다음 T_2가 수행되고, 그 다음 T_1이 마지막 세 문장을 수행하였다.

T_2가 접근하는 데이터 A, B는 T_1 트랜잭션 중간 값으로 트랜잭션 실행 중간 값은 무결성제약을 만족하지 않을 수 있다. (상기 경우에는 무결성제약을 위배하고 있음) 무결성제약을 위배하는 T_1의 중간 값을 T_2가 접근을 하게 되면, T_2가 읽은 값을 기반으로 수행한 연산은 모두가 잘못된 연산이므로, 데이터베이스 시스템은 이러한 접근을 허용하지 않아야 한다. 상기와 같이 데이터베이스 연산을 수행하면 트랜잭션의 고립성을 위배한다.

트랜잭션을 직렬 실행(serial execution, 트랜잭션을 하나씩 처음부터 끝까지 수행하는 방식으로, 트랜잭션 연산 간의 overlapping이 없는 수행 방식)하면 트랜잭션의 고립성은 (이론적으로) 자연스럽게 제공될 수 있다. 그러나 데이터베이스 시스템의 성능이 중요한 실제 환경에서 트랜잭션의 직렬 수행 방식은 채택이 불가능한 정책이며, 동시에 다수 사용자가 데이터 베이스 시스템에 접근하여 서비스를 제공받는 interleaved execution을 데이터베이스 시스템이 지원한다.

Transaction State (1/2)

- Active
  - The initial state; the transaction stays in this state while it is executing
- Partially committed
  - After the final statement has been executed
- Aborted
  - After the transaction has been rolled back and the database restored to its state prior to the start of the transaction
- Committed
  - After successful completion

Transaction State (2/2)

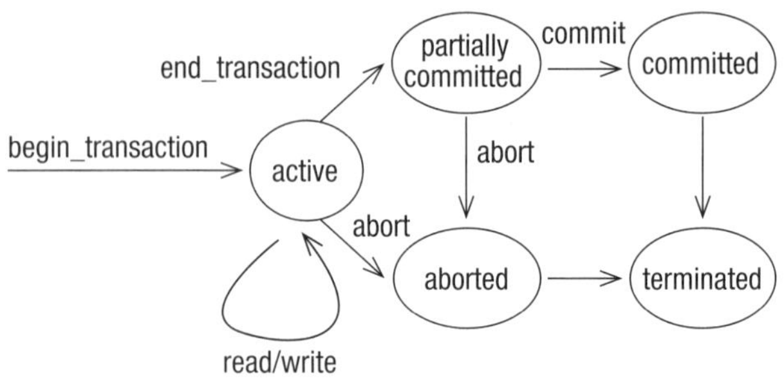

트랜잭션 상태 (1/2)

트랜잭션 상태는 몇 가지로 분류할 수 있다. 수행(active) 중인 상태에서 트랜잭션의 모든 문장이 실행되면 부분 완료(partially committed) 상태가 되며, 트랜잭션 완료를 위한 조치(예를 들면, 관련 로그를 안전한 장소에 기록)가 성공적으로 수행되면 트랜잭션은 완료(committed) 상태가 된다.

트랜잭션이 완료되기 전에는 트랜잭션 수행 중에 시스템 고장, 트랜잭션 연산 오류 등의 다양한 이유로 인하여 트랜잭션 연산을 수행하지 못하는 상황이 발생할 수 있으며, 이 경우에는 트랜잭션이 철회(aborted) 상태가 된다. 또는 사용자가 명시적으로 트랜잭션 철회를 요구하기도 한다. 트랜잭션의 철회 단계가 되면, 트랜잭션이 초기에 시작할 상태로 데이터베이스를 원상 복귀하여야 한다.

철회된 트랜잭션은 데이터베이스 시스템에 의하여 다시 시작할 수 있다.

트랜잭션 상태 (2/2)

트랜잭션 상태를 다이어그램 형식으로 보여준다.

Concurrent Executions

- Multiple transactions are allowed to run concurrently in the system. Advantages are
  - Increased processor and disk utilization, leading to better transaction throughput
  - Reduced average response time for transactions: short transactions need not wait behind long ones
- Concurrency control schemes are mechanisms to achieve isolation
  - To control the interaction among the concurrent transactions in order to prevent them from destroying the consistency of the databas

동시 실행

시스템은 다수개의 트랜잭션을 동시에 수행하며, 장점은 자원 활용성이 증가하고, 트랜잭션의 평균 응답 시간이 증가하는 것이다. 데이터베이스 시스템에서 트랜잭션의 동시성 수행에 의한 장점은 운영체제에서 개별 프로세스(process) 동시성 수행과 유사한 장점이다.

다수의 트랜잭션을 동시적으로 수행 시에 데이터베이스 시스템에서 이를 제어하는 방법을 동시성 제어라고 한다.

1.2 직렬가능 (serializability)

Correct Execution

- What are correct criteria of concurrent executed transactions???
- Two widely-accepted criteria
  - Conflict serializable
  - View serializable
- Note, serial execution of transactions is always correct (why???)

올바른 실행

다수개의 트랜잭션을 동시에 수행할 때 올바른 트랜잭션 실행은 무엇인가를 결정하여야 한다. 트랜잭션은 다수 개의 데이터베이스 연산으로 구성이 되며, 다수개의 트랜잭션이 동시에 수행이 되면 타 트랜잭션에 속한 연산과 서로 혼합되어 수행이 될 것이며, 올바른 트랜잭션 실행에 대한 정확한 정의가 필요하다.

참고적으로 트랜잭션을 순차적으로 수행하는 직렬 방법은 항상 올바르며(correct), 이는 트랜잭션의 일치성 성질로 인하여 데이터베이스가 항상 일치하는 상태로 유지되기 때문이다. 그러나 직렬 트랜잭션 실행은 현실적으로는 운영이 불가능하며, 다만 올바른 트랜잭션 실행의 판단 기준으로 사용한다.

Transaction State (1/2)

- There are three cases in which nonserializable execution causes problems, concurrency anomalies
- dirty read
  - T_2 has seen dirty data

T_1	T_2
WRITE(A)	
	READ(A)
	A = A + 50
	WRITE(A)
ROLLBACK	

- lost update
  - Effect (i.e. update) of T_2 is lost

T_1	T_2
READ(A)	
A = A + 50	
	READ(A)
	A = A + 50
	WRITE(A)
WRITE(A)	

- unrepeatable read

T_1	T_2
READ(A)	
	READ(A)
	A = A + 50
	WRITE(A)
READ(A)	

바르게 못한 실행 현상

오손읽기는 완료되지 않는 값(uncommitted value, dirty value)을 읽는 연산을 말한다. 상기에서 T_2가 읽는 값은 아직 완료되지 않은 값이며, 만약 T_1이 철회를 하면 T_2 연산 또한 철회하여야 한다.

갱신 손실은 T_2가 쓴 값을 T_1이 덮어쓰는 현상이며, 이 경우 T_2의 효과는 데이터베이스에서 사라지게 된다.

반복불가 읽기는 T_1이 처음에 읽는 A 값과 후에 읽은 A 값에 차이가 있게 되어, T_1 관점에서는 A 값을 읽을 때마다 다른 값이 나오는 현상이다.

동시성 제어는 세 가지 현상을 방지하여 올바른 트랜잭션 수행에 대한 방법을 제시한다. 바르지 못한 실행으로 발생할 수 있는 현상은 오직 이 세 가지 현상뿐이며, 앞으로 전개되는 동시성 제어 설명은 세 가지 현상을 방지하는 이론이다.

Schedules (Histories)

- A sequence of instructions that specify the chronological order in which instructions of concurrent transactions are executed
  - A schedule for a set of transactions must consist of all instructions of those transactions
  - Must preserve the order in which the instructions appear in each individual transaction
- A transaction that successfully completes its execution will have a commit instruction as the last statement
  - By default transaction assumed to execute commit instruction as its last step
- A transaction that fails to successfully complete its execution will have an abort instruction as the last statement

스케줄(역사)

스케줄(또는 역사)은 동시적으로 수행되는 다수 트랜잭션에 속하는 연산이 수행된 시간적 순서를 의미한다. 동시적으로 수행된 트랜잭션의 모든 연산이 스케줄에 나와 있어야 하고, 스케줄에 있는 연산은 또한 트랜잭션 내에서 연산 순서와 동일하여야 한다.

Schedule 1

- Let T_1 transfer $50 from A to B, and T_2 transfer 10% of the balance from A to B
- A serial schedule in which T_1 is followed by T_2

T_1	T_2
Read(A) A := A – 50 Write(A) Read(B) B := B + 50 Write(B)	
	Read(A) A := A – 50 Write(A) Read(B) B := B + 50 Write(B)

Schedule 2

- A serial schedule where T_2 is followed by T_1

T_1	T_2
	Read(A) Temp := A * 0.1 A := A – Temp Write(A) Read(B) B := B + Temp Write(B)
Read(A) A := A – 50 Write(A) Read(B) B := B + 50 Write(B)	

스케줄 1

이제 다수 개의 스케줄을 살펴보도록 하자. 스케줄 1은 직렬 스케줄이다.

초기 값으로 A=100, B=200 이라고 하자.

T_1 write(A)후 상태 : A=50, B=200

T_1 write(B)후 상태 : A=50, B=250

T_2 write(A)후 상태 : A=45, B=250

T_2 write(B)후 상태 : A=45, B=255

T_1와 T_2 트랜잭션은 A 계좌에서 B 계좌로 $50 또는 10%를 이송하는 일을 하므로, A 계좌와 B 계좌의 합(sum)은 트랜잭션 이전과 이후에 변화가 없어야 한다. 상기 스케줄에서는 트랜잭션 수행 후에도 A+B 값에 변화가 없다.

스케줄 2

스케줄 1과 반대로 스케줄 2는 T_2 트랜잭션을 모두 수행하고 T_1 트랜잭션을 수행하였으며, 이 경우 또한 직렬 스케줄이다.

초기 값으로 A=100, B=200 이라고 하자.

T_2 write(A)후 상태 : A=90, B=200

T_2 write(B)후 상태 : A=90, B=210

T_1 write(A)후 상태 : A=40, B=210

T_1 write(B)후 상태 : A=40, B=260

트랜잭션 수행 후에도 A+B 값에 변화가 없다.

Schedule 3

- This schedule is not a serial schedule, but it is equivalent to Schedule 1

T_1	T_2
Read(A) A := A – 50 Write(A)	
	Read(A) Temp := A * 0.1 A := A – Temp Write(A)
Read(B) B := B + 50 Write(B)	
	Read(B) B := B + Temp Write(B)

Schedule 4

- The following concurrent schedule does not preserve the value of (A + B)

T_1	T_2
Read(A) A := A – 50	
	Read(A) Temp := A * 0.1 A := A – Temp Write(A) Read(B)
Write(A) Read(B) B := B + 50 Write(B)	
	B := B + Temp Write(B)

스케줄 3

스케줄 3은 직렬 스케줄은 아니지만, 그 효과가 스케줄 1과 동일하다.

초기 값으로 A=100, B=200 이라고 하자.
T_1 write(A)후 상태 : A=50, B=200
T_2 write(A)후 상태 : A=45, B=200
T_1 write(B)후 상태 : A=45, B=250
T_2 write(B)후 상태 : A=45, B=255
트랜잭션 수행 후에도 A+B 값에 변화가 없다.

우리는 스케줄 3의 효과가 스케줄 1과 동일한지를 체계적으로 결정할 수 있어야 하는데, 이는 후에 자세히 언급한다.

스케줄 4

스케줄 4는 올바른 스케줄이 아니다.

초기 값으로 A=100, B=200 이라고 하자.
T_2 write(A)후 상태 : A=90, B=200
T_1 write(A)후 상태 : A=50, B=200
T_1 write(B)후 상태 : A=50, B=250
T_2 write(B)후 상태 : A=50, B=260
트랜잭션 수행 후에 A+B 값에 변화가 있다.

Schedules

- Schedule 1, 2 and 3 are correct
  - Schedule 1 and 2 are correct
  - Schedule 3 is correct since the effect of schedule 3 is equivalent to schedule 1
- Schedule 4 is not correct
  - The effect of schedule 4 is not equivalent to schedule 1 nor schedule 2
- In Schedules 1, 2 and 3, the sum (A + B) is preserved !!!

스케줄

스케줄 4는 올바른 수행이 아니며, 그 이유는 스케줄 4의 효과가 스케줄 1 또는 스케줄 2의 효과와 모두 다르게 때문이다. 만약 스케줄 4의 효과가 스케줄 1과는 다르고 스케줄 2와는 동일하면 (또는 그 반대의 경우에도) 스케줄 4는 올바른 스케줄이다.

Serializability

- Basic Assumption
  - Each transaction preserves database consistency
- A (possibly concurrent) schedule is serializable if it is equivalent to a serial schedule
- Different forms of schedule equivalence give rise to the notions of
  - Conflict serializability
  - View serializability
- Simplified view of transactions
  - We ignore operations other than read and write instructions
  - We assume that transactions may perform arbitrary computations on data in local buffers between reads and writes
  - Our simplified schedules consist of only read and write instructions

직렬가능

스케줄이 직렬수행 스케줄 결과와 동일하면 우리는 이를 직렬가능(serializable) 스케줄이라고 한다. 스케줄에 관련되는 트랜잭션의 개수가 n개이면 가능한 직렬 스케줄은 n개의 트랜잭션을 나열하는 개수와 동일하므로 총 n!이다. 직렬 가능 스케술은 n!의 직렬 스케줄 중에서 적어도 하나의 직렬 스케줄과 동일한 결과를 가져야 한다.

앞에서 살펴본 스케줄 3은 직렬 스케줄 1과 동일한 결과를 보이므로 (참고적으로 직렬 스케줄 2와는 다른 결과를 보임) 직렬가능 스케줄이다.

스케줄 결과의 동일함을 정의하는 방식은 충돌 직렬가능 스케줄과 뷰 직렬가능성 스케줄이 있다.

Conflicting Instructions

- Instructions I_i and I_j of transactions T_i and T_j respectively, conflict if and only if there exists some item Q accessed by both I_i and I_j, and at least one of these instructions is write(Q)
- I_i = read(Q), I_j = read(Q) Don't conflict
  I_i = read(Q), I_j = write(Q) They conflict
  I_i = write(Q), I_j = read(Q) They conflict
  I_i = write(Q), I_j = write(Q) They conflict
- Intuitively, a conflict between I_i and I_j forces a (logical) temporal order between them
  - If I_i and I_j are consecutive in a schedule and they do not conflict, their results would remain the same even if they had been interchanged in the schedule

충돌 연산

동일한 데이터에 대한 두 개 연산 중에서 최소한 한개 연산이 쓰기 연산이면, 두 개 연산은 충돌한다고 한다.

충돌 연산을 정의할 때 동일한 데이터에 대한 연산만을 고려한다. 동일하지 않은 데이터에 대한 연산은 전혀 고려하지 않는다.

스케줄에서 충돌연산은 연관되는 트랜잭션의 직렬실행 순서를 결정한다. 비충돌연산은 두 연산의 순서를 스케줄에서 바꾸어도 연산 효과가 동일하게 나오나, 충돌연산은 연산 실행 순서를 바꾸면 효과가 다르게 나오기 때문이다.

Conflict Serializable Schedule

- If a schedule S can be transformed into a schedule S´ by a series of swaps of non-conflicting instructions, we say that S and S´ are conflict equivalent
- We say that a schedule S is conflict serializable if it is conflict equivalent to a serial schedule

충돌 직렬가능 스케줄

스케줄에서 비충돌 연산은 서로 바꾸어도 연산 효과가 동일하다. 스케줄에서 비충돌 연산을 서로 바꾸어 직렬스케줄이 되면, 충돌 직렬가능 스케줄이라 한다.

Conflict Serializability Example 1

- Schedule 5 can be transformed into Schedule 6, a serial schedule where T_2 follows T_1, by series of swaps of non-conflicting instructions
  - Therefore Schedule 5 is conflict serializable

T_1	T_2
READ(A)	
WRITE(A)	
	READ(A)
	WRITE(A)
READ(B)	
WRITE(B)	
	READ(B)
	WRITE(B)

Schedule 5

T_1	T_2
READ(A)	
WRITE(A)	
READ(B)	
WRITE(B)	
	READ(A)
	WRITE(A)
	READ(B)
	WRITE(B)

Schedule 6

Conflict Serializability Example 2

- Example of a schedule that is not conflict serializable

Schedule 7

T_3	T_4
Read(Q)	
	Write(Q)
Write(Q)	

- We are unable to swap instructions in the above schedule to obtain either the serial schedule $<T_3, T_4>$, or the serial schedule $<T_4, T_3>$

충돌 직렬가능 예제 1

스케줄 5에서 T_2의 write(A)는 T_1의 read(B), write(B)와 비충돌 하므로 서로 위치를 바꿀 수 있다. 또한 T_2의 read(A) 또한 T_1의 read(B), write(B)와 비충돌 하므로 서로 위치를 바꿀 수 있다. 서로 위치를 바꾸면 결과적으로 스케줄 6이 나오게 되며, 스케줄 6은 직렬 스케줄이다. 이 경우 스케줄 5는 충돌 직렬가능 스케줄이다.

충돌 직렬가능 예제 2

상기 스케줄은 비충돌 연산 상호 교환이 되지 않으므로 충돌 직렬가능 스케줄은 아니다.

View Serializability Definition

- Let S and S′ be two schedules with the same set of transactions. S and S′ are view equivalent if the following three conditions are met for each data item Q
  - If in schedule S, transaction T_i reads the initial value of Q, then in schedule S' also transaction T_i must read the initial value of Q
  - If in schedule S transaction T_i executes read(Q), and that value was produced by transaction T_j (if any), then in schedule S' also transaction T_i must read the value of Q that was produced by the same write(Q) operation of transaction T_j
  - The transaction (if any) that performs the final write(Q) operation in schedule S must also perform the final write(Q) operation in schedule S'
- View equivalence is also based purely on reads and writes alone

뷰 직렬가능 정의

뷰 직렬가능 스케줄 정의이다. 스케줄 S에 속한 각 트랜잭션의 읽기 연산에 대하여 S' 스케줄에서 동일한 값을 읽고, 스케줄 S의 마지막 쓰기 연산이 S' 스케줄의 마지막 쓰기 연산과 동일하면, 스케줄 S'는 뷰 직렬가능 스케줄이라고 한다.

View Serializability Example

- Below is a schedule which is view-serializable but not conflict serializable

Schedule 8

T_5	T_6	T_7
READ(A)		
	Write(Q)	
WRITE(A)		
		Write(Q)

- What serial schedule is the above equivalent to?
  - view equivalent to <T_5, T_6, T_7>
- Every view serializable schedule that is not conflict serializable has blind writes (writing data without prior reading)

뷰 직렬가능 예제

스케줄 8은 충돌연산만으로 구성되어 있어 비충돌 연산 위치 바꿈에 의하여 직렬 스케줄로 변환이 가능한 충돌 직렬가능 스케줄은 아니다.

그러나 스케줄 8은 직렬스케줄 〈T_5, T_6, T_7〉와 효과가 동일한 뷰 직렬가능 스케줄이다. T_5 읽기 연산에서 보는 데이터 Q는 직렬 스케줄 〈T_5, T_6, T_7〉의 T_5 읽기 연산이 보는 데이터 값과 동일하며, 스케줄 8의 데이터 Q에 대한 마지막 쓰기 연산은 T_7의 쓰기 연산인데 〈T_5, T_6, T_7〉의 T_7 쓰기 연산과 동일하기 때문이다.

Conflict Serializability vs. View Serializability

- A schedule S is view serializable if it is view equivalent to a serial schedule
- Every conflict serializable schedule is also view serializable

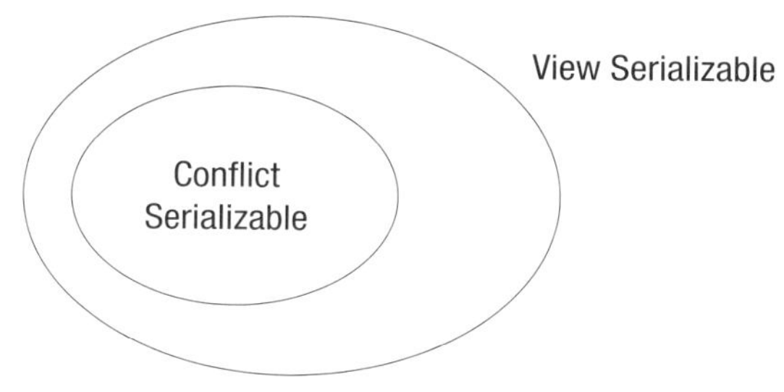

충돌 직렬가능 대비 뷰 직렬가능

뷰 직렬가능 중의 일부 스케줄이 충돌 직렬가능성 스케줄이다.

Conflict Serializability vs. View Serializability

- The schedule below produces same outcome as the serial schedule <T_1, T_2>, yet is not conflict equivalent or view equivalent to it

T_1	T_2
Read(A) A := A – 50 Write(A)	
	Read(B) B := B – 10 Write(B)
Read(B) B := B+50 Write(B)	
	Read(A) A := A + 10 Write(A)

- Not conflict serializable
- Not view serializabl
- But the same as <T_1, T_2>
- Commutable operators only

- Determining such equivalence requires analysis of operations other than read and write

다른 직렬가능 스케줄

충돌 직렬가능 스케줄과 뷰 충돌 직렬가능 스케줄 외에도 직렬가능 스케줄은 존재한다.

상기 스케줄은 직렬 스케줄 〈T_1, T_2〉와 동일한 결과를 보인다. 참고적으로 상기 스케줄은 트랜잭션의 모든 연산이 더하기, 빼기이며, 이러한 연산은 상호 교환이 된다는 특징이 있어, 직렬 스케줄 〈T_1, T_2〉와 동일한 결과를 보인다.

만약 우리가 트랜잭션에서 수행하는 모든 연산을 미리 알 수 있으면, 상기와 같은 분석을 통하여 좀 더 많은 직렬가능 스케줄을 데이터베이스 시스템에서 수행 할 수 있으나, 이는 실제적으로는 불가능하다. 실제 상황에서는 트랜잭션 연산이 사전에 데이터베이스 시스템에 알려질 수 없다.

현재 데이터베이스 시스템은 충돌 직렬가능성 스케줄과 뷰 직렬가능성 스케줄의 일부분만을 지원하고 있다.

1.3 직렬가능 시험 (How to Test Serializability)

Testing for Conflict Serializability

- Consider a schedule with transactions $T_1, T_2, \ldots, T_n$
- Precedence graph
  - A direct graph where the vertices are the transactions
  - We draw an arc from T_i to T_j if the two transactions conflict, and T_i accesses the data item on which the conflict arises earlier
  - We may label the arc by the item that is accessed

충돌 직렬가능 시험

주어진 스케줄이 충돌 직렬가능 스케줄인지를 판별하기 위해서는 선행 그래프를 사용하면 된다. 선행 그래프에서 노드는 트랜잭션을 표현하고, 동일한 데이터에 대하여 충돌되는 연산이 존재할 때 미리 데이터를 접근하는 트랜잭션에서 후에 데이터를 접근하는 트랜잭션으로 에지(edge)를 생성한다.

Precedence Graph Example 1

T_1	T_2
Read(x)	
Write(x)	
	Read(x)
	Write(x)
	Read(y)
	Write(y)
Read(y)	
Write(y)	

Schedule 10

$T_1 \xrightarrow{x} T_2$, $T_2 \xrightarrow{y} T_1$

선행 그래프 예제 1

스케줄 10에 대한 선행 그래프를 작성한 예제이다. 선행 그래프에 사이클이 있으므로 스케줄 10은 충돌 직렬가능 스케줄이 아니다.

Precedence Graph Example 2

T_1	T_2	T_3	T_4	T_5
	Read(X)			
Read(Y)				
Read(Z)				
				Read(V)
				Read(W)
				Read(W)
	Read(Y)			
	Write(Y)			
		Write(Z)		
Read(U)				
			Read(Y)	
			Write(Y)	
			Read(Z)	
			Write(Z)	
Read(U)				
Write(U)				

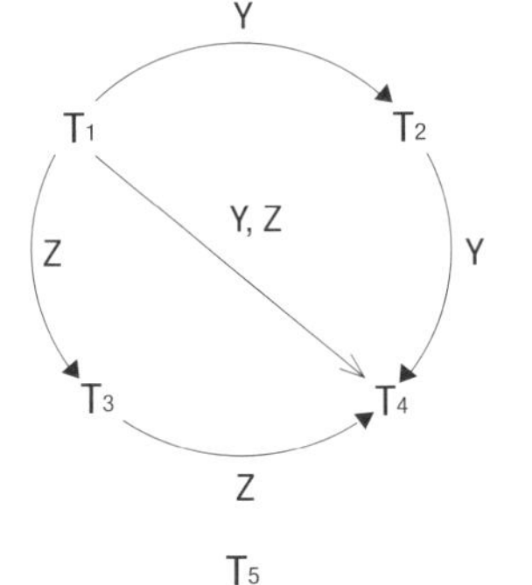

Schedule 11

선행 그래프 예제 2

선행 그래프에 대한 우리의 관심은 사이클 존재 여부이므로, 중복되는 에지는 그래프 작성 시에 표기하지 않아도 된다.

스케줄 11에 의한 선행 그래프에는 사이클이 없으므로 스케줄 11은 충돌 직렬가능 스케줄이다.

Cycle detection in precedence graphs is cheap

- A schedule is conflict serializable if and only if its precedence graph is acyclic
- Cycle-detection algorithms exist which take order n^2 (or n+e) time complexity, where n is the number of vertices and e is the number of edges
- If precedence graph is acyclic, the serializability order can be obtained by a topological sorting of the graph
  - A linear order consistent with the partial order of the graph
  - For example, a serializability order for Schedule 11 would be $T_5 \rightarrow T_1 \rightarrow T_3 \rightarrow T_2 \rightarrow T_4$
  - There are actually 10 serialization orders!!!

선행 그래프의 사이클 판별은 저렴하다

선행 그래프는 방향성 그래프이며, 방향성 그래프에서 사이클 존재 여부 판별은 간단하고 저렴한 연산이다.

위상 정렬(topological sort)은 부분 순서를 가지는 노드(트랜잭션)에 대하여 부분 순서를 만족하면서 전체 노드를 정렬하는 방식이다. 스케줄 11 선행 그래프에는 총 5개의 노드가 있으며 노드 간에는 부분 순서가 결정되어 있다. 스케줄 11 선행 그래프에 대하여 위상 정렬을 하면 T_2, T_3 간에는 순서가 없으므로 2개 정렬이 나오고 또한 T_5는 다른 노드와 순서가 없으므로 5가지 정렬이 가능하므로 총 10개의 위상 정렬이 가능하다.

- T_1 T_2 T_3 T_4 T_5
- T_1 T_2 T_3 T_5 T_4
- T_1 T_2 T_5 T_3 T_4
- T_1 T_5 T_2 T_3 T_4
- T_5 T_1 T_2 T_3 T_4
- T_1 T_3 T_2 T_4 T_5
- T_1 T_3 T_2 T_5 T_4
- T_1 T_3 T_5 T_2 T_4
- T_1 T_5 T_3 T_2 T_4
- T_5 T_1 T_3 T_2 T_4

Test for View Serializability

- The precedence graph test for conflict serializability cannot be used directly to test for view serializability
- The problem of checking if a schedule is view serializable falls in the class of NP-complete problems (existence of an efficient algorithm is extremely unlikely)
- However practical algorithms that just check some sufficient conditions for view serializability can still be used

뷰 직렬가능 시험

뷰 직렬가능 시험은 NP-완전 수준 문제이기에, 다항식 시간(polynomial time) 알고리즘을 구하는 것은 매우 어렵다.

그러나 실질적인 뷰 직렬가능 시험은 충돌 직렬가능 스케줄에서 읽지 않고 쓰기(blind write) 연산 존재 여부를 활용한다.

1.4 회복가능 (Recoverability)

Recoverable Schedules

- Need to address the effect of transaction failures on concurrently running transactions
- Recoverable schedule — if a transaction T_j reads a data item previously written by a transaction T_i, then the commit operation of T_i appears before the commit operation of T_j

T_8	T_9
Read(A)	
Write(A)	
	Read(A)
Read(B)	

- If T_9 committed and then T_8 aborted, T_9 would have read (and possibly shown to the user) an inconsistent database state
- Databases must ensure that schedules are recoverable

회복가능 스케줄

우리가 스케줄에 대하여 고려하여야 하는 사항은 직렬가능 문제 외에도 시스템 고장 시에 회복 가능 여부이다.

회복가능 스케줄에서는 데이터를 읽은 트랜잭션은 그 데이터를 쓴 트랜잭션 후에 완료하여야 한다. 상기 예제와 같이 T_8이 쓴 값을 T_9이 읽는 경우, T_9이 읽는 값은 아직 완료(committed)되지 않는 값이다. 이 경우 T_9은 완료를 하고 그 후에 T_8이 철회를 하면 T_9이 수행한 연산을 취소하여야 하는데, 이미 T_9이 완료를 하였기에 심각한 문제(복구가 불가능)가 발생한다.

Cascading Rollbacks

- Cascading rollback: a single transaction failure leads to a series of transaction rollbacks
- Consider the following schedule where none of the transactions has yet committed (so the schedule is recoverable)

T_{10}	T_{11}	T_{12}
Read(A)		
Read(B)		
Write(A)		
	Read(A)	
	Write(A)	
		Read(A)

If T_{10} fails, T_{11} and T_{12} must also be rolled back
- Can lead to the undoing of a significant amount of work

Cascadeless Schedules

- Cascadeless (avoid cascading aborts, ACA) schedules
  - Cascading rollbacks cannot occur
  - For each pair of transactions T_i and T_j such that T_j reads a data item previously written by T_i, the commit operation of T_i appears before the read operation of T_j
- A transaction may read only those values that are committed by transactions or by itself
- Every cascadeless schedule is also recoverable
- It is desirable to restrict the schedules to those that are cascadeless

연쇄 복귀

연쇄 복귀는 트랜잭션 하나의 철회가 다른 트랜잭션 철회를 유도하므로 피해야 하는 현상이다. 연쇄복귀를 방지하려면 기본적으로 완료된 읽기만을 허용하여야 한다.

연속적인 철회가 필요 없는 스케줄

연속적인 철회가 필요 없는(cascadeless) 스케줄 또는 연속 철회를 방지(avoids cascading aborts)하는 스케줄은 기본적으로 완료된 데이터 읽기만을 허용한다. 즉, 임의의 트랜잭션이 읽으려고 하는 데이터에 대하여, 트랜잭션이 해당 데이터를 읽기 전에 그 데이터를 마지막으로 쓰기한 트랜잭션이 완료(commit)하기를 요구하는 스케줄이다.

Relationship Between Histories

- A history H is strict (ST) if whenever $w_j[x] < o_i[x]$ $(i \neq j)$,
  - Either $a_j < o_i[x]$ or $c_j < o_i[x]$
  - where $o_i[x]$ is $r_i[x]$ or $w_i[x]$
  - No data item may be read or overwritten until the transaction that previously wrote into it terminates, either by aborting or by committing

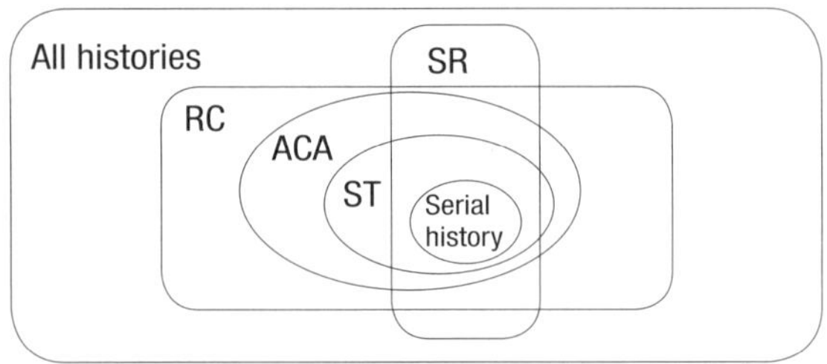

스케줄 관계

제한적인(strict) 스케줄은 쓰기 연산을 한 트랜잭션이 (완료 또는 철회로) 종료될 때까지 해당 데이터를 다른 트랜잭션이 읽거나 쓸 수 없다.

- $r_j[x]$: 트랜잭션 j의 데이터 x에 대한 읽기연산
- $w_j[x]$: 트랜잭션 j의 데이터 x에 대한 쓰기연산
- a_j : 트랜잭션 j의 abort 연산
- c_j : 트랜잭션 j의 commit 연산

상기 다이어그램은 지금까지 살펴본 스케줄 관계를 보인다.

- RC : recoverable
- ACA : avoids cascading aborts
- ST : strict
- SR : serializable

트랜잭션 회복 관점에서는, 전체 가능한 스케줄 중에 일부가 회복가능하고, 그 중 일부가 연속 철회를 방지하는 스케줄이고, 그 중 일부는 제한적인 스케줄이다. 한편으로 트랜잭션의 직렬가능(SR) 스케줄이 다른 스케줄과 비포함 관계로 존재한다.

데이터베이스 시스템이 지원하는 스케줄은 직렬가능 스케줄과 ACA 스케줄(또는 회복가능 스케줄)의 교집합 부분이다.

Concurrency Control (1/2)

- A database must provide a mechanism that will ensure that all possible schedules are
  - Either conflict or view serializable
  - Recoverable and preferably cascadeless
- A policy in which only one transaction can execute at a time generates serial schedules, but provides a poor degree of concurrency
- Testing a schedule for serializability after it has executed is too late!
  - Concurrency control protocols generally do not examine the precedence graph as it is being created
  - Instead a protocol imposes a discipline that avoids nonseralizable schedules

동시성제어 (1/2)

우리가 원하는 스케줄은 직렬가능 스케줄이고 동시에 회복가능 또는 연쇄철회를 방지하는 스케줄이다.

트랜잭션을 우선 실행 한 후에 수행한 스케줄에 대한 판별 여부는 가능하나 이미 트랜잭션이 수행한 후이므로 그 의미가 없다.

우리가 원하는 것은 어떤 규약이 있어 그 규약을 준수하면서 트랜잭션을 수행하면 우리가 원하는 스케줄이 나오게 하는 것이다. 이러한 규약을 동시성제어 규약이라고 한다.

Concurrency Control (2/2)

- Concurrency control protocols allow concurrent schedules, but ensure that the schedules are conflict/view serializable, and are recoverable and cascadeless
- Different concurrency control protocols provide different tradeoffs between the amount of concurrency they allow and the amount of overhead that they incur
- Tests for serializability help us understand why a concurrency control protocol is correct
- We need to develop concurrency control protocols that assure serializability

동시성 제어 (2/2)

현재까지 개발된 동시성 제어 규약은 록킹(locking), 타임스탬프 순서화(timestamp ordering), 다중버전(multiversion), 낙관적 규약(optimistic protocol 또는 validation protocol) 등이 있다.

다음 장에서 록킹 규약에 대하여 살펴보자.

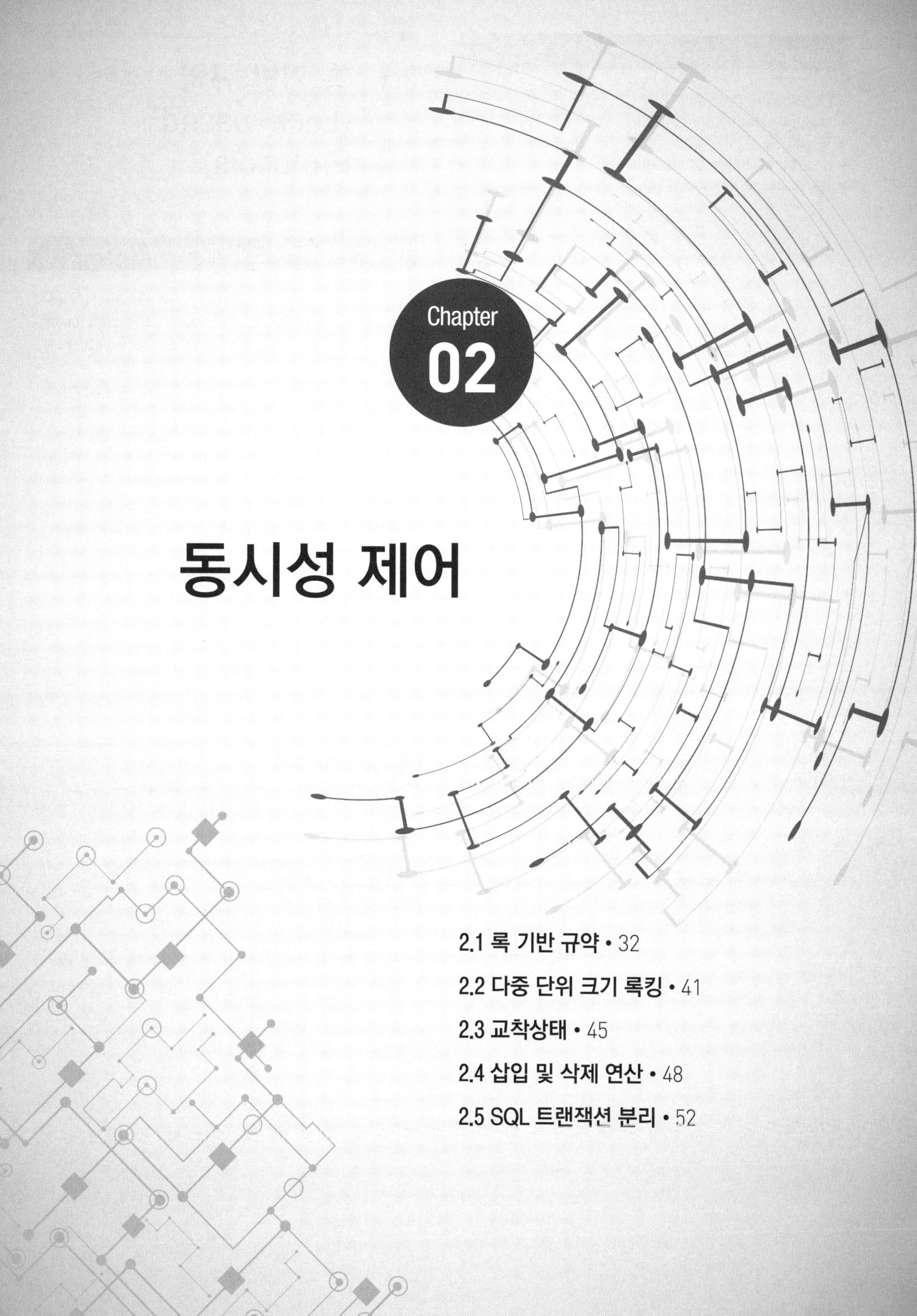

Chapter 02

동시성 제어

2.1 록 기반 규약 • 32

2.2 다중 단위 크기 록킹 • 41

2.3 교착상태 • 45

2.4 삽입 및 삭제 연산 • 48

2.5 SQL 트랜잭션 분리 • 52

Subtopics

- Lock-based Protocols
- Multiple Granularity Locking
- Deadlock
- Insert and Delete Operations
- Transaction Isolation in SQL

세부목차

데이터베이스 시스템이 트랜잭션 관리를 지원하기 위하여 동시성 제어를 구현하여야 하며, 동시성 제어 중에서 상용 데이터베이스 시스템에서 가장 많이 구현되어 있는 록킹 방식을 살펴본다.

동시성 제어 규약은 록킹(locking), 타임스탬프 순서화(timestamp ordering), 다중버전(multiversion), 낙관적 규약(optimistic protocol 또는 validation protocol) 등이 있으나, 록킹 방식이 가장 좋은 성능을 제공한다고 알려져 있다. 상용 데이터베이스 시스템은 기본적으로 록킹을 지원하며 다중 버전 방식을 부분적으로 지원하기도 한다.

2.1 록 기반 규약 (Lock-based Protocols)

Lock-based Protocols (1/3)

- A locking protocol is a set of rules followed by all transactions while requesting and releasing locks
  - A lock is a mechanism to control concurrent access to a data item
  - Locking protocols restrict the set of possible schedules
- Data items can be locked in two modes
  - exclusive (X) mode: Data item can be both read as well as written. X-lock is requested using lock-X instruction
  - shared (S) mode: Data item can only be read. S-lock is requested using lock-S instruction
- Lock compatibility matrix

	S	X
S	true	false
X	false	false

록 기반 규약 (1/3)

록 규약은 트랜잭션의 동시성 제어를 위하여 개발되었으며, 결과적으로 트랜잭션 스케줄을 제한하여 원하는 트랜잭션 스케줄만을 생성하도록 한다. 록 기반 동시성 제어 규약의 트랜잭션 운용 원리를 보인다.

록을 사용하여 동시성 제어를 하는 방식에 대한 기초적인 설명이다. 록 모드는 2개이고 이에 대한 호환성 행렬이 나와 있다. X 모드는 해당 데이터를 쓰거나 읽을 때 사용하는 록이며, 다른 록 모드와 호환성이 없다.

Lock-based Protocols (2/3)

- Transaction can proceed only after request is granted
- A transaction may be granted a lock on an item if the requested lock is compatible with locks already held on the item by other transactions
  - Any number of transactions can hold shared locks on an item
  - If any transaction holds an exclusive on the item, no other transaction may hold any lock on the item
- If a lock cannot be granted, the requesting transaction is made to wait till all incompatible locks held by other transactions have been released. The lock is then granted

록 기반 규약 (2/3)

트랜잭션은 모든 읽기/쓰기 연산에 대하여 연산을 시작하기 전에 적절한 록을 받아야 하며, 록을 받지 못하는 경우에는 록을 받을 때까지 기다려야 한다. 해당 데이터에 대한 록을 받지 못하여 기다리는 트랜잭션은 다른 트랜잭션에 부여된 충돌 록이 해제될 때까지 기다리게 되며, 후에 충돌 록이 해제되면 데이터에 대한 록을 받고 해당 연산을 수행한다.

읽기 록은 동시에 다수의 트랜잭션에게 부여할 수 있으나, 쓰기 록은 반드시 한 개의 트랜잭션에게만 부여할 수 있다.

Lock-based Protocols (3/3)

- Consider the sequence of operations below
  - lock-S(A)
  - read(A)
  - unlock(A)
  - lock-S(B)
  - read(B)
  - unlock(B)
  - display(A+B)
- Locking as above is not sufficient to guarantee serializability
  - If A and B get updated between read(A) and read(B), display(A+B) would be wrong!!!

록 기반 규약 (3/3)

앞에서 언급한 방식대로 연산을 수행하는 연산 과정을 보인다.

문제는 이와 같은 방식만으로는 트랜잭션 직렬가능 스케줄을 보장하지 않는다. 트랜잭션의 직렬가능성을 보장하기 위해서는 기본적인 록 기반 규약 외에 추가적인 록 규약이 필요하다.

Two-phase Locking Protocol (1/2)

- Phase 1: growing phase
  - Transaction may obtain locks
  - Transaction may not release locks
- Phase 2: shrinking phase
  - Transaction may release locks
  - Transaction may not obtain locks
- The protocol assures serializability. It can be proved that the transactions can be serialized in the order of their lock points (i.e. the point where a transaction acquired its final lock)

Two-phase Locking Protocol (2/2)

- Ensures to produce conflict serializable schedules
- Cascading rollback is possible under two-phase locking
  - To avoid this, use a modified protocol called "strict two-phase locking", where a transaction must hold all its exclusive locks till its commits/aborts
  - Rigorous two-phase locking is even stricter, in which all locks are held till commit/abort. In this protocol transactions can be serialized in the order in which they commit
- Two-phase locking does not ensure freedom from deadlocks
- There can be conflict serializable schedules that cannot be obtained if two-phase locking is used !!!

2단계 록킹 규약 (1/2)

2단계 록킹 규약은 2단계로 구성이 되며, 록이 증가하는 단계와 록이 감소하는 단계로 구성이 된다.

2단계 록킹 규약의 특징은 트랜잭션이 일단 록을 풀기 시작하면 감소단계로 들어간 것이므로 새로운 록을 잡을 수가 없다는 것이다. 트랜잭션 수행 중에 록을 푸는 것은 임의의 시점이 가능하나 일단 록을 풀기 시작하면 새로운 록을 잡지 못하는 특성이 있다.

2단계 록킹 규약 (2/2)

2단계 록킹 규약의 변형으로 두 가지가 존재한다. 엄격(strict) 2단계 록킹은 트랜잭션이 종료할 때까지 쓰기 록을 보유하는 방식(읽기 록은 중간에 해제 가능)이다. 연속 철회를 방지하는 위하여 X 록을 트랜잭션 마지막까지 보유하는 것은 엄격 2단계 록킹 규약이다. 연속 철회를 방지하기 위해서는 트랜잭션이 완료된 값만 읽게 하면 되는데, 이를 위하여 데이터 값을 쓴 트랜잭션이 트랜잭션 중간이 록을 풀지 못하게 하는 것이 엄격 2단계 록킹 방식의 아이디어이다.

엄중(rigorous) 2단계 록킹은 쓰기 록 뿐만 아니라 읽기 록까지도 트랜잭션 종료 시까지 유지하도록 한다.

2단계 록킹 규약을 이용하여 우리가 모든 충돌 직렬가능 스케줄을 생성하는 것은 아니며, 2단계 록킹 규약이 생성하지 못하는 충돌 직렬가능 스케줄이 존재한다.

Lock Conversions

- Two-phase locking with lock conversions
- First phase
  - Can acquire a lock-S on item
  - Can acquire a lock-X on item
  - Can convert a lock-S to a lock-X (upgrade)
- Second phase
  - Can release a lock-S
  - Can release a lock-X
  - Can convert a lock-X to a lock-S (downgrade)
- This protocol assures serializability

록 변환

트랜잭션이 데이터에 대한 록을 요구할 때 동일 데이터에 대한 록을 기존에 할당받아 보유하고 있으면 기존 록에 대한 모드만 변환한다.

2단계 록킹 방식에서는 록 변환에 대한 제한이 있으며, 강한 록으로 변환은 증가단계에서 가능하며, 약한 록으로 변환은 감소단계에서만 가능하다.

Why 2PL ensures conflict serializability

- Suppose 2PL does not ensure serializability
  - Then there exists a set of transactions $T_0, T_1, \ldots, T_n$ which obey 2PL and which produce a non-serializable schedule
  - A non-serializable schedule implies a cycle in the precedence graph, and we shall show that 2PL cannot produce such cycles
- WLOG assume the following cycle exists in the precedence graph: $T_0 \rightarrow T_1 \rightarrow \ldots \rightarrow T_n \rightarrow T_0$. Let α_i be the time at which T_i contains its last locks (T_i's lock point)
  - Then for all transactions such that $T_i \rightarrow T_j$, we have $\alpha_i < \alpha_j$. Then for the cycle we have $\alpha_0 < \alpha_1 < \ldots < \alpha_n < \alpha_0$
  - Since $\alpha_0 < \alpha_0$ is a contradiction, no such cycle can exist. Hence 2PL cannot produce non-serializable schedules
- Because of the property that for all transactions such that $T_i \rightarrow T_j$, we have $\alpha_i < \alpha_j$, the lock point ordering of all the transactions is a also a topological sort ordering of the precedence graph
  - Thus transactions can be serialized according to their lock points QED

2PL 정확성 증명

상기 그림은 2PL 록킹 방식이 항상 충돌 직렬가능 스케줄을 생성함을 증명한다. 또한 트랜잭션의 록 포인트 순서대로 정렬화가 됨을 증명한다.

상기 증명의 핵심 아이디어는 선행 그래프에서 $T_i \rightarrow T_j$ 에지가 있으면 반드시 $\alpha_i < \alpha_j$ 인 것이다. 선행 그래프에서 $T_i \rightarrow T_j$ 에지가 있으면, 이는 동일 데이터에 대하여 두 개의 트랜잭션이 충돌 연산을 하고 있으며 T_i가 먼저 데이터를 접근한다는 의미이다. T_i가 충돌 데이터에 대하여 해당 록을 가지고 먼저 접근하고 있으므로, T_i가 연산을 마치고 록을 해제하여야 T_j가 록을 배당 받고 해당 연산을 하게 되는데, 이는 T_i는 이미 shrinking phase에 들어감을 의미하며, 그러므로 $\alpha_i < \alpha_j$ 관계식이 성립된다. 만약 2PL 방식이 아니라면 $\alpha_i < \alpha_j$ 관계식이 항상 성립되지 않는다.

2PL 록킹 방식에서는 growing phase에서는 록 하향변환(downgrade)을 허용하지 않아, X mode 록을 S mode 록으로 변환 할 수 없다. 만약 growing phase에서 록의 하향 변환을 허용하면 상기 증명에서 어떤 문제점이 발생하는지 찾아보자 !!!

WLOG: Without loss of generality

Automatic Acquisition of Locks (1/2)

- A transaction T_i issues the standard read/write instruction without explicit locking calls
- The operation read(D) is processed as:

```
if Ti has a lock on D
then
      read(D);
else begin
      if necessary wait until no other transaction has a
            lock-X on D;
      grant Ti a lock-S on D;
      read(D);
end;
```

Automatic Acquisition of Locks (2/2)

- write(D) is processed as:

```
if Ti has a lock-X on D
then
      write(D);
else begin
      if necessary wait until no other transaction has
      any lock on D;
      if Ti has a lock-S on D
      then upgrade lock on D to lock-X;
      else grant Ti a lock-X on D;
      write(D);
end;
```

자동 록 획득 (1/2)

데이터베이스 시스템에서 데이터베이스 연산에 대하여 자동적으로 록을 획득/철회하게 할 수 있으며, 이에 대한 알고리즘이 나와 있다. 즉, 록에 대한 획득/철회는 사용자의 구체적인 요구에 의하여 운영되지 않고 시스템 내부에서 자동으로 운영한다.

읽기 연산에 대한 록 획득 과정이다. 읽기 록은 호환이 가능하므로 다른 트랜잭션이 해당 데이터 항목에 대하여 쓰기 록을 기다리지 않으면, 록이 즉시 허용됨을 알 수 있다.

자동 록 획득 (2/2)

쓰기 연산에 대한 록 획득 과정이다. 쓰기 록은 호환성이 없으므로 반드시 배타적으로 록을 획득하여야 한다.

트랜잭션이 쓰기 록을 획득하고자 할 때 타트랜잭션이 동일 데이터에 대하여 록을 보유하고 있거나 또는 타트랜잭션이 록을 기다리고 있으면, 록 획득을 요구하는 트랜잭션은 기다려야 한다. (waiting queue에서 기다림)

Implementation of Locking

- A lock manager can be implemented as a separate process to which transactions send lock and unlock requests
- The lock manager replies to a lock request by sending a lock grant messages (or a message asking the transaction to roll back in case of a deadlock)
- The requesting transaction waits until its request is answered
- The lock manager maintains a data structure called a lock table to record granted locks and pending requests
- The lock table is usually implemented as an in-memory hash table indexed on the name of the data item being locked

록 구현

록을 구현하는 방식에 대한 개괄적인 설명이다.

록을 담당하는 프로세스를 독립적으로 구성할 수 있다.

록을 담당하는 록 매니저는 내부적으로 록 테이블을 관리하면서 록 처리를 수행한다. 록 테이블은 주기억장치에서 상주하며 빠른 접근을 위하여 데이터 항목 이름으로 해쉬 색인을 구성한다.

Lock Table

- Black rectangles indicate granted locks, white ones indicate waiting requests
- Lock table also records the type of lock granted or requested
- New request is added to the end of the queue of requests for the data item, and granted if it is compatible with all earlier locks
- Unlock requests result in the request being deleted, and later requests are checked to see if they can now be granted
- If transaction aborts, all waiting or granted requests of the transaction are deleted
  - lock manager may keep a list of locks held by each transaction, to implement this efficiently

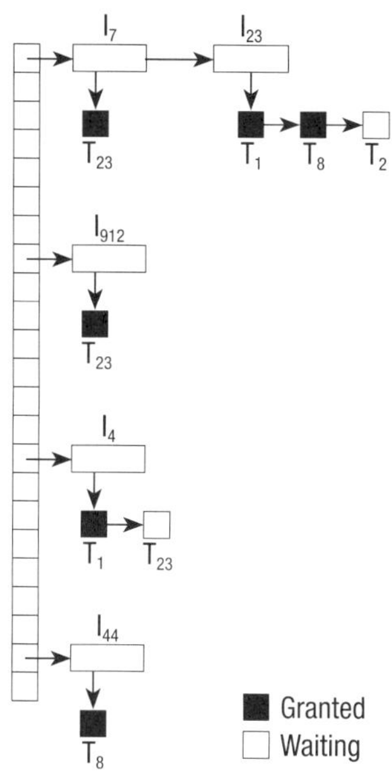

록 테이블

상기 그림은 록 테이블에 대한 개념적인 설명이다. 데이터 항목은 해쉬 값으로 접근한다.

그림 왼쪽에 위치하는 (작은 크기의) 네모 모양 박스는 해쉬 버킷을 의미한다. 데이터 항목 I_7과 I_{23}은 동일한 해쉬 값을 가지고 있어 동일한 해쉬 버킷에서 위치하고 있다.

데이터 항목 I_7은 트랜잭션 T_{23}에 록이 허용되어 있고 I_7에 대한 록을 기다리는 트랜잭션은 없다. I_{23} 데이터 항목은 T_1, T_8에 록이 허용되어 있고(읽기 모드 록은 동시에 다수 트랜잭션에 허용이 가능), I_{23} 데이터 항목을 기다리는 트랜잭션 T_2가 있다(T_2가 요구하는 록 모드는 쓰기 모드이어야 함).

트랜잭션 T_{23}은 데이터 항목 I_7, I_{912}에 대한 록을 가지고 있지만 데이터 항목 I_4에 대해서는 록을 기다리고 있다.

Deadlock

T_3	T_4
Lock-X(B)	
Read(B)	
Write(B)	
	Lock-S(A)
	Read(A)
	Lock-S(B)
Lock-X(A)	

- Neither T_3 nor T_4 can make progress
  - Executing lock-S(B) causes T_4 to wait for T_3 to release its lock on B, while executing lock-X(A) causes T_3 to wait for T_4 to release its lock on A
- Such a situation is called a deadlock
- The potential for deadlock exists in most locking protocols. Deadlocks are a necessary evil

Starvation

- Starvation is also possible if concurrency control manager is badly designed
  - A transaction may be waiting for an X-lock on an item, while a sequence of other transactions' requests is granted an S-lock on the same item
  - The same transaction is repeatedly rolled back due to deadlocks
- Concurrency control manager should be designed to prevent starvation
  - We cannot avoid deadlock, but should avoid starvation!!!

교착상태(deadlock)

록을 사용하는 동시성 제어에는 교착상태가 발생할 수 있다. 2개 이상의 트랜잭션이 서로 무한정 기다리는 상태가 교착상태이며, 교착상태에 있는 트랜잭션이 타 데이터에 대한 록을 가지고 있는 경우가 많으므로 결과적으로는 데이터베이스 시스템이 정지하는 상태가 발생할 수도 있다.

교착상태는 데이터베이스 시스템 뿐만 아니라 자원을 경쟁적으로 획득하고자 하는 상황에서는 발생할 수 있어, 운영체제상에서 프로세스에 대한 자원분배 상황에서도 발생한다.

기아상태

기아상태는 특정 트랜잭션이 록을 획득을 하지 못하고 필요 이상으로 록을 기다리는 현상을 말한다. 록 획득은 선착순(first come, first served)으로 배정되어야 하는데, 록 관리자의 록 배분 정책이 잘못되어 특정 트랜잭션이 록을 획득하지 못하고 마냥 기다리는 현상이다.

기아현상은 방지할 수 있는 현상이며, 시스템의 록 관리자는 기아현상이 발생하지 않도록 설계 구현되어야 한다.

데이터베이스 시스템에서 기아상태는 없어야 하며, 교착상태는 불가분하게 발생한다.

Graph-based Protocol

- Graph-based protocols are an alternative to two-phase locking
- Impose a partial ordering → on the set D = {d_1, d_2, ..., d_n} of all data items
  - If $d_i \rightarrow d_j$ then any transaction accessing both d_i and d_j must access d_i before accessing d_j
  - Implies that the set D may now be viewed as a directed acyclic graph called a database graph
- The tree-based protocol is a simple kind of graph-based protocol

그래프 기반 규약

록킹 규약은 크게 두 가지로 정리할 수 있다. 앞서 살펴본 2단계 록킹 규약과 이번에 살펴보는 그래프 기반 규약이다.

그래프 규약은 록을 걸려고 하는 데이터에 대한 기본적인 가정을 요구하는데, 그 내용은 데이터에 대한 부분 순서가 있어야 한다는 것이다. 데이터베이스에 대한 그래프 기반 규약 록을 적용하려면 데이터에 대한 부분 순서가 존재하여야 하는데, 이러한 가정은 일반 데이터에는 적용하기가 사실적으로 불가능하다. 그러나 색인을 구성하는 데이터는 자연적으로 데이터 간에 부분적인 순서가 존재하게 되며, 이 경우 그래프 기반 규약이 무리 없이 적용된다.

그래프 기반 규약 중에서 간단한 형태가 트리 기반 규약이며, 본 책에서는 트리 기반 규약을 다룬다.

Tree-based Protocol

- Only exclusive locks are allowed
- The first lock by T_i may be on any data item. Subsequently, a data Q can be locked by T_i only if the parent of Q is currently locked by T_i
- Data items may be unlocked at any time
- A data item that has been locked and unlocked by T_i cannot subsequently be relocked by T_i

트리 기반 규약

트리 기반 규약의 운영방식을 설명하는 슬라이드이다. 록 해제는 제약 없이 가능하여 록을 해제하고도 다시 록을 요구할 수 있다. 다만 한번 록을 획득하고 해제한 데이터 항목에 대해서는 다시 록을 잡을 수 없다.

2단계 록킹 규약과의 차이점 중의 하나는 트랜잭션이 록을 해제하였다가도 후에 새로운 록을 잡을 수 있다는 것이다.

Tree-based Protocol Examples

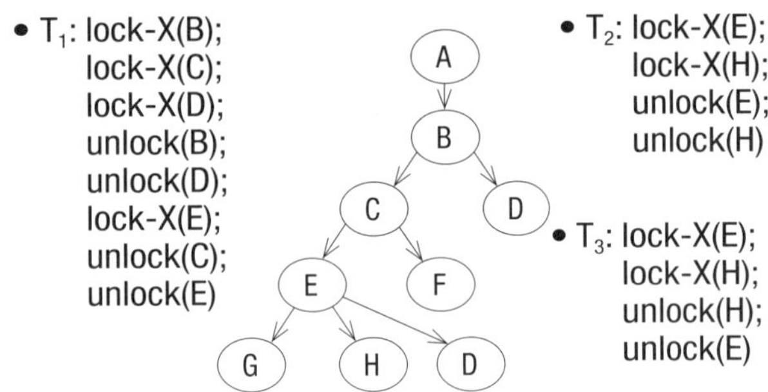

트리 기반 규약 예제

트리 기반 규약 예제를 보인다.

T_2와 T_3은 록을 취득하는 데이터는 동일하나 록을 해제하는 순서에만 차이가 있다.

Graph-Based Protocol (1/2)

- The tree protocol ensures conflict serializability as well as freedom from deadlock
- Unlocking may occur earlier in the tree-locking protocol than in the two-phase locking protocol
  - Shorter waiting times, and increase in concurrency
  - Deadlock-free, no rollbacks are required

그래프 기반 규약 (1/2)

그래프 기반 규약의 가장 큰 장점은 교착상태가 발생하지 않는 것이다. 그래프 기반 규약은 데이터 간에 (부분) 순서를 정한 후에 한 쪽 방향으로만(예제에서는 위에서 아래 방향으로만) 록 요구를 허용한다. 데이터에 대한 록킹을 한쪽 방향으로만 허용하므로, 임의 데이터에 대한 록을 가지고 타 데이터 록을 서로 기다리는 현상 인 교착상태는 발생하지 않는다.

Graph-Based Protocol (2/2)

- Drawbacks
  - Protocol does not guarantee recoverability or cascade freedom
    - Need to introduce commit dependencies to ensure recoverability
  - Transactions may have to lock data items they do not access
    - For example, a transaction that needs to access A and F, must lock not only A and F, but also B, C
    - Increased locking overhead, additional waiting time, potential decrease in concurrency
- Schedules not possible under two-phase locking are possible under tree protocol, and vice versa

그래프 기반 규약 (2/2)

그래프 기반 규약의 단점은 필요 없는 데이터 항목에 대한 록을 그래프 기반 규약상의 이유로 획득하여야 하는 것이다.

또한 회복이 불가능한 스케줄을 생성하기도 하며, 연속 철회 스케줄을 생성하기도 한다.

2.2 다중 단위 크기 록킹 (Multiple Granularity Locking)

Multiple Granularity Locking

- Allow data items to be of various sizes and define a hierarchy of data granularities, where the small granularities are nested within larger ones
- Can be represented graphically as a tree
- When a transaction locks a node in the tree explicitly, it implicitly locks all the node's descendants in the same mode
- Granularity of locking
  - Fine granularity (lower in tree): high concurrency, high locking overhead
  - Coarse granularity (higher in tree): low concurrency, low locking overhead

다중 단위 크기 록킹

이제까지는 데이터 항목 록킹에 대한 모드 및 구현 방식에 대한 설명이었으나, 지금부터는 록킹을 거는 데이터 항목에 대한 설명이다. 데이터베이스 시스템은 록킹이 적용되는 데이터 크기를 다양하게 지원하며, 이를 MGL(multiple granularity locking)이라고 한다. 상용 데이터베이스 시스템은 지원되는 데이터 크기 및 계층에는 다소 차이가 있으나 모두가 MGL을 지원한다.

다음 페이지 그림과 같이 데이터를 크기에 따라 계층적으로 표현이 가능하며, 트랜잭션이 임의 노드에 대하여 명시적으로(explicitly) 록을 잡으면 그 하위 노드에 대해서도 묵시적으로(implicitly) 록을 잡는 효과가 있다.

Example of Granularity Hierarchy

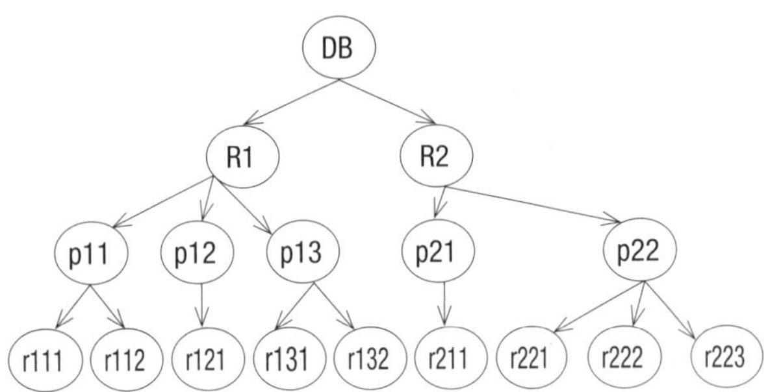

- The levels starting from the coarsest (top) level are
  - database
  - relation
  - page
  - record

다중 단위 크기 계층 예제

데이터베이스 환경에서 가장 보편적으로 사용되는 다중 단위 예제이다. 데이터베이스 내에 다수개의 관계(relation)가 존재하고, 관계 내에 다수개의 페이지가 존재하고, 페이지 내에 다수 개의 터플(레코드)이 존재한다.

상기 그림에서 관계(relation) 대신에 화일(file)을 사용할 수도 있다. 화일은 관계(relation)보다는 좀 더 물리적인 데이터 저장소이다.

Intention Lock Modes

- In addition to S and X lock modes, there are three additional lock modes with multiple granularity
  - Intention-shared (IS) indicates explicit locking at a lower level of the tree but only with shared locks
  - Intention-exclusive (IX) indicates explicit locking at a lower level with exclusive or shared locks
  - Shared and intention-exclusive (SIX): S + IX
    - The subtree rooted by that node is locked explicitly in shared mode and explicit locking is done at a lower level with exclusive mode locks
- Intention locks allow a higher level node to be locked in S or X mode without having to check all descendent nodes

의도 록 모드

의도 록 모드는 하위 노드에 대한 구체적인 미래 록 모드를 현재 노드에 표시하는 록 모드이다.

예를 들어, 트랜잭션이 임의 노드에 IS 록을 요구하는 것은 그 하위 노드 중 하나에서 S 모드 록을 후에 걸겠다는 의도이다. 트랜잭션이 임의 노드에 IX 록을 요구하는 것은 그 하위 노드 중 하나에서 S 모드(또는 X 모드) 록을 후에 걸겠다는 의도이다.

SIX 모드 록은 S 모드 록과 IX 모드 록을 함께 표시하는 것이다. 즉, SIX = S + IX.

Compatibility Matrix with Intention Lock Modes

	IS	IX	S	SIX	X
IS	○	○	○	○	X
IX	○	○	X	X	X
S	○	X	○	X	X
SIX	○	X	X	X	X
X	X	X	X	X	X

의도 록 모드 호환성 행렬

록 모드 5개간의 호환성 여부를 나타낸다.

IS와 IS : 호환이 된다.

IS와 IX : IS 모드는 향후에 하위 노드에 대하여 요구하는 록 모드가 S임을 의미하고, IX 모드는 향후에 하위 노드에 대하여 요구하는 록 모드가 X(또는 S)임을 의미하므로, 현재 노드에서는 호환이 된다. S와 X는 호환이 되지 않으니 동일 하위 노드에 S와 X 모드가 동시에 걸려고 하면 그 때 해당 노드에서 호환이 안 될 것이다.

IS와 S : 호환이 된다.

IS와 SIX : SIX는 S와 IX의 합이며, IS는 S와 호환이 되고, IS는 IX와도 호환이 되므로, 호환이 된다.

IS와 X : 호환이 안 된다.

IX와 IX : X 모드는 상호 호환이 안 되는 모드이나, 현재 노드에서는 호환이 된다. 향후에 동일 하위 노드에 대한 X 모드를 동시에 걸려고 하면 해당 노드에 대하여는 호환이 안 될 것이다.

Multiple Granularity Locking (MGL) Scheme

- Transaction T_i can lock a node Q using the following rules
  - The lock compatibility matrix must be observed
  - The root of the tree must be locked first, and may be locked in any mode
  - A node Q can be locked by T_i in S or IS mode only if the parent of Q is currently locked by T_i in either IX or IS mode
  - A node Q can be locked by T_i in X, SIX, or IX mode only if the parent of Q is currently locked by T_i in either IX or SIX mode
  - T_i can lock a node only if it has not previously unlocked any node (that is, T_i is two-phase)
  - T_i can unlock a node Q only if none of the children of Q are currently locked by T_i
- Observe that locks are acquired in root-to-leaf order, whereas they are released in leaf-to-root order

다중 단위 크기 록킹 방법

상기 그림은 다중 단위 록킹 방법을 설명한다. 다중 단위 크기 록킹도 2단계 록킹 규약을 준수한다.

임의 노드에 SIX 록을 가지고 있으면, 하위 노드에 대하여는 IX 또는 X 록을 획득할 수 있다. 상위 노드에서 SIX 록을 가지고 하위 노드에서 SIX 록을 요구하는 것은 올바른 방식이 아니다. (상위 노드에서 S 모드 록을 가지고 있는데 하위 노드에 중복하여 S 모드 록을 요구하므로)

록은 성취하는 것은 루트에서 잎사귀 방향으로 진행하며 록을 해제하는 것은 그 반대 방향으로 진행된다.

MGL Example 1

T_1	T_2
IS(DB)	
IS(R1)	
	IX(DB)
	IX(R1)
S(t11)	
	X(t13)
Unlock(t11)	
Unlock(R1)	
	Unlock(t13)
	Unlock(R1)
	Unlock(DB)
Unlock(DB)	

DB
R1 R2
t11 t12 t13 t13 t13

- No lock conflict between T_1 and T_2
  - No waiting at all

MGL Example 2

T_1	T_2
IS(DB)	
IS(R1)	
	IX(DB)
	SIX(R1)
S(t11)	
	X(t13)
Unlock(t11)	
	Unlock(t13)
	Unlock(R1)
Unlock(R1)	
	Unlock(DB)
Unlock(DB)	

DB
R1 R2
t11 t12 t13 t13 t13

- No lock conflict between T_1 and T_2

MGL 예제 1

상기 예제에는 두 트랜잭션 간에 록 충돌이 없으므로 트랜잭션이 록에 의한 기다림 없이 수행된다.

터플 레벨 록킹을 지원하므로 두 트랜잭션이 동일한 테이블의 다른 터플을 접근하는 경우 두 트랜잭션이 동시적으로 수행됨을 알 수 있다.

MGL 예제 2

상기 예제에는 두 트랜잭션 간에 록 충돌이 없으므로 트랜잭션이 록에 의한 기다림 없이 수행된다.

MGL Example 3

T_1	T_2
IX(DB)	
IX(R1)	
	IX(DB)
	SIX(R1)
X(t11)	
Unlock(t11)	
Unlock(R1)	
	X(t12)
	X(t13)
Unlock(DB)	
	Unlock(t13)
	Unlock(t12)
	Unlock(R1)
	Unlock(DB)

- lock conflict at SIX(R1) of T_2, so T_2 waits there
  - T_2 can proceed after unlock(R1) of T_1

MGL 예제 3

상기 예제는 T_2가 R1 테이블에 SIX 록을 요구할 때 T_1이 R1 테이블에 대하여 IX 록을 가지고 있으므로 록 충돌이 발생한다. T_2는 그 시점에서 록 해제를 기다려야 한다.

T_1이 R1에 대한 록을 해제하면, 록 매니저가 sleep모드에 있는 T_2를 깨워서(wake up) T_2가 연산을 하게 한다.

2.3 교착상태 (Deadlock)

Deadlock Example

- Consider two transactions

  T_1: write(X) write(Y) T_2: write(Y) write(X)
- Possible deadlock schedule

T_1	T_2
Lock-X(X)	
Write(X)	
	Lock-X(Y)
	Write(Y)
	Wait for Lock-X(X)
Wait for Lock-X(Y)	

- System is deadlocked if there is a set of transactions such that every transaction in the set is waiting for another transaction in the set

교착상태 예제

상기 그림은 교착상태 예제 및 교착상태 정의를 보인다.

Deadlock Handling

- Timeout-based Schemes
  - A transaction waits for a lock only for a specified amount of time. After that, the wait times out and the transaction is rolled back (thus no deadlocks)
  - Simple to implement, but starvation is possible
  - Difficult to determine good value of the timeout interval
- Deadlock prevention protocols ensure that the system will never enter into a deadlock state
  - Require that each transaction locks all its data items before it begins execution (predeclaration)
  - Impose partial ordering of all data items and require that a transaction can lock data items only in the order specified by the partial order (graph-based protocol)

교착상태 처리

교착상태를 처리하는 방식은 크게 세 가지로 분류할 수 있다. 타임아웃 방식, 교착상태 방지 방식, 교착상태 감지 및 해결방식이다.

타임아웃 방식은 일정시간 이상 트랜잭션이 록을 기다리지 않게 하는 방식으로 트랜잭션이 영구히 록을 기다리지 않으므로 교착상태는 발생하지 않는다. 타임아웃 방식은 구현이 간단하며, 임의 시간 기준으로 데이터베이스 정확한 상태 정보를 수집하기 어려운 분산 환경에서 사용하기도 한다.

교착상태 방지방식은 교착상태를 발생하지 않게 하는 방식으로 예를 들면, 그래프 기반 록킹 규약을 사용하는 것이다. 또는 트랜잭션이 접근하여야 하는 모든 데이터에 대한 록을 트랜잭션이 수행하기 전에 사전 선언하는 방식이며, 실제적으로는 트랜잭션이 접근하여야 하는 데이터를 사전에 알 수가 없기 때문에 이 방식은 실효성이 없다.

Wait-die/Wound-wait Schemes

- Following schemes use transaction timestamps for the sake of deadlock prevention alone
- Wait-die scheme
  - Non-preemptive approach
  - Older transaction may wait for younger one to release data item. Younger transactions never wait for older ones; they are rolled back instead
  - A transaction may die several times before acquiring needed data item
- Wound-wait scheme
  - Preemptive approach
  - Older transaction wounds (forces rollback) younger transaction instead of waiting for it. Younger transactions may wait for older ones
  - May be fewer rollbacks than wait-die scheme
- Both in wait-die and in wound-wait schemes, a rolled back transaction is restarted with its original timestamp
  - Older transactions thus have precedence over newer ones
  - Starvation is avoided

교착상태 방지 방식

상기 그림은 상용 데이타베이스 시스템에서 널리 지원하는 교착상태 방지 방식이다.

wait-die, wound-wait 방식에서 첫 번째 단어는 먼저 생성된 트랜잭션(즉, 오래된 트랜잭션)이 취하는 형태를 의미라고, 두 번째 단어는 후에 생성된 트랜잭션(즉, 젊은 트랜잭션)이 취하는 형태를 의미한다.

wait-die 방식에서 록에 대한 충돌이 발생하면 늙은 트랜잭션은 록이 해제될 때까지 기다리지만, 젊은 트랜잭션은 스스로 철회하므로 두 개의 트랜잭션이 서로 무한정 기다리는 교착상태는 발생할 수가 없다. 록 충돌이 발생하면 기존에 록을 가진 트랜잭션과 비교하여 새롭게 록을 요구하는 트랜잭션이 old하면 wait하고 young하면 die(즉 rollback)하는 것이므로, 충돌이 발생하는 록을 이미 가지고 있는 트랜잭션은 전혀 상태 변화가 없다. 부연하면, 록 충돌 발생에 관련 있는 트랜잭션 2개를 비교하여 old한 트랜잭션은 wait하고 young 트랜잭션은 die하는 것이 아니다.

wait-die, wound-wait 방식 모두 오래된 트랜잭션이 유리하며, 그러므로 트랜잭션이 재시동 될 때에는 기존 타임스탬프를 가지고 재시동하여야 한다. 그렇지 않으면 해당 트랜잭션이 기아 상태가 발생할 수 있다.

Deadlock Detection (1/2)

- Deadlocks can be described as a wait-for graph G = (V, E)
  - V is a set of vertices (all the transactions in the system)
  - A directed edge from T_i to T_j (i.e. $T_i \rightarrow T_j$) implies that T_i is waiting for T_j to release a lock on the data item
- When T_i requests a data item currently being held by T_j, then the edge $T_i \rightarrow T_j$ is inserted in the wait-for graph. This edge is removed only when T_j is no longer holding a data item needed by T_i
- The system is in a deadlock state if and only if the wait-for graph has a cycle
  - Must invoke a deadlock-detection algorithm periodically to look for cycles

Deadlock Detection (2/2)

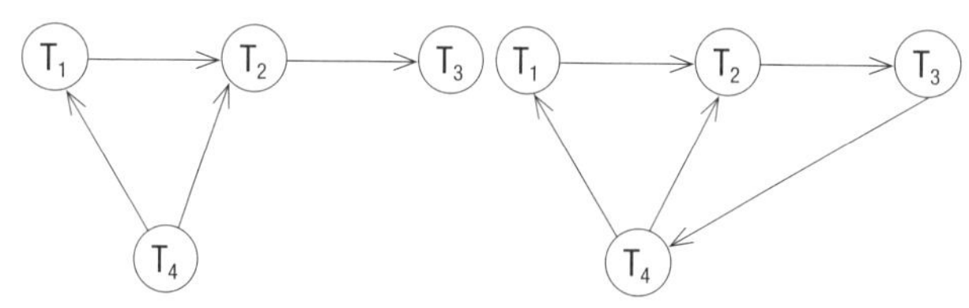

Wait-for graph without a cycle　Wait-for graph with a cycle

교착상태 감지 (1/2)

상기 그림은 교착상태를 대기 그래프를 이용하여 감지를 하는 방법을 설명한다.

데이터베이스 시스템은 내부적으로 교착상태 감지를 위하여 대기 그래프를 유지하여야 한다.

방향성을 가지는 그래프에서 사이클 감지는 간단한 연산이므로 트랜잭션 교착 상태 감지는 간단한 작업이다.

교착상태 감지 (2/2)

대기 그래프를 이용하여 교착상태를 감지하는 예제이다. 대기 그래프에서 임의의 트랜잭션이 한 개 이상의 트랜잭션을 기다릴 수 있다. 임의의 트랜잭션이 기다리는 록이 한 개 이상의 트랜잭션에 의해 공유될 수 있기 때문이다.

왼쪽 그래프에서는 사이클이 없으므로 시스템이 교착 상태가 아니며, 오른쪽 그래프에서는 사이클이 존재하여 T_2, T_3, T_4가 교착상태에 들어가 있다.

Deadlock Resolution

- When deadlock is detected
  - Some transaction (called a victim) has to be rolled back to break deadlock
  - Select a transaction as a victim that incurs the minimum cost to roll back
  - Total/partial rollback
    - Total rollback: abort the transaction and then restart it
    - More effective to roll back a transaction only as far as necessary to break deadlock (called partial rollback)
- Starvation happens if the same transaction is always chosen as victim
  - Include the number of rollbacks in the cost factor to avoid starvation

- Lock waits are rare, deadlocks are $(\text{rare})^2$!!!

교착상태 해결

교착상태는 감지는 간단하나 해결은 간단한 문제가 아니다. 이론적으로는 트랜잭션 철수에 따르는 비용이 가장 적은 트랜잭션을 철회하면 되는데, 트랜잭션 비용을 산정하는 작업이 간단하지 않다.

상용 데이터베이스 시스템에서는 current blocker를 철회하는 방식이 널리 쓰인다. current blocker란 대기 그래프에서 사이클을 만드는 록을 제공하는 트랜잭션을 의미한다. 앞 그림에서 교착상태가 아닌 왼쪽 상태에서 T_3에서 T_4로 가는 에지(edge)가 첨가되어 시스템이 교착상태가 되었으므로 current blocker는 T_3이 되며, T_3을 철회하는 방식이다.

교착상태에 대한 연구는 아주 많이 진행되었고 이에 대한 이론 및 논문이 많이 있으나, 교착상태에 대한 명언이 있어 소개한다. 실제적으로는 록 기다림은 간혹 일어나고, 교착상태는 정말로 간혹 발생한다.

2.4 삽입 및 삭제 연산 (Insert and Delete Operations)

Insert and Delete Operations

- In principle, a delete operation may be performed only if the transaction deleting the tuple has an X-mode lock on the tuple to be deleted
- A transaction that inserts a new tuple into the database is given an X-mode lock on the tuple
- Insertions and deletions can lead to the phantom phenomenon
  - A transaction that scans a relation to find sum of balances of all accounts in Busan and another transaction that inserts a tuple in the relation insert a new account at Busan, are conceptually in conflict in spite of not accessing any tuple in common
  - If only tuple locks are used, non-serializable schedules can resul

삽입과 삭제 연산

데이터베이스 터플에 대한 삽입과 제거 연산은 특별한 주의를 하여야 한다. 삽입이 되는 새로운 터플은 이전에는 존재하지 않았고, 삭제가 되는 터플이 더 이상 존재하지가 않는다.

트랜잭션은 삽입 되는 터플과 제거되는 터플에 대하여 데이터 변경에 해당되므로 쓰기 록을 가져야한다. 쓰기 록은 다른 록 모드와 배타적이므로 다른 트랜잭션은 삽입되거나 삭제되는 터플을 인식하지 못한다.

터플 삽입 및 삭제가 발생하는 경우, 터플 레벨 록킹을 지원하는 시스템에서는 팬텀 현상이 발생할 수 있다.

Phantom Phenomenon Example (1/2)

- Bank databases
  - Account(number, location, balance)

number	location	balance
100	Seoul	1700
200	Busan	1000
300	Busan	500

  - Assets(location, total)

location	total
Seoul	1700
Busan	1500

- Assume two transactions
  - T_1: Reads all accounts in Busan from "Account" table and compares with "Assets" table
  - T_2: Add a tuple <400, Busan, 700> to "Account" and update "Assets" accordingly

Phantom Phenomenon Example (2/2)

- Possible 2PL-based execution
  - T_1 : Read(Account[100], Account[200], Account[300])
  - T_2 : insert(Account[400, Busan, 700])
  - T_2 : read(Assets[Busan]) // returns 1500
  - T_2 : write(Assets[Busan]) // writes 2200
  - T_1 : read(Assets[Busan]) // returns 2200
- Note that the above execution is possible with tuple locking
  - If we used table locking only, T_2 would wait at the second line (i.e. insert(Account[400, Busan, 700]) (WHY ???)
- Note that the above execution is not serializable!!!
  - Not the same as execution of <T_1, T_2> or <T_2, T_1>

팬텀 현상 예제 (1/2)

상기 그림과 같이 두 개 관계가 있고 두 개 트랜잭션이 있다고 하자.

T_1 트랜잭션은 Account 테이블 전체를 읽은 후에 Assets 테이블에 있는 total 값이 맞는지 확인하는 연산을 수행한다.

팬텀 현상 예제 (2/2)

상기에 나와 있는 스케줄은 터플 레벨 록킹을 하면 록간에 충돌이 없으므로 수행이 가능하다. 그러나 T_1 트랜잭션 관점에서는 Busan 계좌의 합이 맞지 않다고 생각하는 오류가 발생한다. 이를 팬텀 현상이라고 한다.

터플 레벨 록킹 때문에 팬텀 현상이 발생함을 이해하여야 한다. 만약 테이블 레벨 록킹만을 하게 되면, T_1이 Account 테이블 읽기 연산을 할 때 Account 테이블에 대한 읽기 록을 가지게 되고, T_2가 〈400, Busan, 700〉 터플 삽입을 위하여 Account 테이블에 쓰기 록을 요청하게 되는데 그 결과 T_2는 록 해제를 기다린다(즉 삽입 연산이 발생하지 않음).

또한 상기 실행은 직렬가능 실행이 아님을 주목하자.

How to Handle Phantom Problem

- If there are no inserted or deleted tuples, there is no phantom problem
  - Databases are subject to change over time !!!
- With table locking only, there would be no phantom problem
  - Table locking implies very low concurrency of transactions (simply not acceptable in practice)
- Indexing locking is used to prevent the phantom problem
  - Every relation is likely to have at least one index
  - A transaction can access tuples only after finding them through one or more indices
  - Widely implemented in practice
  - Index locking protocols provide higher concurrency while preventing the phantom phenomenon, by requiring locks on certain index buckets

팬텀 현상 처리

팬텀현상은 테이블 록킹만을 사용하면 발생하지 않으나, 테이블 록킹은 트랜잭션의 동시 실행도가 현저히 나빠져서 현실성 있는 해결책이 아니다.

팬텀 현상 해결책으로는 색인 록킹이 널리 사용되고 있다.

Applying 2PL for Index

- A transaction T that performs a lookup must lock all the nonleaf/leaf nodes that it accesses in S-mode
  - Even if the leaf node does not contain any tuple satisfying the index lookup (e.g. for a range query, no tuple in a leaf is in the range)
- A transaction T that inserts, updates or deletes a tuple in a relation R must obtain exclusive locks on all nonleaf/leaf nodes affected by the insert/update/delete
  - In case of split/merge, need to lock parent nodes too
- The two-phase locking protocol is observed
- Guarantees that phantom phenomenon never occurs (WHY???)
- Not practical, better solutions available

색인 구조에 대한 2단계 록킹 규약

상기 그림은 색인 구조에 대한 2단계 록킹 규약을 적용하는 방식을 설명한다. 이 방식은 팬텀 현상은 방지할 수 있으나 성능상의 이유로 상용 데이터베이스 시스템에서는 지원하지 않고 있다. 색인 구조는 데이터 간의 순서가 자연적으로 발생하는 구조이므로, 그래프 기반 록킹 규약을 사용한다.

Concurrency in Index Structures

- Indices are to help transactions in accessing data
- Index structures are typically accessed very often, much more than other database items
  - Applying 2-phase locking to index-structures can lead to low concurrency
  - We want to release locks on internal nodes early if possible (not in a two-phase fashion)

Crabbing for Index Structures

- Use crabbing instead of two-phase locking on the nodes of the B$^+$-tree as follows. During search/insertion/deletion,
  - First lock the root node in shared mode
  - After locking all required children of a node in shared mode, release the lock on the node
  - During insertion/deletion, upgrade leaf node locks to exclusive mode
  - When splitting or coalescing requires changes to a parent, lock the parent in exclusive mode
  - Can cause excessive deadlocks

색인 구조에 대한 동시성 제어

색인 구조에 대한 트랜잭션 접근은 빈번히 발생하며, 색인 구조 동시성 제어를 2PL 방식으로 하는 것은 동시성을 저하를 유발하는 단점이 있다. 색인 구조의 내부 노드에 대한 록을 미리 해제하는 (즉, 2PL방식을 적용하기 않음) 동시성 제어 방식이 다수 제안되어 있다.

색인 구조에 대한 크래빙(crabbing)

색인 구조에 대한 동시성 제어 기술로 crabbing을 설명한다. crabbing은 B$^+$-tree에서 루트 노드에 대한 록을 잡고 그 후에 자식 노드에 대한 록을 잡고 부모 노드에 대한 록을 해제 방식이다. 록을 잡고 풀고를 반복하면 B$^+$-tree를 탐색한다.

그러나 부모 노드에 구조 변화가 필요하면(즉, split 또는 merge가 발생하면) 부모 노드에 대한 록을 다시 요청한다. 이러한 방식은 교착상태가 많이 발생할 수 있다.

Better protocols are available!!!

- It is acceptable to have nonserializable concurrent access to an index as long as the accuracy of the index is maintained
- Release lock on parent before acquiring lock on child, and deal with changes that may have happened between lock release and acquire !!!
- In particular, the exact values read in an internal node of a B^+-tree are irrelevant so long as we land up in the correct leaf node

색인 구조 동시성 제어

색인 구조에 대한 동시성 제어 방식은 crabbing 외에도 predicate locking, next-key locking 등이 제안되어 있으며, 자세한 사항은 여기서는 생략한다.

관심 있는 독자는 다음 논문을 참고하길 바란다.
C. Mohan and F. Levine, "ARIES/IM: An Efficient and High-Concurrency Index Management Method Using Write-Ahead Logging", in Proceedings of ACM SIGMOD Conference on Management of Data, 1992.

2.5 SQL 트랜잭션 분리 (Transaction Isolation in SQL)

Transactions in SQL (1/2)

- Data manipulation language must include a construct for specifying the set of actions that comprise a transaction
- In SQL, a transaction begins implicitly
- A transaction in SQL ends by
  - Commit work: commits current transaction and begins a new one
  - Rollback work: causes current transaction to abort
- In almost all database systems, by default, every SQL statement also commits implicitly if it executes successfully
  - Implicit commit (auto commit) can be turned off
  - For example, connection.setAutoCommit(false); // JDBC

SQL 언어 트랜잭션 (1/2)

SQL 트랜잭션은 DML 문장이 나오면 암시적으로 시작되며, commit work 또는 rollback work 문장으로 끝난다. commit work은 트랜잭션의 성공적인 종료를 의미하며, rollback work은 실패에 의한 트랜잭션의 종료를 의미한다.

또는 DML SQL 문장 하나를 트랜잭션으로 구성하게 할 수 있으며, 이 경우는 auto commit 기능을 활성화하면 된다.

Transactions in SQL (2/2)

- SET TRANSACTION
  COMMIT
  ROLLBACK
  SAVEPOINT
  ROLLBACK TO SAVEPOINT
- Example

  // transfer from Kim's account to Lee's

  Update accounts set balance=balance-100 where name='Kim';
  Savepoint mySavePoint;
  Update accounts set balance=balance+100 where name='Park';
  // -- oops ... wrong account !!!
  Rollback to mySavePoint;
  Update accounts set balance=balance+100 where name='Lee';
  Commit;

SQL 언어 트랜잭션 (2/2)

트랜잭션에 관한 SQL 언어는 set transaction, commit, rollback, savepoint, rollback to savepoint 등이 있다.

set transaction 문장은 트랜잭션에 관한 변수를 설정하는데 사용된다. savepoint 문장은 트랜잭션 철회 시에 트랜잭션의 처음까지 롤백하지 않고 트랜잭션 중간 시점까지 롤백하는 기능을 제공한다.

상기는 savepoint를 사용하는 트랜잭션 예제이다.

Weak Levels of Consistency

- Some applications are willing to live with weak levels of consistency, allowing schedules that are not serializable
  - E.g. a read-only transaction that wants to get an approximate total balance of all accounts
  - E.g. database statistics computed for query optimization can be approximate (why?)
  - Such transactions need not be serializable with respect to other transactions
- Tradeoff accuracy for performance
  - Performance is the most important concern in database communities

완화된 일치성 레벨

상용 데이터베이스 시스템은 트랜잭션에 대한 완전 분리도를 제공하기도 하지만, 응용 프로그램의 요구에 의하여 완화된 트랜잭션 분리도를 제공한다.

약한 일치성을 제공하는 것은 응용에 따라서는 완전한 분리도가 요구되지 않은 경우가 있으며, 이러한 응용에서는 데이터베이스 일치성보다는 데이터베이스 시스템 성능이 더 중요하기 때문이다.

Degree-two Consistency

- Degree-two consistency: differs from two-phase locking in that S-locks may be released at any time, and locks may be acquired at any time
  - X-locks must be held till end of transaction
  - Serializability is not guaranteed, programmer must ensure that no erroneous database state will occur
- Cursor stability
  - For reads, each tuple is locked, read, and lock is immediately released
  - X-locks are held till end of transaction
  - Special case of degree-two consistency

T_1	T_2
Lock-S(Q) Read(Q) Unlock(Q)	
	Lock-X(Q) Read(Q) Write(Q) Unlock(Q)
Lock-S(Q) Read(Q) Unlock(Q)	

이단계 일치성

완화된 일치성으로 보편적으로 지원되는 형식이 2단계 일치성이다. 이단계 일치성에서는 읽기 록을 제한 없이 해제할 수 있어 트랜잭션의 직렬가능성 스케줄이 보장되지는 않는다.

이단계 일치성 중에서 커서안정 방식은 데이터베이스 커서가 위치하는 동안에만 읽기 록을 잡고 있는 방식이다. 커서가 위치하는 동안에는 데이터에 대한 읽기 록을 잡고 있으므로, 커서가 위치한 데이터는 타 트랜잭션에 의하여 변경될 수 없으며, 사용자에게 커서 데이터가 안정되게 보인다.

Transaction Isolation in SQL (1/2)

- SQL allows non-serializable executions
  - Serializable: the default
  - Repeatable read: allows only committed records to be read, and repeating a read should return the same value (so read locks should be retained)
    - However, the phantom phenomenon need not be prevented
  - Read committed: the same as degree two consistency, but most systems implement it as cursor-stability
  - Read uncommitted: allows even uncommitted data to be read

SQL 트랜잭션 분리 (1/2)

상용 데이터베이스 시스템은 사용자 트랜잭션을 비직렬 가능 실행할 수도 있다. 사용자의 요구에 의하여 트랜잭션 분리도가 완화할 수 있으며, 데이터베이스 응용에 적합한 트랜잭션 분리도를 사용자는 지정하여야 한다.

SQL 시스템은 총 4가지 형태의 실행 방식을 지원하는데, 구체적인 이름은 serializable, repeatable read, read committed, read uncommitted 이다.

serializable을 제외한 나머지 3가지 실행 방식은 직렬가능 실행이 아니다.

데이터베이스 시스템의 가장 중요한 관심사는 시스템 성능임을 알 수 있는 부분이다. 상용 데이터베이스 시스템은 사용자 관점에서 중요한 성능을 위하여 데이터 일치성을 다소 손상시킬 수 있는 옵션을 사용자에게 제공하는 것이다.

Transaction Isolation in SQL (2/2)

- Set transaction [read only | read write] isolation level [Serializable | Repeatable read | Read committed | Read uncommitted]
- Default values in SQL2
  - Read Write
  - Serializable
  - In case of READ UNCOMMITTED, READ ONLY
- In many commercial database systems, read committed is the default consistency level
  - has to be explicitly changed to serializable when required

SQL 트랜잭션 분리 (2/2)

SQL 문장에서 트랜잭션 분리도를 설정하는 문장을 설명한다.

일반 상용 데이터베이스 시스템에서 트랜잭션 분리도 기본값이 serializable이 아님을 주목하자.

Transaction Isolation Effect

Common Name	Read Uncommitted	Read Committed	Serializable
Lock Protocol	- Set long exclusive locks on data you write	- Long exclusive lock - Set short share locks on data you read	- Long exclusive lock - Set long share locks on data you read
Protection provided	No lost update	No lost update No dirty read	No lost update No dirty read Repeatable read
Dirty data	- You don't overwrite dirty data - Others don't overwrite your dirty data	- Additionally, you don't read dirty data	- Additionally, others don't read dirty data
Committed data	Writes visible at EOT	Same as left	Same as left

트랜잭션 분리 효과

앞서 살펴본 4가지 트랜잭션 분리도에 의한 록킹 효과를 정리한 그림이다.

가장 낮은 분리도 read uncommitted에서도 쓰기 록은 트랜잭션 마지막까지 보유하고 있으므로, 트랜잭션이 타트랜잭션 데이터를 overwrite할 수 없고 타트랜잭션도 임의 트랜잭션 데이터를 overwrite할 수 없다.

Transaction Isolation Example

- Transaction approach
  - Find an available seat and reserve it by setting occupied to 1. If none, abort
  - Ask the customer for approval. If so, commit. If not, release the seat by setting occupied to 0 and repeat step 1 to get another seat
- Read uncommitted
  - A transaction may be notified that all seats are booked up, but seats will be released later
- Read committed
  - It may see a different set of available seats each time it queries, as other transactions successfully book seats or cancel seats in parallel
- Repeatable read
  - A seat that is available will remain available at subsequent query
  - If new seats are created during execution, a subsequent query for available seats may not retrieve new seats

트랜잭션 분리 예제

read uncommitted인 경우에는 읽기 연산에서 록을 잡지 않지 때문에 읽은 데이터에 신빙성이 전혀 없다. 데이터를 읽기 전이나 후에 어떠한 변화도 가능하므로 자리가 만석(full booked)이라고 판단하였으나 실제로는 만석이 아니고, 자리가 있다고 판단하였으나 실제로는 자리가 없다거나 다양한 현상이 가능하다.

read committed인 경우에는 록을 잡고 읽은 후에 즉시 록을 풀기 때문에 사용자가 자리를 승인하고 그 자리 값을 변경하려고 (즉, occupied 변수 값을 1로 설정)할 때 그 사이에 다른 트랜잭션에 의하여 타인이 그 자리를 차지 할 수도 있다.

repeatable read는 한번 읽은 값은 트랜잭션 끝까지 유지가 되므로 사용자가 승인 후에 실제 값을 변경할 수 있다. 다만, 트랜잭션 중간에 생기는 새로운 자리 또는 제거되는 자리를 트랜잭션이 인지하지 못 할 수 있다.

회복

3.1 장애 및 회복 • 58

3.2 로그 • 63

3.3 로그 기반 회복 • 68

3.4 원격 백업 • 76

Subtopics

- Failures and Recovery
- Logs
- Log-based Recovery
- Remote Backup Systems

세부목차

본 장은 회복 기법에 관하여 살펴본다. 회복 기법의 주요 개념, 기술에 관하여 살펴보며, 또한 원격 데이터 백업에 관하여 살펴본다.

상기 그림은 복구에 관련되는 세부 목차를 보인다.

3.1 장애 및 회복 (Failures and Recovery)

Failure Classification

- Transaction failure
  - Logical errors: transaction cannot complete due to some internal error condition
  - System errors: the database system must terminate an active transaction due to errors (e.g. deadlock)
- System failure (crash)
  - Loss of the contents of volatile storage
  - A power failure or other hardware or software failure causes the system to crash
  - Fail-stop assumption: non-volatile storage contents are assumed not to be corrupted by system crash
- Disk failure
  - A head crash or similar disk failure destroys all or part of disk storage
  - Disk drives use checksums to detect failures

장애 분류

데이터베이스 시스템이 처리하는 장애는 상기와 같이 세 가지가 있으며, 데이터베이스 시스템은 세 가지 장애에 대하여 회복 기능을 제공하여야 한다.

모든 장애는 감지가 된다고 가정한다.

트랜잭션 장애는 트랜잭션의 내부 논리 오류, 사용자의 명시적인 요구, 또는 시스템 내부 결정에 의하여 발생할 수 있다. 교착상태에 있는 트랜잭션 중에서 하나의 트랜잭션은 철회되어야 하며, 이 경우 철회되는 트랜잭션에게 장애가 발생하는 것이다.

시스템 장애는 휘발성 기억 장치인 주기억 장치 메모리에 문제가 발생하여 메모리 내용이 사라지는 경우이다. 정전, 운영체제 오류, 하드웨어 결함 등이 원인이 될 수 있다.

디스크 장애는 하드웨어 및 소프트웨어 결함으로 인하여 디스크 내용이 사라지는 현상이다.

Failures happen anywhere anytime !

- Consider transaction T that transfers $50 from account A to account B
  - Two updates: subtract $50 from A and add $50 to B
  - A failure may occur after one of these modifications have been made but before both of them are made
    - Modifying the database without ensuring that the transaction will commit may leave the database in an inconsistent state
  - Not modifying the database may result in lost updates if failure occurs just after transaction commits
- Failures happen without prior warning!

Recovery Algorithms

- Recovery algorithms are techniques to ensure database consistency and transaction atomicity and durability despite failures
- Recovery algorithms have two parts
  - Actions taken during normal transaction processing to ensure enough information exists to recover from failures
  - Actions taken after a failure to recover the database contents to a state that ensures atomicity, consistency and durability

장애는 아무 위치에서 아무 시간에 발생한다

임의 금액을 송금하는 트랜잭션을 고려해보자. 다양한 시점에서 다양한 형태로 장애가 발생할 수 있으며, 시스템이 트랜잭션의 ACID 성질(특히 원자성, 일치성 및 지속성)을 지원하기 위하여 회복 기법이 필요하다.

시스템이 처리하고자 하는 장애는 예고 없이 발생한다. 장애가 발생하는 경우 시스템을 정상화시키는 회복 기법에 대하여 본 장에서는 고찰하도록 한다.

회복 알고리즘

회복 알고리즘을 항상 두 가지 파트로 구성이 되어 있으며, 정상상태에서 시스템 회복을 대비하기 위하여 수행하는 연산과 장애가 발생하였을 때 회복하기 위하여 수행하는 연산으로 구성이 된다. 두 파트는 아주 밀접한 관계가 있으므로 두 가지 파트를 서로 연관 지어서 회복 알고리즘을 분석하여야 한다.

Storage Structure

- Volatile storage
  - Does not survive system crashes
  - Examples: main memory, cache memory
- Nonvolatile storage
  - Survives system crashes
  - Examples: disk, tape, flash memory, non-volatile (battery backed up) RAM
- Stable storage
  - A mythical form of storage that survives all failures
  - Approximated by maintaining multiple copies on distinct nonvolatile media

저장 장치 분류

저장 장치는 휘발성과 비휘발성으로 구분된다.

안정 저장 매체는 어떠한 장애가 발생하여도 저장 내용이 상실되지 않는 가상적인 저장매체이다. 현실적으로는 다수 개의 하드디스크에 저장 내용을 체계적으로 중복 분산 복사 및 유지함으로서 안정 저장 매체를 구현한다.

안정 저장 매체에 대한 가정은 회복 기법을 설명하기 위한 기본 가정 중의 하나이다. 만약 안정 저장 매체 가정이 없으면 저장 내용에 대한 최소한의 안정성을 기대할 수 없으므로 회복 기법을 기술하기가 매우 어렵다.

Stable-Storage Implementation (1/2)

- Maintain multiple copies of each block on separate disks
  - Copies can be at remote sites to protect against disasters such as fire or flooding
- Failure during data transfer can still result in inconsistent copies
- Protecting storage media from failure during data transfer (one solution)
  - Execute output operation as follows (assuming two copies of each block)
    - Write the information onto the first physical block
    - When the first write successfully completes, write the same information onto the second physical block
    - The output is completed only after the second write successfully completes

안정 저장 매체 구현 (1/2)

상기 그림 및 다음 그림은 안정저장매체를 구현하는 기본적인 아이디어를 기술한다. 안정 저장 매체를 구현하는 구체적인 방법 중의 하나이다.

Stable-Storage Implementation (2/2)

- Copies of a block may differ due to failure during output operation. To recover from failure
  - First find inconsistent blocks
    - · Expensive solution: Compare the two copies of every disk block
    - · Better solution
      - Record in-progress disk writes on non-volatile storage (Non-volatile RAM or special area of disk)
      - Use this information during recovery to find blocks that may be inconsistent, and only compare copies of these
      - Used in hardware RAID systems
  - If either copy of an inconsistent block is detected to have an error (bad checksum), overwrite it by the other copy. If both have no error but are different, overwrite the second block by the first block

안정 저장 매체 구현 (2/2)

현실적으로는 안정 저장 매체로 RAID 시스템을 사용한다.

RAID

- RAID: Redundant Arrays of Independent Disks
  - Disk organization techniques that manage a large number of disks, providing a view of a single disk of high reliability
- Originally a cost-effective alternative to large, expensive disks
  - "I" stood for "inexpensive"
  - Today RAIDs are used for their higher reliability and bandwidth
    - · "I" stands for independent
- RAID level
  - 0: block striping, non-redundant
  - 1: mirrored disks
  - 4: block-interleaved parity
  - 5: block-interleaved distributed parity

RAID

실질적으로 안정 저장 매체로 사용되는 RAID에 대한 간략한 설명이다. 저장장치를 설명하는 장(chapter)에 RAID에 대한 자세한 설명이 나와 있으니 참고하기 바란다.

Data Location (1/2)

- Physical blocks are those blocks residing on the disk
- Buffer blocks are the blocks residing temporarily in main memory
- Block movements between disk and main memory are initiated by
  - input(B) transfers the physical block B to main memory
  - output(B) transfers the buffer block B to the disk, and replaces the appropriate physical block there
- Each transaction T_i has its private work-area in which local copies of all data items are manipulated
- Transaction transfers data items between system buffer blocks and its private work-area
  - read(X) assigns the value of data item X to the local variable
  - write(X) assigns the value of local variable to data item X in the buffer block
  - Both these commands may necessitate the issue of an input(B_X) instruction if the block B_X in which X resides is not already in memory
- output(B_X) need not immediately follow write(X)
  - System can perform the output operation when it deems fit

데이터 위치 (1/2)

회복 기법을 이해하기 위해서는 데이터 위치를 이해하는 것이 중요하다. 데이터베이스 시스템에서는 동일 데이터가 3군데 위치에 존재할 수 있다.

- 디스크 블록
- 메인 메모리 상의 데이터 버퍼 블록
- 트랜잭션 프로세스 메모리 영역

각 위치간의 데이터 이동은 상기 그림에 나와 있는 방식에 의하여 이루어지고 있다.

데이터 버퍼와 프로세스 메모리 영역은 메인 메모리 내에 존재하므로, 메인 메모리가 고장이 나는 경우에는 데이터가 손실되나, 디스크에 존재하는 데이터는 손상이 없다.

데이터베이스 시스템에서 프로세스 고유 영역에서 버퍼 블록으로 데이터를 이동하는 것은 데이터베이스 관리 시스템 또는 사용자의 요청에 따라 이루어지나, 데이터 버퍼에서 디스크로 데이터를 이동하는 것은 운영체제의 결정에 따라 이루어진다. 데이터베이스 사용자가 데이터 쓰기를 완료하는 것은 데이터 버퍼에 데이터 쓰기임을 인지하여야 한다. 이 경우 쓰기가 완료된 후에 시스템 장애가 발생하면 디스크에는 아직 데이터 갱신이 반영되지 않을 수도 있다.

Data Location (2/2)

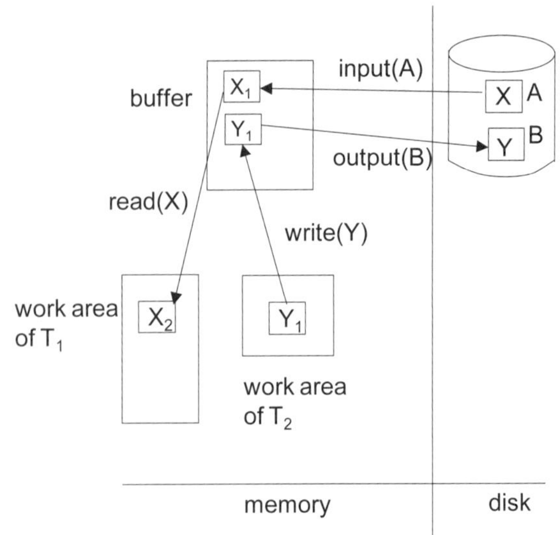

데이터 위치 (2/2)

이전 페이지 설명에 대한 그림이다. 시스템 구동 시에는 기본적으로 동일 데이터가 3군데 존재할 수가 있다. 데이터는 기본적으로 디스크에 존재하며, DBMS에 의하여 필요 시에 시스템 버퍼에 블록 단위로 복사될 수 있다(input 연산). 시스템 버퍼에 있는 데이터를 사용자 트랜잭션이 직접 사용하지 않으며, 사용자가 데이터를 접근하려면 해당 사용자 메모리로 데이터를 복사(read 연산)해 와서 접근한다. 사용자는 사용자 영역에 있는 데이터를 접근하며, 데이터 갱신을 하는 경우에는 시스템 버퍼에 존재하는 데이터 값과 사용자 영역에 존재하는 데이터 값이 상이하게 된다.

사용자가 write 연산을 이용하여 사용자 영역의 데이터를 시스템 버퍼에 복사할 수 있다. DBMS 시스템은 버퍼 관리 원칙에 의하여 시스템 버퍼에 있는 데이터를 디스크에 복사하는 output 연산을 수행한다.

상기 그림에 나와 있는 바와 같이 세 군데 존재하는 데이터 값이 모두 상이할 수도 있으나, 가장 정확한(또는 최근에 갱신된) 데이터 값은 사용자 영역에 존재하는 데이터 값이다.

3.2 로그 (Logs)

Recovery approach

- Two approaches:
  - log-based recovery
  - shadow-paging
    - Used to implemented in old database systems, but not any more
    - Still used in simple applications (text editors)
- To ensure atomicity despite failures, we first output information describing the modifications to stable storage without modifying the database itself

Shadowing (1/2)

- A very simple technique to support atomicity and durability of transactions
- Hard to handle concurrent transactions
  - Too many shadows
- Extremely inefficient for large databases
  - No data clustering is possible
  - Variant called shadow paging reduces copying of data, but is still not practical for large databases
- Useful for text editors
  - used to be implemented in old databases systems

회복 기법

회복 기법은 크게 두 가지 방법이 존재하며, 그 중에서 로그 방식이 상용 데이터베이스 시스템에서 사용된다. 본 장에서도 로그 방식에 대하여 자세히 설명한다.

회복 기법에서는 트랜잭션의 회복 및 원자성을 지원하기 위하여 데이터베이스에 변화가 일어나기 전에 변화에 대한 정보를 안전저장장치에 미리 기록을 하여야 한다. 특히 로그 방식에서는 데이터베이스에 변화가 빌생하기 전에 변화에 대 한 기록을 먼저 안전 저장 장치에 기록하여야 한다.

그림자 기법 (1/2)

그림자 기법은 오래전에 사용되었던 기법으로 요사이는 데이터베이스 환경에서는 사용하지 않는다. 다만 에디터와 같은 간단한 응용에서는 사용되고 있는 기법이다.

그림자 기법은 데이터 클러스터를 원천적으로 제공하지 못하며, 동시 트랜잭션이 많은 경우 그림자가 많이 생성되어 문제점이 발생할 수 있다.

Shadowing (2/2)

- All updates are made on a shadow copy of the database
  - db_pointer points to the updated shadow copy after the transaction reaches partial commit and all updated pages have been flushed to disk
- db_pointer always points to the current consistent copy of the database
  - In case transaction fails, old consistent copy pointed by db_pointer can be used, and the shadow copy can be deleted

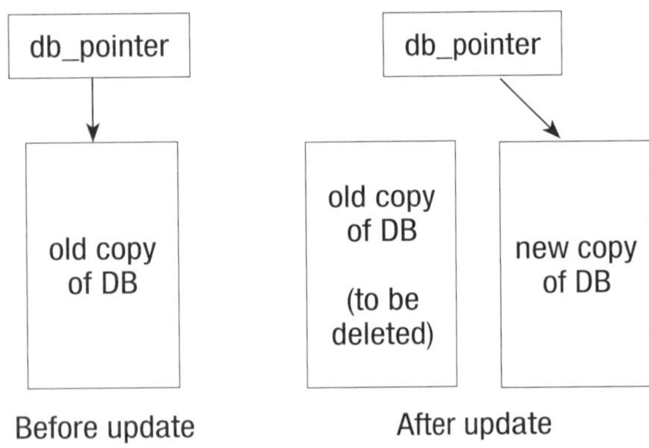

Before update After update

그림자 기법 (2/2)

상기 그림은 그림자 기법의 기본 원리를 설명한다. db_pointer는 가장 최신 버전 데이터를 포인트하고 있다.

Simple Logging: Normal Processing (1/2)

- A log is kept on stable storage
  - The log is a sequence of log records, and maintains a record of update activities on the database
- When transaction T_i starts, it registers itself by writing a <T_i start> log record
- Before T_i executes write(X), a log record <T_i, X, V_1, V_2> is written
  - where V_1 is the value of X before the write, and V_2 is the value of X after the write
  - Log record notes that T_i has performed a write on data item X, X had value V_1 before the write, and will have value V_2 after the write
- When T_i finishes its last statement, the log record <T_i commit> is written

간단로깅: 정상처리 (1/2)

로깅에 대한 기본적인 설명이다.

로그는 안전저장장치에 기록하여, 로그가 여러 가지 상황으로 인하여 손실되는 경우가 없게 하여야 한다.

로깅을 함에 있어 구체적으로 어떤 값을 어떤 방식으로 기록하는가는 여러 가지 방식이 존재한다. 상기의 경우에는 데이터 항목에 대하여 연산전의 값과 연산 후의 값을 기록하고 있으며, 다른 방식도 존재한다.

Simple Logging: Normal Processing (2/2)

- Multiple transactions are running concurrently
- All transactions share a single disk buffer and a single log
  - A buffer block can have data items updated by one or more transactions
- We assume concurrency control using strict two-phase locking
  - The updates of uncommitted transactions should not be visible to other transactions
  - Otherwise how to perform undo if T_1 updates A, then T_2 updates A and commits, and finally T_1 has to abort?
- Log records of different transactions may be interspersed in the log

간단로깅: 정상처리 (2/2)

디스크와 메인메모리 간의 데이터 이동은 디스크 블록 단위로 이루어지며, 로그 레코드를 저장하는 로그 블록도 블록 단위로 데이터가 저장된다.

회복 기법은 동시성 제어와 관련성이 있는데, 본 설명에서는 엄격 2PL 동시성 제어를 가정한다.

트랜잭션은 동시에 다수가 실행되므로, 로그 블록 하나 내에는 다수개의 트랜잭션 로그 레코드가 저장된다.

Simple Logging: Checkpoint (1/2)

- Problems in recovery procedure
  - Searching the entire log is time-consuming
  - We might unnecessarily redo transactions that have already output their updates to the database
- Streamline recovery procedure by periodically performing checkpointing
  - Output all log records currently residing in the main memory onto the stable storage
  - Output all modified data buffer blocks to the disk
  - Write a log record <checkpoint L> onto stable storage, where L is the list of transactions active at the time of the checkpoint

간단로깅: 검사점 (1/2)

시스템 장애 시에 회복을 원활히 하기 위하여 검사점을 수행한다. 이론적으로만 보면 검사점은 필요 없는 회복 연산이기도 하나, 실질적으로는 주기적으로 검사점 연산을 수행하여 시스템 장애 시에 회복을 빠르게 수행하여야 한다.

검사점 연산은 기본적으로 주기억장치에 존재하는 모든 로그 레코드와 변경된 데이터 페이지를 디스크에 반영하여, 디스크에 저장되어 있는 데이터베이스 상태와 주기억장치에 저장되어 있는 데이터베이스 상태를 동일하게 하는 것이다.

Simple Logging: Checkpoint (2/2)

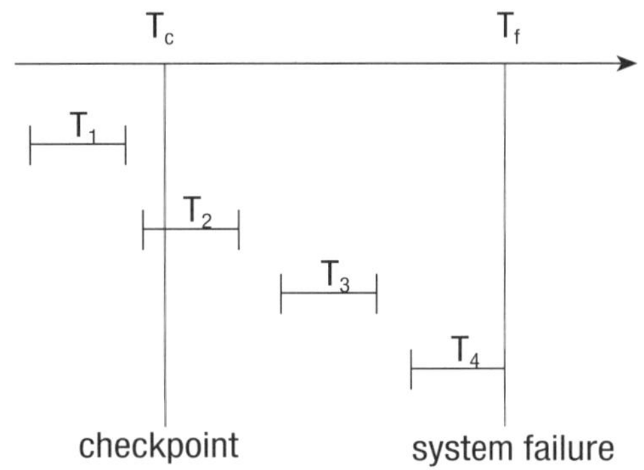

- T_1 can be ignored (updates already output to disk due to checkpoint)
- T_2 and T_3 redone
- T_4 undone

Simple Logging: Recovery (1/2)

- When the system recovers from a crash, it first does the following
  - Initialize "undo-list" and "redo-list" to be empty
  - Scan the log backwards from the end, stopping when the first <checkpoint L> record is found. For each record found during the backward scan:
    - · if the record is <T_i commit>, add T_i to "redo-list"
    - · if the record is <T_i start>, then if T_i is not in "redo-list", add T_i to "undo-list"
  - For every T_i in L, if T_i is not in redo-list, add T_i to "undo-list"
- At this point the undo-list consists of incomplete transactions which must be undone, and the redo-list consists of finished transactions that must be redone

간단로깅: 검사점 (2/2)

상기 그림에서 T_1 트랜잭션에 대해서는 해당 트랜잭션의 연산이 이미 디스크에 반영되어 있으므로(검사점 연산으로 인하여), 더 이상의 회복 연산이 필요 없다.

트랜잭션 T_2, T_3은 필요에 따라서는 재연산(즉, REDO)을 수행하여야 하며, T_4는 트랜잭션 중간에 시스템 장애가 발생하여 트랜잭션이 완료하지 못 하였으므로, 해당 트랜잭션이 수행한 연산을 되돌려 주는 연산(즉, UNDO)을 하여야 한다.

간단로깅: 회복 (1/2)

회복 시에 수행하는 연산을 설명한다. 상기 그림이 설명하는 연산은 아주 간단한 로깅 방식이며, 실질적으로는 다른 여러 가지 기법이 함께 사용된다. 본 설명의 목적은 간단한 로깅 방식을 설명함으로서 회복 기법에 대한 전반적인 이해도를 높이려는 것이다.

시스템 장애기 발생하면, 로그와 디스크에 저장된 데이터만 존재하므로 이를 이용하여 시스템 회복을 하여야 한다.

첫 번째 연산은 로그를 분석하여 진행 중인 트랜잭션에서 수행하였으나 아직 디스크에 반영되지 않아 재연산을 할 트랜잭션과 트랜잭션 효과를 원상회복하여야 하는 트랜잭션으로 분류하는 것이다. "redo-list"와 "undo-list"에 해당 트랜잭션이 분류된다.

상기 그림에서는 로그를 역방향으로 스캔하고 있다.

Simple Logging: Normal Processing (2/2)

- Recovery now continues as follows
  - Scan log backwards from most recent record, stopping when <T_i start> records have been encountered for every T_i in undo-list
    - During the scan, perform undo for each log record that belongs to a transaction in undo-list
  - Locate the most recent <checkpoint L> record
  - Scan log forwards from the <checkpoint L> record till the end of the log
    - During the scan, perform redo for each log record that belongs to a transaction on redo-list

간단로깅: 회복 (2/2)

회복 기법에 대한 설명이다.

Simple Logging Example

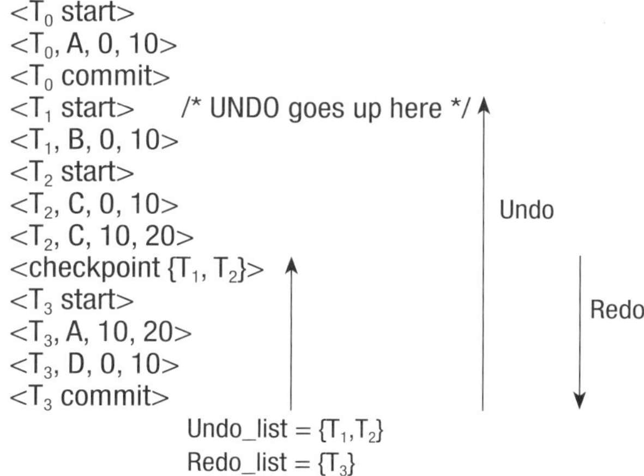

간단 로깅 예제

앞에서 설명한 간단 로깅 기법에 대한 예제이다.

"redo-list"와 "undo-list"를 구성할 때에는 가장 최근 시점에서 로그를 역방향으로 스캔하며, undo 연산은 가장 최근 로그부터 역방향으로 진행되며, 가장 최근 검사점을 지날 수도 있다.

redo 연산은 가장 최근 검사점부터 시작하여 순방향으로 로그를 스캔하면서 재연산을 수행한다.

3.3 로그 기반 회복 (Log-based Recovery)

Log Block Buffering (1/2)

- Log records are buffered in main memory, instead of being output directly to stable storage
  - Log records are output to stable storage when a block of log records in the buffer is full or a log force operation is executed
- Log force is performed to commit a transaction by forcing all its log records (including the commit record) to stable storage
- Several log records can thus be output using a single output operation, reducing the I/O cost
  - Group commit

로그 블록 버퍼 (1/2)

로그 레코드를 저장하는 로그 블록도 데이터 블록과 마찬가지로 버퍼링을 한다. 트랜잭션이 완료되는 시점에는 모든 관련 로그 블록이 안전저장장치에 쓰기연산이 우선 이루어져야 한다.

로그 블록 쓰기 연산은 시간이 소요되는 연산이므로 시스템 전체 효율성을 위하여 로그 블록을 트랜잭션이 완료시마다 로그 블록 쓰기 연산을 하지 말고, 다수개의 로그 레코드가 로그 블록에 거의 차지할 시간까지 기다렸다가 로그 블록 쓰기 연산을 할 수 있는데, 이 경우에는 다수개의 트랜잭션이 동시에 완료되는 효과가 있다. 이를 그룹 완료 기법이라고 한다.

Log Block Buffering (2/2)

- The rules below must be followed if log records are buffered
  - Log records are output to stable storage in the order in which they are created
  - Transaction T_i enters the commit state only when the log record <T_i commit> has been output to stable storage
  - Before a data block in the buffer is output to the disk, all log records pertaining to data in that block must have been output to stable storage
    - · This rule is called the write-ahead logging or WAL rule
    - · Strictly speaking, WAL only requires undo information to be output

로그 블록 버퍼 (2/2)

로그 레코드를 버퍼링하는 경우 준수하여야 하는 규칙을 설명한다.

두 번째와 세 번째 규칙은 데이터 페이지와 로그 페이지 간의 상관관계를 설명하고 있다. 트랜잭션이 완수되기 전에 완수 로그 레코드가 미리 안전장치에 저장되어야 하고, 데이터 페이지가 디스크에 저장되기 전에 관련 로그 레코드가 안전장치에 저장되어야 한다.

Data Page Buffering (1/3)

- Database maintains an in-memory buffer of data blocks
  - When a new block is needed, if buffer is full an existing block needs to be removed from buffer
  - If the block chosen for removal has been updated, it must be output to disk
- If a block with uncommitted updates is output to disk, log records with undo information for the updates are output to the log on stable storage first
  - Write ahead logging
- No updates should be in progress on a block when it is output to disk (the block should be pinned). Can be ensured as follows
  - Before writing a data item, transaction acquires exclusive lock on block containing the data item
  - Lock can be released once the write is completed
    - Such locks held for short duration are called latches
  - Ensures no update can be in progress on the block

데이터 페이지 버퍼링 (1/3)

데이터베이스 시스템은 데이터 페이지를 버퍼링한다.

데이터 블록을 디스크에 쓰기 연산을 할 때에는 해당 블록에 갱신 연산이 수행되지 말아야 하며, 이를 위하여 래치(latch 또는 semaphore)를 사용한다.

래치와 록은 차이가 있다. 래치는 운영체제가 지원하는 기능으로서 다수 사용자를 위한 소프트웨어에서 공유 데이터 접근을 제어하기 위하여 사용된다. 래치는 래치 모드를 설정할 수 있으나 일반적으로 배타 모드로만 사용이 된다. 또한 래치 유지 시간은 아주 짧은 시간으로 예를 들면 링크 리스트에서 노드 링크를 갱신하는 포인터 값 변경 시간 정도이다. 사용자는 래치에 의한 시스템 교착 상태가 발생하지 않도록 래치를 사용하여야 한다.

데이터베이스 록은 데이터베이스 시스템이 관리하는 데이터에 대한 동시성 제어 방식이며, 일반적으로 다수의 록 모드가 존재하며, 록 유지 시간은 래치보다는 길다. 또한 록에 의하여 시스템이 교착 상태에 직면할 수도 있다. 구현 관점에서 보면, 데이터베이스 록은 운영체제의 래치를 사용하여 구현한다.

Data Page Buffering (2/3)

- Database buffer can be implemented either
  - in an area of real main-memory reserved for the database, or
  - in virtual memory
- Implementing buffer in reserved main-memory has drawbacks
  - Memory is partitioned beforehand between database buffer and applications, limiting flexibility
  - Needs may change
    - Although operating system knows best how memory should be divided up at any time, it cannot dynamically change the partitioning of memory

데이터 페이지 버퍼링 (2/3)

데이터 페이지 버퍼 구현은 두 가지 방식이 가능하며, 이에 대한 장단점 설명이다. 데이터베이스 시스템을 위하여 할당받은 메인 메모리 영역에 데이터베이스 버퍼를 구현할 수도 있으며, 또는 가상 메모리 영역에 데이터베이스 버퍼를 구현할 수도 있다.

Data Page Buffering (3/3)

- Database buffers are generally implemented in virtual memory in spite of some drawbacks
  - When operating system needs to evict a page that has been modified, the page is written to swap space on disk
  - When database decides to write buffer page to disk, buffer page may be in swap space, and may have to be read from swap space on disk and output to the database on disk, resulting in extra I/O! (dual paging problem)
    - Dual paging can be avoided, but common operating systems do not support such functionality
  - Ideally when OS needs to evict a page from the buffer, it should pass control to database, which in turn should
    - Output the page to database instead of to swap space (making sure to output log records first) if it is modified
    - Release the page from the buffer for the OS to use

데이터 페이지 버퍼링 (3/3)

데이터 페이지 버퍼 구현은 메인 메모리상의 가상메모리 상에 구현이 된다. Dual paging 문제가 발생할 수 있으나, 데이터 버퍼 페이지 운영은 일반적으로 운영체제가 담당을 하므로 데이터베이스 시스템은 운영체제가 제공하는 기능을 사용하여 구현한다.

Dual paging 문제는 데이터베이스 시스템이 특정 블록을 디스크에 output 하려고 할 때 해당 블록이 이미 디스크 swap 영역에 존재하여 이를 메모리 상으로 input한 후 이를 다시 디스크에 output하는 현상인데, 일반적인 운영체제에서는 dual paging 문제가 발생한다. Dual paging 문제를 해결하려면, 운영체제가 블록을 swap 영역에 output 하지 말고 데이터베이스 시스템과의 협의 하에 데이터베이스 영역에 output을 하여야 한다.

Steal vs. Force Policy (1/2)

- The data buffer management is closely related with recovery schemes
- The force policy
  - Requires updated blocks to be written at commit
  - More expensive commit
- The no-force policy
  - Updated blocks need not be written to disk when transaction commits
- The steal policy
  - Blocks containing updates of uncommitted transactions can be written to disk, even before the transaction commits

Steal/Force 방식 (1/2)

데이터 페이지 버퍼링 방식은 회복 알고리즘과 매우 관련이 있다.

회복 알고리즘은 데이터 페이지 처리 방식에 따라 force/steal 조건에 따라 4가지 방식이 가능하다.

- Force/Steal
- Force/Not Steal
- Not Force/Steal
- Not Force/Not Steal

Steal vs. Force Policy (2/2)

- A good recovery algorithm should support the “steal” and “not force” policy
  - The three others do not work well, even though the recovery algorithms could be simple

	Steal	Not Steal
Force	Undo only (no Redo)	No redo, No undo
Not Force	Redo and Undo	Redo only (no undo)

A Recovery Algorithm (1/3)

- Logging (during normal operation)
  - <T_i start> at transaction start
  - <T_i, X_j, V_1, V_2> for each update
  - <T_i commit> at transaction end
- Transaction rollback (during normal operation)
  - Let T_i be the transaction to be rolled back
  - Scan log backwards from the end, and for each log record of T_i of the form <T_i, X_j, V_1, V_2>
    - Perform the undo by writing V_1 to X_j
    - Write a log record <T_i, X_j, V_1>
      - Such log records are called compensation log records
  - Once the record <T_i start> is found, stop the scan and write the log record <T_i abort>

Steal/Force 방식 (2/2)

이론적으로 4가지 방식이 가능하나, 실질적으로는 Steal/Nor Force 방식이 사용된다.

Not Steal 방식은 데이터 페이지 버퍼 용량이 초과하는 많은 수의 데이터 페이지를 변경하는 트랜잭션이 수행되면 기능상의 문제가 발생할 수 있다. Force 방식은 트랜잭션이 완수될 때 마다 모든 로그가 안전 저장장치에 저장되어야 하는데, 시스템 성능상의 문제를 야기할 수 있다.

상용 데이터베이스 시스템에서 지원되는 회복 알고리즘은 Steal/Not Force 방식이다.

회복 알고리즘 (1/3)

앞서 살펴본 회복 알고리즘보다 향상된 회복 알고리즘을 살펴본다.

정상 상태 시에 로그 방법을 설명한다. 정상 상태에서 트랜잭션이 철수하면 해당 트랜잭션의 효과를 없애기 위하여 undo 작업 수행하는데, 이러한 undo 작업 로그를 CLR(compensation log record)라고 한다. Undo 작업에 대하여 로그 레코드를 발생하는 것을 주목하자.

A Recovery Algorithm (2/3)

- Recovery from failure: Two phases
  - Redo phase: replay updates of all transactions whether they committed, aborted, or are incomplete
  - Undo phase: undo all incomplete transactions
- Redo phase
  - Find last <checkpoint L> record, and set undo-list to L
  - Scan forward from above <checkpoint L> record
    - Whenever a record $<T_i, X_j, V_1, V_2>$ is found, redo it by writing V_2 to X_j
    - Whenever a log record $<T_i$ start$>$ is found, add T_i to undo-list
    - Whenever a log record $<T_i$ commit$>$ or $<T_i$ abort$>$ is found, remove T_i from undo-list

A Recovery Algorithm (3/3)

- Undo phase
  - Scan log backwards from the end
    - Whenever a log record $<T_i, X_j, V_1, V_2>$ is found where T_i is in undo-list perform same actions as for transaction rollback
      - Perform undo by writing V_1 to X_j
      - Write a log record $<T_i, X_j, V_1>$
    - Whenever a log record $<T_i$ start$>$ is found where T_i is in undo-list
      - Write a log record $<T_i$ abort$>$
      - Remove T_i from undo-list
    - Stop when undo-list is empty (i.e. $<T_i$ start$>$ has been found for every transaction in undo-list)
- After undo phase completes, normal transaction processing can commence

회복 알고리즘 (2/3)

장애가 발생하면 회복을 하여야 하는데, 두 가지 단계로 이루어진다.

Redo 단계에서는 가장 최근 검사점에서 시작하며 로그 레코드를 순방향으로 스캔한다. 검사점 이후에 나오는 모든 로그 레코드를 REDO하며, 그 과정에서 undo-list를 생성한다. undo-list는 다음 Undo 단계에서 철회하여야 하는 모든 트랜잭션을 가지고 있다.

회복 알고리즘 (3/3)

Undo 단계는 Redo 단계에서 작성한 undo 리스트에 속한 모든 트랜잭션을 undo 한다. Undo시에도 수행한 연산을 로그에 기록한다.

Repeating History is an Excellent Idea

- Note that the redo phase replays every log record since the most recent checkpoint record, including actions of incomplete transactions and the actions carried out to rollback failed transactions
- May appear wasteful, but it greatly simplifies recovery schemes
  - WHY???

역사 반복은 좋은 아이디어이다

앞에서 본 바와 같이 후에 undo 하는 트랜잭션도 redo 단계에서는 다시 수행을 하는데, 이를 역사 반복(repeating history)라고 한다.

역사반복 기법은 회복 알고리즘을 간단히 하는 역할을 하며, 널리 사용되는 기법이다.

Example of Recovery

Beginning of log

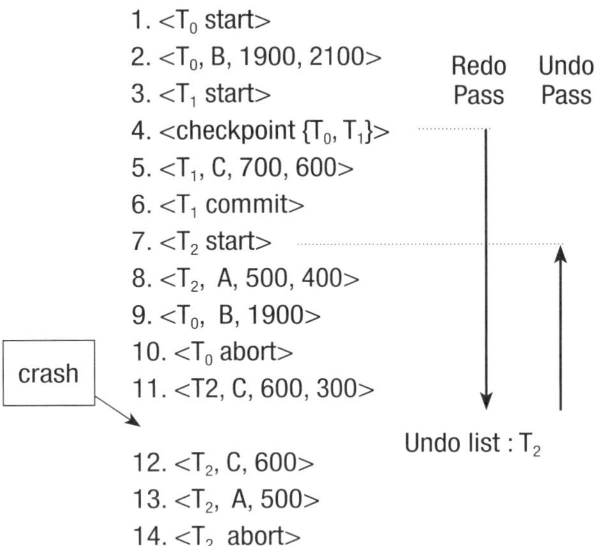

회복 알고리즘 예제

앞에서 살펴본 회복 알고리즘에 대한 예제이다. 로그 레코드 11이 생성된 이후에 시스템 장애가 발생하였다고 하자.

T_0는 트랜잭션이 시작이 되고 로그 레코드 9에서 abort 연산을 시작하였으며 로그 레코드 10에서 정상적으로 abort연산을 수행하였다. T_1은 시작이 되었다가 정상적으로 commit 하였다. T_2는 시스템 장애 시에 수행중인 트랜잭션이었으며, 로그 레코드 12, 13, 14가 회복시에 생성되었다.

Fuzzy Checkpointing (1/2)

- To avoid long interruption of normal processing during checkpointing, allow updates to happen during checkpointing (called fuzzy checkpointing)
  - Temporarily stop all updates by transactions
  - Write a <checkpoint L> log record and force log to stable storage
  - Make a list M of modified buffer blocks
  - Now permit transactions to proceed with their actions
  - Output to disk all modified buffer blocks in list M
    - · Blocks should not be updated while being output
    - · WAL should be observed
  - Store a pointer to the checkpoint record in a fixed position ("last_checkpoint") on disk

Fuzzy Checkpointing (2/2)

- When recovering using a fuzzy checkpoint, start scan from the checkpoint record pointed by "last_checkpoint"
  - Log records before "last_checkpoint" have their updates reflected in database on disk, and need not be redone
  - Incomplete checkpoints, where system had crashed while performing checkpoint, are handled safely

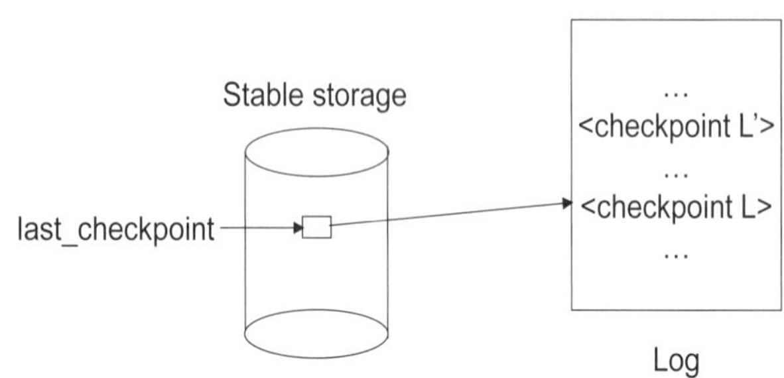

퍼지 검사점 (1/2)

검사점이 진행되는 동안 모든 데이터베이스 연산을 정지시키지 말고 일반 데이터베이스 연산이 수행하도록 허용하는 검사점을 퍼지 검사점(fuzzy checkpointing) 방식이라고 한다.

검사점 시작을 표시하는 검사점 로그 레코드를 안정 저장 장치에 기록을 하고, 변경된 버퍼 리스트(즉, 디스크에 쓰기 연산하여야 하는 블록 리스트)를 만든 후에는 일반 데이터베이스 연산을 허용한다. 블록을 디스크에 쓰기 시에는 반드시 WAL 원칙을 준수하여야 한다. 마지막으로 검사점 레코드 로그 위치를 안정 저장(stable storage) 매체의 정해진 위치에 저장한다. 이는 검사점 중간에 시스템 장애가 발생하는 경우를 대비하는 것이다.

퍼지 검사점 (2/2)

퍼지 검사점 방식에서 장애가 발생하면 안정저장 매체의 "last_checkpoint"에 저장되어 있는 검사점 로그 레코드 (이것이 가장 최근에 완료된 검사점 로그 레코드이다) 이후부터 처리하면 된다. 그 이유는 그 이전의 로그 레코드는 이미 디스크에 반영되었기 때문이다.

Failure of Nonvolatile Storage (1/2)

- Technique similar to checkpoint is used to deal with loss of non-volatile storage (such as disk)
  - Periodically dump the entire content of the database to stable storage
  - A procedure similar to checkpointing must take place
    - Output all log records currently residing in main memory onto stable storage
    - Output all buffer blocks onto the disk
    - Copy the contents of the database to stable storage
    - Output a record <dump> to log on stable storage
  - No transaction may be active during the dump procedure

비활성 저장장치 장애 (1/2)

지금까지는 메인메모리 장애가 발생하는 경우를 살펴보았다. 이번에는 비활성 저장장치 장애에 대한 회복에 대한 설명이다.

비활성 저장장치 장애는 비교적 간단한 기법이며, 기본적으로 디스크 덤프 방식을 사용한다. 상기 그림은 디스크 덤프 절차를 설명한다.

Failure of Non-Volatile Storage (2/2)

- To recover from disk failure
  - Restore database from the most recent dump
  - Consult the log and redo all transactions that are committed after the dump
- Can be extended to allow transactions to be active during dump
  - Known as fuzzy dump or online dump

비활성 저장장치 장애 (2/2)

비활성 저장장치 장애 시에 회복 방식은 기본적으로 가장 최근에 dump된 데이터베이스 상태로 부터 그 이후에 commit된 트랜잭션을 redo하여 장애시의 데이터베이스 상태로 복구한다.

fuzzy checkpointing 방식과 유사하게 dump시에도 일반 데이터베이스 연산을 허용하는 fuzzy dump (또는 online dump) 방식이 존재한다.

ARIES

- ARIES is the state of art recovery method
  - Key researcher: C. Mohan (IBM)
  - Published at a number of prestigious papers early 1990
- ARIES
  - Incorporates numerous optimizations to reduce overheads during normal processing and to speed up recovery
  - Based on "repeating history", where recovery executes exactly the same actions as normal processing
  - Uses LSN (log sequence number) to identify log records
    - · Stores LSNs in pages to identify what updates have already been applied to a database page
  - Fuzzy checkpointing

ARIES

ARIES는 실제 상용 데이터베이스 시스템에서 널리 구현되어 사용되고 있는 회복 알고리즘 이름이다. 1990년 IBM Mohan 등에 의하여 개발되었으며 많은 부분이 특허에 등록되어 있다.

3.4 원격 백업 (Remote Backup)

Disaster

- System crash vs. disaster
  - Disaster: everything at a site is destroyed

재난

재난이란 임의 사이트에 대한 모든 정보가 홍수, 지진, 대공습 등의 이유로 인하여 전부 손실되는 경우이다. 재난 시에는 앞서 살펴본 회복기법을 이용하여 시스템 회복이 불가능하다.

Remote Backup Systems (1/3)

- Remote backup systems provide high availability by allowing transaction processing to continue even if the primary site is destroyed

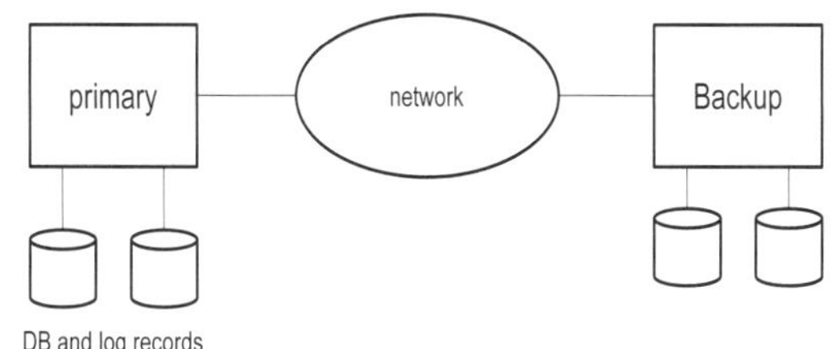

- Achieve synchronization by sending all log records from the primary site to the secondary site

원격 백업 시스템 (1/3)

원격 백업 시스템은 주 사이트에 재난이 발생하여도 백업 사이트가 계속 수행하여 시스템 가용성을 증가시킨다.

Remote Backup Systems (2/3)

- Detection of failure: backup site must detect when primary site has failed
  - To distinguish primary site failure from link failure maintain several communication links between the primary and the remote backup
  - Heart-beat messages
- Transfer of control
  - To take over control, backup site first performs recovery using its copy of the database and all the log records it has received from the primary
    - · Thus, completed transactions are redone and incomplete transactions are rolled back
  - When the backup site takes over processing it becomes the new primary
  - To transfer control back to old primary when it recovers, old primary must receive redo logs from the old backup and apply all updates locally

원격 백업 시스템 (2/3)

원격 백업 시스템에서 장애를 감지하기 위하여 주 시스템은 지속적으로 메시지(heart-beat message)를 발송한다.

제어 이관에 대한 설명이다. 백업 시스템이 주 시스템 역할을 하려면 로그 레코드를 가지고 회복 연산을 하여 주 시스템 상태와 동일하게 만든 후에, 백업 시스템이 주 시스템 역할을 할 수 있다.

Remote Backup Systems (3/3)

- Time to recover: to reduce delay in takeover, backup site periodically processes the redo log records, performs a checkpoint, and can then delete earlier parts of the log
- Hot-Spare configuration permits very fast takeover
  - Backup continually processes redo log record as they arrive, applying the updates locally
  - When failure of the primary is detected, the backup rolls back incomplete transactions, and is ready to process new transactions
- Alternative to remote backup is to use distributed databases with replicated data at more than one site
  - Remote backup is faster and cheaper, but less tolerant to failure

원격 백업 시스템 (3/3)

재난 시에 원격 시스템이 빠르게 제어권을 가지기 위해서는 원격 시스템이 주 시스템에서 받는 로그를 받는 즉시 적용하여야 하며, 이를 hot-spare 설정이라고 한다.

원격 백업 시스템의 대안은 동일 데이터를 분산적으로 저장하는 분산 데이터베이스 방식이며, 원격 백업 방식은 빠르고 저렴하나 장애 대처 유연성이 다소 미흡하다.

Time to Commit

- Ensure durability of updates by delaying transaction commit until update is logged at backup
  - A transaction must not be declared committed until its log records have reached the backup site
  - Avoid this delay by permitting lower degrees of durability
- One-safe: commit as soon as transaction's commit log record is written at primary
  - Problem: updates may not arrive at backup before it takes over
- Two-very-safe: commit when transaction's commit log record is written at primary and backup
  - Reduces availability since transactions cannot commit if either site fails
- Two-safe: proceed as in two-very-safe if both primary and backup are active. If only the primary is active, the transaction commits as soon as the commit log record is written at the primary
  - Better availability than two-very-safe
  - Avoids problem of lost transactions in one-safe

완료 시간

원격 백업 시스템 환경에서 트랜잭션의 지속성을 보장하기 위해서는 원격 시스템에 트랜잭션 완료 로그가 기록되어야 해당 트랜잭션이 완료할 수 있다. 원격 시스템에 완료 로그가 기록되는 데에는 시간이 소요되므로, 약간 기준의 트랜잭션 지속성을 제공할 수 있으며, 상기 그림에는 세 가지 방식이 설명되어 있다.

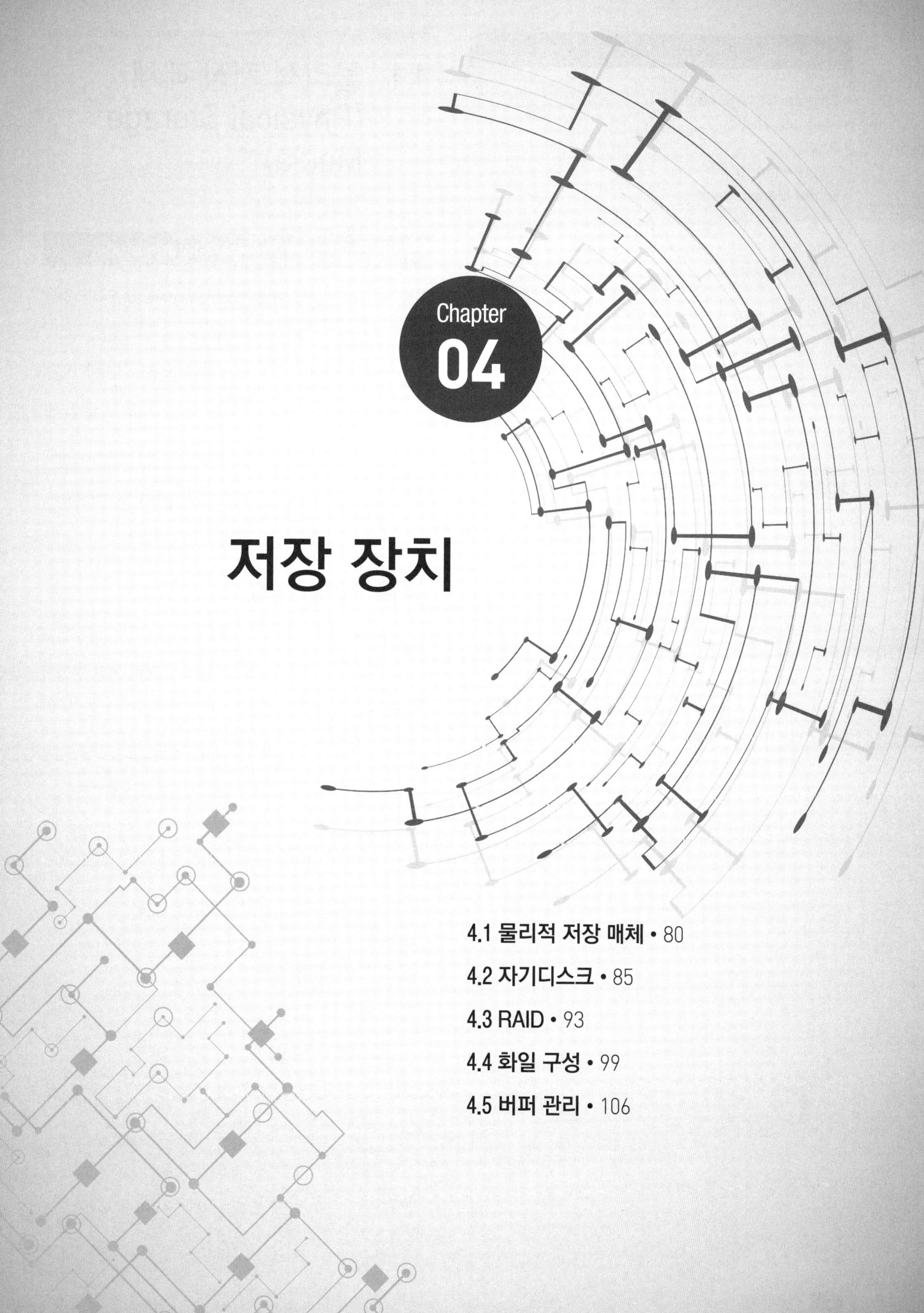

Chapter 04

저장 장치

4.1 물리적 저장 매체 • 80

4.2 자기디스크 • 85

4.3 RAID • 93

4.4 화일 구성 • 99

4.5 버퍼 관리 • 106

Subtopics

- Physical Storage Media
- Magnetic Disks
- RAID
- File Organization
- Buffer Management

세부목차

이 절에서는 컴퓨터 저장장치를 살펴본다. 데이터베이스 시스템은 데이터를 저장/관리하므로, 데이터베이스 시스템을 이해하기 위해서는 데이터 저장 장치에 대한 지식이 필요하다. 각 저장장치 특성, 데이터를 저장하는 가장 흔한 매체인 하드디스크 특성, RAID, 그리고 컴퓨터 시스템에서의 화일 및 레코드 구조, 버퍼에 관하여 살펴본다.

4.1 물리적 저장 매체 (Physical Storage Media)

Classification of Physical Storage Media

- Speed with which data can be accessed
- Cost per unit of data
- Reliability
  - Data loss on power failure or system crash, and physical failure of the storage device
  - Volatile storage (loses contents when power is switched off)
  - Non-volatile storage (contents persist even when power is switched off)
    - · Includes secondary and tertiary storage as well as battery-backup main-memory

물리적 저장 매체 분류

물리적 저장 매체의 분류는 데이터 접근 속도, 데이터 저장 비용, 신뢰성 등으로 구분이 가능하며, 특히 전원 공급이 중단되었을 때 데이터 손실 여부에 따라 휘발성/비휘발성 저장 장치로 구분이 가능하다.

Cache, Main Memory

- Cache
  - Fastest and most costly form of storage
  - Volatile
  - Locates inside CPU (managed by the computer system hardware)
- Main memory
  - Fast access: 10s to 100s of nanoseconds (1 nanosecond = 10^{-9} seconds)
  - Volatile
  - Generally too small (or too expensive) to store the entire database
    - · Currently up to several gigabytes
    - · Capacities have gone up and per-byte costs have decreased steadily and rapidly (roughly factor of 2 every 2 to 3 years)

캐시, 메인 메모리

캐시는 컴퓨터 시스템의 CPU 내에 존재하며 컴퓨터하드웨어 시스템이 관리한다. 가장 빠르고 가장 비싸다.

현대 컴퓨터의 메인 메모리 용량은 기가 바이트 단위이며, 데이터 접근 속도는 나노초 단위이다.

Flash Memory

- Data survives power failure (non-volatile)
- Reads are roughly as fast as main memory
- Data can be written at a location only once, but location can be erased and written again
  - Cannot overwrite (first erase, then write)
  - Writes are slow (few microseconds, 10^{-6} second)
  - Erases are very slow (1 to 2 milliseconds, 10^{-3} second)
  - Erasing of memory has to be done on a number of pages (erase block) !!!
  - Can support only a limited number (100K – 1M) of erase/write cycles
- Replace for magnetic disks for storing moderate amounts of data
  - Solid-state drives (up to 512 Gbyte to 1 terabytes)
- Widely used in embedded devices such as digital cameras, phones, and USB keys
- NOR flash memory vs. NAND flash memory

플래시 메모리

플래시 메모리는 비휘발성 메모리로서 읽기는 메인메모리 수준과 유사하나, 쓰기/지우기는 마이크로초 단위이다. 쓰기와 지우기 횟수는 제한이 있으며, 일반적으로 백만번 이하 쓰기와 지우기를 할 수 있다. 주위에서 흔히 발견할 수 있는 USB 스틱, 휴대폰, 카메라 등에 널리 사용된다.

NAND Flash Memory

- Used widely for storage, since it is much cheaper than NOR flash
- Requires page-at-a-time read (page: 512 bytes to 4 KB)
- Transfer rate around 20 MB/sec
- Solid state disks use multiple flash storage devices to provide higher transfer rate of 100 to 200 MB/sec
- Remapping of logical page addresses to physical page addresses avoids waiting for erase
  - Translation table tracks mapping
- After 100,000 to 1,000,000 erases, block becomes unreliable and cannot be used
  - Wear leveling (the principle of evenly distributing erase operations) is transparently performed

Magnetic Disk

- Data is stored on spinning disk, and read/written magnetically
- Primary medium for the long-term storage of data
- Data must be moved from disk to main memory for access, and written back for storage
- Direct-access (can read data on disk in any order, unlike magnetic tape)
- Capacities range up to roughly 3 TB
  - Much larger capacity and cost/byte than main memory/flash memory
  - Growing constantly and rapidly with technology improvements (factor of 2 to 3 every 2 years)
- Survives power failures and system crashes
  - Disk failure can destroy data, but is rare

NAND 플래시 메모리

플래시 메모리는 비용적인 이유로 NAND 플래시 메모리가 널리 사용되며, NAND 플래시 메모리는 블록 단위로 데이터를 읽는다. NOR 플래시 메모리는 단어(word) 단위로 읽는다.

지우기는 밀리초 단위로 이루어지며, 지우기가 일정횟수 이상이 이루어지면 더 이상 사용을 할 수 없다. 지우기 횟수에 제한이 있으므로 내부적으로 자주 지우는 데이터와 자주 지우지 않은 데이터를 구분하여 저장하여 지움 연산을 골고루 평등하게 분포하고자 하는 작업을 하며, 이를 평등화작업(wear leveling)이라고 한다.

플래시 메모리는 기존 하드 디스크를 일부 대치하고자 하며, 이를 SSD(solid-state drive)라고 한다. 플래시 메모리 전송속도는 20MB/s으로 기존 하드 디스크보다 늦으며, 이를 보완하기 위하여 다수의 플래시 디스크를 병렬도 배치하여 전송속도를 높인다.

자기 디스크

자기 디스크는 온라인으로 장기간 데이터를 저장하는 주된 매체이다. 순차접근이 아닌 직접 접근을 하며, 비용면으로 또한 성능면으로 가장 적절한 대용량 데이터 저장 장치이다.

Optical Disks (1/2)

- Non-volatile, data is read optically using a laser
  - CD-ROM (640 MB)
  - DVD (4.7 to 17 GB)
  - Blu-ray disks (27 GB to 54 GB)
- Reads and writes are slower than with magnetic disk
- Write-one, read-many (WORM) optical disks used for archival storage (CD-R, DVD-R, DVD+R)
- Multiple write versions also available (CD-RW, DVD-RW, DVD+RW, and DVD-RAM)
- Juke-box systems with large numbers of removable disks, a few drives and a mechanism for automatic loading/unloading of disks available for storing large volumes of data

광디스크 (1/2)

광디스크(또는 Optical storage, 광저장장치)로 널리 알려진 것은 CD(compact disk)와 DVD(digital video disk)이다. DVD는 비디오뿐만 아니라 임의의 디지털 자료 저장이 가능하므로 digital versatile disk로 불리기도 한다. 최근에 나온 블루레이는 양면 모두 사용하는 경우 54G 저장 용량을 제공한다.

기본적으로 쓰기 한번 읽기 다수번 구조이나, 쓰기를 다수번 지원하는 형태도 있다. 광저장장치는 읽기 및 쓰기 속도는 자기 디스크보다 늦으나, 대용량 데이터 저장 측면에서는 비용 경쟁력이 있다.

DVD-RAM(random access memory)는 DVD Forum에 의하여 1996년도 발표된 광 디스크 종류이며, DVD-RW, DVD-RW와 경쟁되는 기술이다. 1998년 이후부터 컴퓨터, 캠코더, 개인 비디오 기기 등에서 사용되고 있다.

Optical Disks (2/2)

- Compact disk-read only memory (CD-ROM)
  - Removable disks, 640 MB per disk
  - Seek time about 100 millisecond (optical read head is heavier and slower)
  - Higher latency (3000 RPM) and lower data-transfer rates (3-6 MB/s) compared to magnetic disks
- Digital Video Disk (DVD)
  - DVD-5 holds 4.7 GB, and DVD-9 holds 8.5 GB
  - DVD-10 and DVD-18 are double sided formats with capacities of 9.4 GB and 17 GB
  - Blu-ray DVD: 27 GB (54 GB for double sided disk)
  - Slow seek time for same reasons as CD-ROM
- Record-once versions (CD-R and DVD-R) are popular
  - Data can only be written once, and cannot be erased
  - High capacity and long lifetime (used for archival storage)

광 디스크 (2/2)

광 디스크에 대한 좀 더 자세한 설명이다.

Magnetic Tapes (1/2)

- Non-volatile, used primarily for backup and archival
  - Sequential-access
  - Much slower than disk
- Very high capacity (40 to 300 GB tapes available)
- Tape can be removed from drive
  - Storage costs much cheaper than disk, but drives are expensive
- Tape jukeboxes available for storing massive amounts of data
  - hundreds of terabytes to even petabytes (1 petabyte = 1024 Tbytes)

Magnetic Tapes (2/2)

- Hold large volumes of data and provide high transfer rates
  - Few GB for DAT (Digital Audio Tape) format, 10-40 GB with DLT (Digital Linear Tape) format, 100 GB+ with Ultrium format, and 330 GB with Ampex helical scan format
  - Transfer rates from few to 10s of MB/s
- Tapes are cheap, but cost of drives is very high
- Very slow access time in comparison to magnetic and optical disks
  - limited to sequential access
  - Some formats (Accelis) provide faster seek (10s of seconds) at cost of lower capacity
- Used mainly for backup, for storage of infrequently used information, and as an off-line medium for transferring information from one system to another

마그네틱 테이프 (1/2)

전통적으로 백업 데이터 저장용으로 널리 사용된다. 속도는 느리고 순차 접근만을 허용하나, 대용량 데이터 저장이 저렴한 비용으로 가능하다.

마그네틱 테이프 (2/2)

마그네틱 테이프에 대한 좀 더 자세한 설명이다.

Storage Hierarchy

- Primary storage: fastest media but volatile (cache, main memory)
- Secondary storage: next level in hierarchy, non-volatile, moderately fast access time
  - Also called on-line storage
  - flash memory, magnetic disks
- Tertiary storage: lowest level in hierarchy, non-volatile, slow access time
  - Also called off-line storage
  - magnetic tape, optical storage

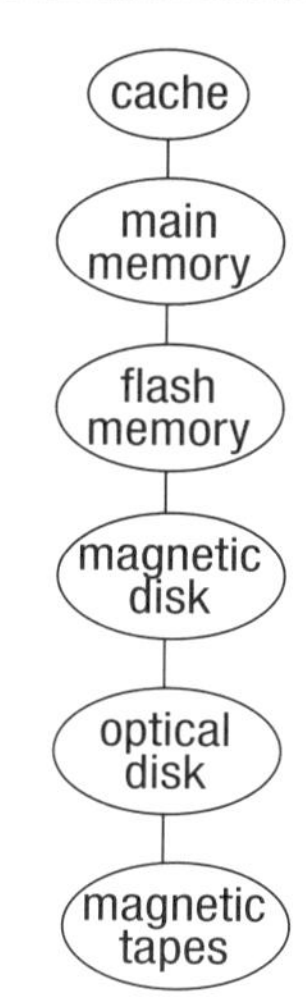

저장 장치 계층

주기억장치, 이차저장장치, 삼차저장장치로 구분이 가능하며, 각 저장 장치 특성을 간단히 요약하였다.

차수가 높을수록 저장장치는 빠른 접근을 제공하나 비용이 비싸며 또한 활성 메모리이다.

4.2 자기 디스크 (Magnetic Disk)

Magnetic (Hard) Disks (1/2)

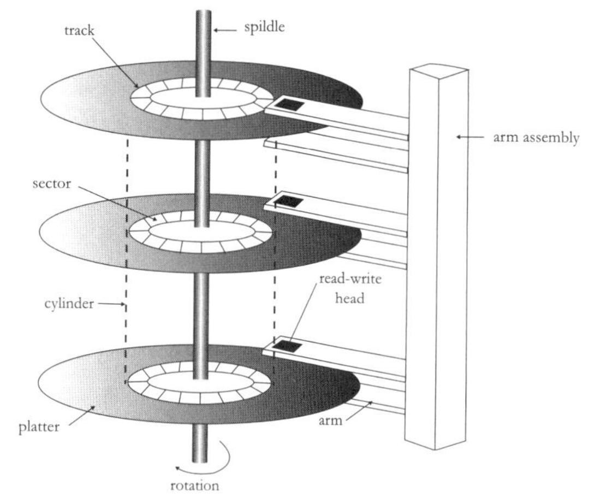

자기 하드 디스크 (1/2)

상기 그림은 자기 디스크 내부를 추상적으로 보인다. 다수개의 디스크 판(platter)이 상기 그림과 같이 구성되어 있으며, 일정 속도로 회전한다. 읽기쓰기 헤드가 이동하여 원하는 트랙 및 섹터에 위치하면 자기적으로 데이터를 읽고 쓴다.

Magnetic (Hard) Disks (2/2)

- Multiple disk platters on a single spindle (1 to 5 usually)
- One/two head per platter, mounted on a common arm
- Surface of platter divided into circular tracks
  - Over 50K-100K tracks per platter on typical hard disks
- Cylinder i consists of ith track of all the platters
- Each track is divided into sectors
  - A sector (typically 512 bytes) is the smallest unit of data that can be read or written
  - Typical sectors per track: 500 to 1000 (on inner tracks) to 1000 to 2000 (on outer tracks)
- To read/write a sector
  - Disk arm swings to position head on right track
  - Platter spins continually; data is read/written as sector passes under head
  - Read-write head reads or writes magnetically encoded information
- Earlier generation disks were susceptible to head-crashes
  - Current generation disks are less susceptible to such disastrous failures, although individual sectors may get corrupted

자기 하드 디스크 (2/2)

자기 디스크 판은 다수의 동심원(트랙이라고 함)으로 구성되어 있으며, 트랙은 다수개의 섹터로 구성되어 있다. 동일한 반지름을 가지는 트랙을 상하로 연결한 가상적인 공간을 실린더라고 한다. 데이터 쓰기는 실린더 기준으로 발생되어, 하나의 실린더에 데이터 쓰기가 완료되면 다음 실린더로 이동하여 쓰기가 계속된다. 이는 디스크 암을 이동시키는 탐색시간(seek time)을 줄이기 위함이다.

자기 디스크에서 데이터를 읽거나 쓰려면, 원하는 트랙까지 암이 이동하여야 하고, 암이 원하는 위치에 오면 디스크가 회전하여 암 헤드 밑에 원하는 섹터가 위치하여야 한다.

Disk Controller (1/2)

- Disk controller interfaces between the computer system and the disk drive hardware
  - Accepts high-level commands to read or write a sector
  - Initiates actions such as moving the disk arm to the right track and actually reading or writing the data
  - Multiple disks connected to a computer system through a controller

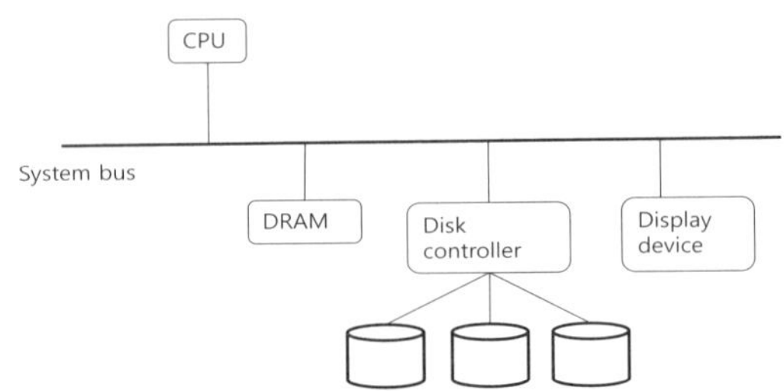

디스크 컨트롤러 (1/2)

디스크 컨트롤러는 디스크 하드웨어와 컴퓨터시스템을 연결하는 인터페이스를 제공하며, 디스크 드라이브 내에 구현되기도 있다.

Disk Controller (2/2)

- Disk controller contains a microprocessor + buffer memory + possibly a cache
  - Computes and attaches checksums to each sector to verify that data is read back correctly
    - If data is corrupted, with very high probability stored checksum won't match recomputed checksum
  - Ensures successful writing by reading back sector after writing it
  - Performs remapping of bad sectors
  - Transfer rate between disk and controller is smaller then between disk and memory, so need to have a buffer

Disk Interface Standards

- Disk interface standards
  - SCSI (Small Computer System Interconnect)
  - ATA (AT adaptor) (also known IDE)
  - SATA (Serial ATA), SATA II, SATA III
  - SAS (Serial Attached SCSI)
  - Fiber Channel interface
  - IEEE 1394 FireWire interface (Apple)
  - Several variants of each standard (different speeds and capabilities)

디스크 컨트롤러 (2/2)

디스크 컨트롤러는 데이터를 읽기 쓰기 명령을 수행하고, 디스크 하드웨어를 제어하고, 체크섬(checksum)을 이용하여 읽기 쓰기 데이터를 검증하고, 손실된 섹터 재배치 등의 기능을 수행한다.

실제 디스크 컨트롤러(SCSI PCI 카드) 사진이다.

디스크 인터페이스 표준

상기 그림은 현재 사용되고 있는 디스크 인터페이스를 설명한다. 각 방식은 전송속도 면에서 차이를 보인다.

Disk Connection

- Disks usually connected directly to computer system
- In Storage Area Networks (SAN), a large number of disks are connected by a high-speed network to a number of servers
  - Disks are logically organized using RAID
  - Use the SCSI, SAS, Fiber Channel interfaces to communicate
- In Network Attached Storage (NAS) networked storage provides a file system interface using networked file system protocol, instead of providing a disk system interface
  - NFS (Network File System), APS (Apple Filing Protocol), AFS (Andrew File System), CIFS interfaces

디스크 연결

디스크는 컴퓨터 시스템에 직접 연결하거나 고속 네트워크에 연결할 수 있다. 네트워크에 연결에는 SAN 방식과 NAS 방식이 있다. SAN 방식에서는 다수의 디스크가 네트워크를 통하여 다수 서버에 연결될 수 있다. RAID 기법을 이용하여 각 디스크는 크고 신뢰성이 좋은 디스크에 대한 논리적 뷰를 서버에 제공하기도 한다. SAN을 구성하는 디스크는 다수 사용자에 의하여 공유할 수 있다. 서버와 디스크 간에는 SCSI나 파이버채널 인터페이스를 사용하기도 한다.

NAS 방식은 NFS(network file system), CIFS과 같은 화일 시스템 인터페이스를 제공한다. 서버는 디스크를 접근할 때 원격화일 시스템 규약을 사용하여 접근한다.

Storage Area Network (1/2)

- A specialized, high-speed network attaching servers and storage devices whose primary purposes is the transfer of data between computer systems and storage elements (such as disk arrays, tape libraries, and optical jukeboxes)
  - An architecture to attach remote storage devices to servers in a way that the devices appears as locally attached to the operating system
  - Disks can be shared by multiple computing servers
- Allows "any-to-any" connection across the network, using interconnect elements such as routers, gateways, hubs, and switches
- SAN alone does not provide the "file" abstraction, only block-level operations !!!
- Cost and complexity of SANs dropped in the late 2000's, resulting in wider adoption

SAN (1/2)

SAN 방식에 대한 자세한 설명이다.

SAN (2/2): The network behind the servers

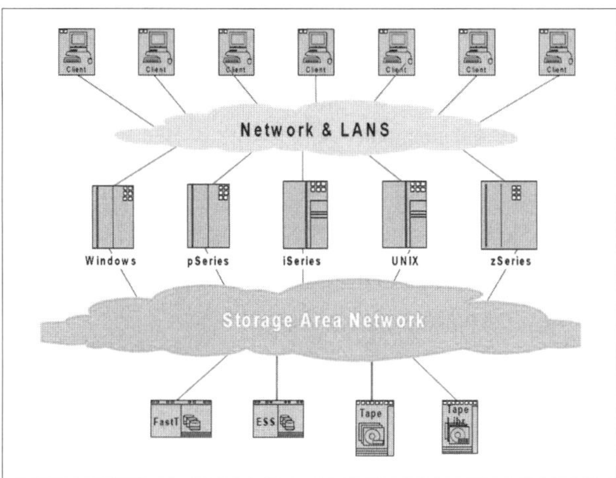

SAN (2/2)

SAN 방식에 대한 그림이다. SAN는 사용자들이 인지하는 서버 뒤에 있는 숨어있는 (사용자들은 인지하지 못하는) 저장장치 연결을 위한 네트워이다.

Network Attached Storage (NAS)

- NAS is file-level computer data storage connected to a computer network, providing data across to heterogeneous network clients
- The key difference between direct attached storage (DAS) and NAS is that DAS is simply an extension to the an existing server and is not networked, while NAS sits on a network as its own entity; it is easier to share files with NAS
- NAS uses file-based protocols such as NFS (popular on UNIX systems), SMB/CIFS (Server Message Block/Common Internet File System used with MS Windows), AFP (Apple Filing Protocol, used with Apple Macintosh computers), or AFS (Andrew File System, developed by Carnegie Mellon University)
  - Note, SAN Protocols are SCSI, Fiber Channel, iSCSI, ATA over Ethernet (AoE), or HyerSCSI
- There is SAN-NAS hybrid, offering both file-level protocols (NAS) and block-level protocols (SAN) from the same system
  - Openfiler, a free software product running on Linux

NAS

NAS에 대한 설명이다.

NAS vs. DAS (direct attached storage) vs. SAN

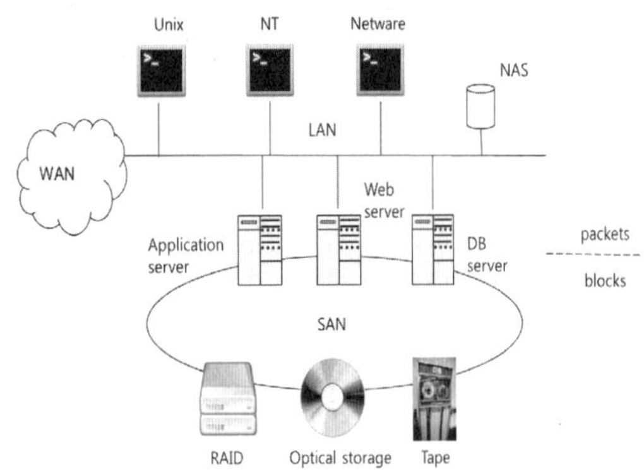

Performance Measures of Disks (1/3)

- Access time – the time it takes from when a read or write request is issued to when data transfer begins
  - Seek time + rotational latency
    - 15-20 milliseconds
    - Rough speaking, millions times slower than accessing main memory!!!
  - Seek time
    - time to reposition the arm over the correct track
    - 4 to 10 milliseconds on typical disks
  - Rotational latency
    - time to spin for the sector to appear under the head
    - 4 to 11 milliseconds on typical disks (5400 to 15000 r.p.m.)

NAS, DAS, SAN 비교

디스크 성능 평가 (1/3)

디스크 성능에서 접근시간을 살펴보자. 접근시간은 탐색시간과 회전지연시간으로 구성되는데, 평균 접근시간은 15-20 밀리초이다. 이는 메인메모리 접근시간보다 대략적으로 백만 배 늦은 시간이다.

데이터베이스 시스템에서 디스크 접근 시간이 메인 메모리에 비하여 아주 많이 소요되는 사실은 중요한 의미를 가진다. 데이터는 대부분 시간에는 디스크에 상주하고 필요에 따라 메인메모리로 이동하는데, 메인메모리에서 연산 성능 개선보다는 연산에 요구되는 디스크 접근 횟수를 줄이는 것이 시스템 성능에 더욱 효과적이다.

데이터베이스 시스템에서 성능 향상은 질의최적화 등 분야에서 디스크 접근 횟수를 줄이는 방향으로 연구/개발되어 있으며, 데이터베이스 분야에서는 주기억장치에서의 성능 향상을 완전히 무시하기도 한다.

자기 디스크는 성능은 기계적인 측면(대표적으로 디스크 회전)에서 제한을 받고 있으며, 기계적인 특성은 향후에 획기적인 발전을 기대할 수가 없어 디스크 접근 시간은 미래에서 큰 도약이 없을 것으로 예상된다. 반면에 플래시 메모리 성능은 기계적인 특성에 제한을 받지 않는다.

Performance Measures of Disks (2/3)

- Data-transfer rate
  - The rate at which data can be retrieved from or stored to the disk
  - Higher for outer tracks, lower for inner tracks
  - Rates a disk controller can handle are different
    - SATA: 150 MB/sec
    - SATA II (SATA 3Gb/s): 300 MB/sec
    - SATA III (SATA 6Gb/s): 600 MB/sec
    - Ultra 320 SCSI: 320 MB/s
    - SAS: 3 to 6 Gb/sec
    - Fiber Channel (FC 2Gb or FC 4Gb): 256 to 512 MB/s

디스크 성능평가 (2/3)

데이터 전송 속도는 일반적으로 25-100 MB 사이이며, 데이터 전송 규약에 따라 차이를 보인다.

본 책에서는 용량 표기법으로 예를 들어 MB는 megabytes, Mb는 megabits를 의미한다.

Performance Measures of Disks (3/3)

- Mean time to failure (MTTF)
  - The average time the disk is expected to run continuously without any failure
  - Probability of failure of new disks is quite low, corresponding to a "theoretical MTTF" of 500,000 to 1,200,000 hours (57-136 years) for a new disk
    - an MTTF of 1,200,000 hours for a new disk means that given 1000 relatively new disks, on an average one will fail every 1200 hours (50 days)
  - MTTF decreases as disk ages
  - Typically 3 to 5 years life span

디스크 성능 평가 (3/3)

평균고장시간은 장애 없이 디스크를 지속적으로 사용할 수 있는 평균시간을 의미하며, 디스크 제작사들은 새 디스크 평균고장시간이 500,000 - 1,200,000시간(약 136년)이라고 주장한다. 1,200,000 평균 고장 시간을 가지는 자기 디스크를 1000개 사용하는 환경에서는 평균 50일마다 디스크가 장애를 일으킨다.

평균고장시간은 시간의 흐름에 따라 급속히 감소하며, 자기 디스크의 평균 사용 연한은 3-5년으로 알려져 있다.

Performance Improvements (1/3)

- Block – a contiguous sequence of sectors from a single track
  - Data is transferred between disk and main memory in blocks
  - Sizes range from 512 bytes to several kilobytes
    - · Smaller blocks: more transfers from disk
    - · Larger blocks: more space wasted due to partially filled blocks
  - Typical block sizes today range from 4 to 16 kilobytes
- Disk-arm-scheduling algorithms order pending accesses to tracks so that disk arm movement is minimized
  - Elevator algorithm

성능향상 (1/3)

자기 디스크는 타 저장 매체에 비하여 접근속도가 늦으므로, 이를 극복하기 위하여 자기 디스크 자체적으로 다양한 기법을 지원하고 있다.

첫 번째 방식은 블록 단위 데이터 접근이다. 두 번째 방식은 디스크 암 스케줄을 엘리베이터 알고리즘을 적용하여 효율적으로 하는 방식이다.

Performance Improvements (2/3)

- File organization – optimize block access time by organizing the blocks to correspond to how data will be accessed
  - Store related information on the same or nearby cylinders
  - Files may get fragmented over time
    - · If data is inserted to/deleted from the file
  - Sequential access to a fragmented file results in increased disk arm movement
    - · Utilities to defragment the file system
- Nonvolatile write buffers speed up disk writes by writing blocks to a non-volatile RAM buffer immediately
  - Non-volatile RAM (NVRAM): battery-backup RAM or flash memory
  - Controller writes to disk whenever the disk has no other requests or request has been pending for some time
  - Database operations that require data to be safely stored before continuing can continue without waiting for data to be written to disk
  - Writes can be reordered to minimize disk arm movement

성능향상 (2/3)

성능향상의 다른 방식은 데이터 집약화(clustering)이다.

또 다른 방식은 비활성 RAM에 쓰기 연산을 우선 하게 하여 쓰기 연산에 따른 기다림을 없애는 방식이다.

Performance Improvements (3/3)

- Log disk
  - A disk devoted to writing a sequential log of block updates
  - Write to log disk is very fast since no seeks are required
  - No need for special hardware (NV-RAM)
- File systems that support log disks are called "Journaling file systems"
  - File systems typically reorder writes to disk to improve performance
  - Write data in safe order to NV-RAM or log disk
  - Reordering without journaling would run the risk of corruption of file system data

성능향상 (3/3)

로그 디스크 방식은 디스크를 순차적인 데이터 쓰기에만 사용하는 것으로 이 경우 탐색시간이 실질적으로 없으므로 데이터 접근이 향상된다. 로그 디스크 방식으로 디스크에 쓰기 연산이 이루어지더라도, 데이터 블록은 원래 위치에 저장되어야 하는데, 이는 후에 이루어진다.

로그디스크를 지원하는 화일 시스템을 journaling을 지원한다고 하는데 대부분 화일 시스템이 journaling을 지원하여 journaling 데이터를 가지고 쓰기 연산을 재순서하여 접근시간을 줄인다.

4.3 RAID

Magnetic (Hard) Disks (1/2)

- RAID: Redundant Arrays of Independent Disks
  - Disk organization techniques that manage a large numbers of disks, providing a view of a single disk of
    - high capacity and high speed by using multiple disks in parallel
    - high reliability by storing data redundantly
- The chance that some disk out of a set of N disks will fail is much higher than the chance that a specific single disk will fail
  - E.g., a system with 100 disks, each with MTTF of 100,000 hours (approx. 11 years), will have a system MTTF of 1000 hours (approx. 41 days)
  - Techniques for using redundancy to avoid data loss are critical with large numbers of disks
- Originally a cost-effective alternative to large, expensive disks
  - I in RAID originally did stand for "inexpensive"
  - I in RAID today stands for "independent" (for the sake of higher reliability and bandwidth)

RAID

RAID는 다수개의 디스크를 큰 용량의 단일 디스크처럼 보이게 하는 디스크 관리 기술이며, 대용량, 빠른 접근시간, 고신뢰성을 제공한다.

Improvement of Reliability via Redundancy

- Redundancy means to store extra information that can be used to rebuild information lost in a disk failure
  - Mirroring (or shadowing)
    - Duplicate every disk, so a logical disk consists of two physical disks
    - Every write is carried out on both disks, and reads can take place from either disk
    - If one disk in a pair fails, data still available in the other
    - Data loss would occur only if a disk fails and its mirror disk also fails before the system is repaired
- Mean time to data loss depends on mean time to failure, and mean time to repair
  - MTTF of 100,000 hours, mean time to repair of 10 hours gives mean time to data loss of $100{,}000^2/(2*10)=500*10^6$ hours (57,000 years) for a mirrored pair of disks (ignoring dependent failure modes)

Improvement in Performance via Parallelism

- Improve transfer rate by striping data across multiple disks
- Bit-level striping – split the bits of each byte across multiple disks
  - In an array of eight disks, write bit i of each byte to disk i
  - Each access can read data at eight times the rate of a single disk
  - But seek/access time worse than for a single disk
  - Bit level striping is not used much any more
- Block-level striping – with n disks, block i of a file goes to disk (i mod n) + 1
  - Requests for different blocks can run in parallel if the blocks reside on different disks
  - A request for a long sequence of blocks can utilize all disks in parallel

중복에 의한 신뢰성 향상

중복에 의한 신뢰성 향상 방안으로 가장 보편화된 것은 디스크 거울화(mirroring)이다.

거울화 디스크에서 데이터 손실은 한 개 데스크가 고장이 나고 거울 디스크가 고장 난 디스크가 복구되지 전에 고장이 나는 경우인데, 그 확률은 아주 미비한다. 예제가 상기 그림에 나와 있으며, 자세한 유도 과정은 생략한다. 상기 계산은 독립 고장 모델을 기반으로 한 것으로 두 개 거울화된 디스크 고장에는 연관이 없다는 가정이다. 단 실제 상황에서는 홍수, 지진 등 자연재해가 발생하는 경우에는 두 개 디스크 장애가 연관적으로 발생한다.

병렬에 의한 성능 향상

다수개의 디스크에 데이터를 분산시킴으로서 데이터 전송 속도를 향상 시킬 수 있다. 비트단위 스트라이핑(bit-level striping)은 사용되지 않으며, 블록단위 스트라이핑(block-level striping)은 널리 사용된다.

RAID Level 0, Level 1

- Different RAID organizations (RAID levels) have differing cost, performance and reliability characteristics
- RAID Level 0: Block striping, non-redundant
  - Used in high-performance applications where data loss is not critical

RAID 0: Nonredundant, block striping

- RAID Level 1: Mirrored disks with block striping
  - Offers best write performance
  - Popular for applications such as storing log files in a database system

RAID 1: Mirrored, block striping

RAID Level 2, Level 3

- RAID Level 2: Memory-Style Error-Correcting-Codes (ECC) with bit striping
  - Stores 2 or more extra bits and reconstruct the data if a single bit get damaged
- RAID Level 3: Bit-Interleaved Parity
  - A single parity bit is enough for error correction as well as for detection, since we know which disk has failed
    - When writing data, corresponding parity bits must also be computed and written to a parity bit disk
    - To recover data in a damaged disk, compute XOR of bits from other disks (including parity bit disk)
  - Faster data transfer than with a single disk, but fewer I/Os per second since every disk has to participate in every I/O
  - Subsumes Level 2 (provides all its benefits, at lower cost)

RAID 2: ECC, Bit striping

RAID 3: Bit-interleaved parity

RAID 수준 0/1

RAID 시스템은 디스크 관리 방식에 따라 RAID 수준을 정의할 수 있다. 각 수준별로 비용, 성능, 신뢰성에 차이를 보인다.

수준 0은 중복성없이 블록단위 스트라이핑만을 지원하는 방식이며, 수준 1은 거울화 디스크에 블록단위 스트라이핑을 지원하는 방식이다. 두 수준은 널리 사용된다.

RAID 수준 2/3

수준 3은 수준 2을 흡수하며, 수준 2와 수준 3은 사용되지 않는다.

RAID Level 4

- RAID Level 4: Block-Interleaved Parity
  - Uses block-level striping, and keeps a parity block on a separate disk for corresponding blocks from N other disks
  - Block read goes to a single disk, so blocks stored on different disks can be read in parallel
  - When writing data block, corresponding block of parity bits must also be computed and written to parity disk
    - A single write requires four disk accesses (two to read 2 old blocks, two to write 2 new blocks)
  - To find value of a damaged block, compute XOR of bits from corresponding blocks (including parity block) from other disks
  - Parity block becomes a bottleneck for independent block writes since every block write also writes to parity disk

RAID 4: Block-interleaved parity

RAID Level 5

- RAID Level 5: Block-Interleaved Distributed Parity
  - Partitions data and parity among all N + 1 disks (rather than storing data in N disks and parity in 1 disk)
  - E.g. with 5 disks, parity block for nth set of blocks is stored on disk (n mod 5) + 1, with the data blocks stored on the other 4 disks.
  - Higher I/O rates than Level 4
    - Block writes occur in parallel if the blocks and their parity blocks are on different disks
  - Subsumes Level 4 (provides same benefits, avoids bottleneck of parity disk)

RAID 5: Block-interleaved distributed parity

P0	0	1	2	3
4	P1	5	6	7
8	9	P2	10	11
12	13	14	P3	15
16	17	18	19	P4

RAID 수준 4

RAID 수준 4의 특징은 블록 분산 패리티, 블록 단위 스트라이핑, 패리티를 위한 독립 디스크 할당이다.

싱글 블록을 쓰기 위해서는 쓰려고 하는 블록과 패리티 블록을 읽어야 하며 (쓰려고 하는 블록을 읽는 이유는 새로운 패리티 계산을 하기 위해서), 쓰려고 하는 블록과 새로운 패리티 블록을 쓰는 연산을 하여야 한다. 즉 싱글 블록 쓰기는 2번의 블록 읽기 연산과 2번의 블록 쓰기 연산으로 구성된다.

패리티 블록이 병목현상을 유발할 수 있으므로, 실제로 RAID 수준 4은 사용되지 않는다.

RAID 수준 5

RAID 수준 5 특징은 블록 분산 패리티, 패리티를 전체 디스크에 분산함이다. 널리 지원되는 RAID 수준이다.

RAID Level 6

- RAID Level 6: P+Q redundancy scheme
  - Similar to Level 5, but stores extra redundant information to guard against multiple disk failures
  - Better reliability than Level 5 at a higher cost
  - Not used as widely

RAID 6: P+Q redundancy

Choice of RAID Levels (1/2)

- Factors in choosing RAID level
  - Monetary cost
  - Performance: Number of I/O operations per second, and bandwidth during normal operation
  - Performance during failure
  - Performance during rebuild of failed disk
- RAID 0 is used only when data safety is not important
- Level 2 and 4 never used since they are subsumed by Level 3 and Level 5, respectively
- Level 3 is not used anymore since bit-striping forces single block reads to access all disks, wasting disk arm movement, which block striping (Level 5) avoids
- Level 6 is rarely used since Level 1/Level 5 offers adequate safety for most applications

RAID 수준 6

RAID 수준 5보다 좀 더 신뢰성을 강화한 수준이나, 실제 널리 사용되지 않은 수준이다.

RAID 수준 결정 (1/2)

RAID 수준을 결정하는 고려 사항은 여러 가지가 있다.

수준 2는 수준 3이 흡수를 하고, 수준 4는 수준 5가 흡수를 하며, 수준 3은 더 이상 사용하지 않는다. 수준 6도 사용을 안 하므로, 결론적으로 수준 0, 1, 5 만 남게 된다.

Choice of RAID Levels (2/2)

- Level 1 provides much better write performance than level 5
  - Level 5 requires at least 2 block reads and 2 block writes to write a single block, whereas Level 1 only requires 2 block writes
  - Level 1 preferred for high update environments such as log disks
- Level 1 had higher storage cost than level 5
  - Disk drive capacities increasing rapidly (50%/year) whereas disk access times have decreased much less (3 times in 10 years)
  - I/O requirements have increased greatly, e.g. for Web servers
- Level 5 is preferred for applications with low update rate,and large amounts of data
- Level 1 is preferred for all other applications

RAID 수준 결정 (2/2)

수준 1는 디스크 거울화로 인하여 데이터 저장 공간이 절반으로 축소되는 효과가 있으며, 수준 5는 패리티 저장으로 인한 저장 공간 축소가 미비하나 데이터 갱신 시에 2번 읽기 및 2번 쓰기를 하므로 수준 0에 비하여 접근시간이 더 소요된다.

수준 0는 데이터 보호가 필요 없는 응용에서 사용되며, 수준 5은 데이터 갱신이 적으며, 대용량 데이터 저장이 요구되는 응용에서 사용되며, 그 외의 응용에서는 수준 1이 주로 사용된다.

Software vs. Hardware RAID

- Software RAID: RAID implementations done entirely in software, with no special hardware support
- Hardware RAID: RAID implementations with special hardware
  - Use non-volatile RAM to record writes that are being executed
  - Power failure during write can result in corrupted disk
    - E.g. failure after writing one block but before writing the second in a mirrored system
    - Such corrupted data must be detected when power is restored
    - Recovery from corruption is similar to recovery from failed disk
    - NV-RAM helps to efficiently detect potentially corrupted blocks
      - Otherwise all blocks of disk must be read and compared with mirror/parity block

소프트웨어/하드웨어 RAID

RAID 기능은 소프트웨어 또는 하드웨어로 구현이 가능하다.

소프트웨어적으로 RAID 기능을 제공하는 경우에는 특별 하드웨어 장치가 필요 없으며, 주로 운영체제 수준에서 지원한다. 소프트웨어 RAID는 간편하게 RAID 기능을 제공함으로 비용 측면에서는 유리하다. 그러나 운영체제 자원을 사용하므로 운영체제 성능에 영향을 미치고, 모든 RAID 레벨을 지원하지 않기도 하며, 소프트웨어 업그레이드에 의한 호환성 문제를 해결하여야 한다.

하드웨어적으로 RAID 기능을 제공하는 경우에는 특별 하드웨어가 필요하다. RAID 제어(control) 카드를 컴퓨터 확장보드에 장착하고 디스크가 확장보드에 연결하는 형식을 사용하기도 하며, 외부 디스크 내에 RAID 제어 기능이 하드웨어적으로 구현되기도 한다.

Hardware Issues

- Latent failure (bit rot)
  - Data successfully written earlier gets damaged
  - Can result in data loss even if only one disk fails
- Data scrubbing
  - Continually scan for latent failures, and recover from copy/parity
- Hot swapping
  - Replacement of disk while system is running without power down
  - Supported by some hardware RAID systems
  - Reduces time to recovery and improves availability greatly
- Many systems maintain spare disks which are kept online, and used as replacements for failed disks immediately on detection of failure
- Many hardware RAID systems ensure that a single point of failure will not stop the functioning of the system by using
  - Redundant power supplies with battery backup
  - Multiple controllers and multiple interconnections to guard against controller/interconnection failures

하드웨어 이슈

하드 디스크에 관련된 몇 가지 이슈이다.

핫스와핑은 고장 난 하드디스크를 시스템 중단 없이 교체할 수 있는 기능이다. 시스템 운영 중에 고장 난 하드디스크를 새 것으로 교체하는 것으로, 중단 없는 서비스(24x7 service)를 가능하게 한다.

하드웨어 RAID 시스템은 내부적으로 다수개의 전원장치, 제어장치를 가지고 있어 single failure에 의하여 서비스가 중단되거나 또는 데이터 손실이 발생하지 않는다.

4.4 화일 구성 (File Organization)

File/Record Organization

- The database is stored as a collection of files
- Each file is a sequence of records
- A record is a sequence of fields

화일/레코드 구성

데이터베이스는 다수개의 화일로 구성이 되고, 화일은 다수개의 레코드로 구성이 되고, 레코드는 다수개의 필드로 구성이 된다.

Fixed-Length Records (1/2)

- Assume the record size is fixed !!!
  - The easiest to implement
- Store record i starting from byte n* (i – 1), where n is the size of each record
- Deletion of record i:
  - Move records i+1, . . . n to i, . . . , n–1
  - Move record n to i
  - Do not move records, but link all free records on afree list

Record 0	101	Yang	Computing	70,000
Record 1	102	Kim	Software	80,000
Record 2	104	Choi	Computing	65,000
Record 3	105	S. Lee	Software	85,000
Record 4	107	J. Lee	Software	70,000
Record 5	118	Paik	Media	80,000
Record 6	120	Song	Media	50,000
Record 7	125	Park	Computing	60,000

단일 길이 레코드 (1/2)

단일 길이 레코드만 지원되며, 같은 타입의 레코드이고, 한 화일에는 단일 관계 레코드만 저장하는 경우이며, 이는 가장 간단한 화일 구조이다.

실제 상황에서는 이러한 화일 구조는 운영하기가 어려우나, 화일의 구조 이해를 돕기 위하여 여기서 설명하기로 한다.

Fixed-Length Records (2/2)

- Store the address of the first deleted record in the file header
  - Use this first record to store the address of the second deleted record, and so on
  - Reuse space for normal attributes of free records to store pointers

Header				
Record 0	101	Yang	Computing	70,000
Record 1				
Record 2	104	Choi	Computing	65,000
Record 3				
Record 4	107	J. Lee	Software	70,000
Record 5	118	Paik	Media	80,000
Record 6	120	Song	Media	50,000
Record 7	125	Park	Computing	60,000

단일 길이 레코드 (2/2)

단일 길이 레코드 삭제에 대한 기본적인 설명이다. 레코드가 삭제되어도 실제 데이터를 삭제하지 않고 삭제되었다고 표시만 하고 있다. 삭제된 레코드를 연결하는 포인터는 포인터만을 위한 독립적인 공간 대신에 삭제된 레코드 필드에 저장하여 공간 절약을 할 수 있다.

데이터베이스 시스템뿐만 아니라 일반적인 소프트웨어 환경에서 데이터 삭제 연산이 실제도 데이터를 삭제하여 복구가 불가능하게 하지는 않는다.

Variable-Length Records

- Variable-length records arise in database systems in several ways
  - Storage of multiple record types in a file
  - Record types that allow variable lengths for one or more fields such as strings (varchar)
  - Record types that allow repeating fields (used in some older data models)
- Attributes are stored in order
- Variable length attributes represented by fixed size (offset, length) with actual data stored after all fixed length attributes

21, 5	26, 13	39, 15	65000		10101	Hong Gil Dong	Software Department

Bytes 0 4 8 12 21 26 39 54

가변 길이 레코드

실제 응용에서는 가변 길이 레코드인 경우이다. 상기 그림은 가변길이 레코드에 대한 처리 방식을 설명한다.

상기 그림은 4개 속성을 가지는 레코드를 보이고 있는데, 처음 3개 속성은 가변 길이 레코드이며 이에 대한 4 bytes를 차지하는 (offset, length) 정보가 나와 있다. 네 번째 속성은 단일 길이 속성으로서 (offset, length) 정보 대신에 실제 필드 값(여기서는 65000)이 나와 있다.

Slotted Page Structure

- Slotted page header contains
  - Number of record entries. end of free space, etc.
  - Location and size of each record
- Pointers should not point directly to record; instead they should point to the entry (called slot) for the record in header
- Records can be moved around within a page with no change of slot numbers !!!

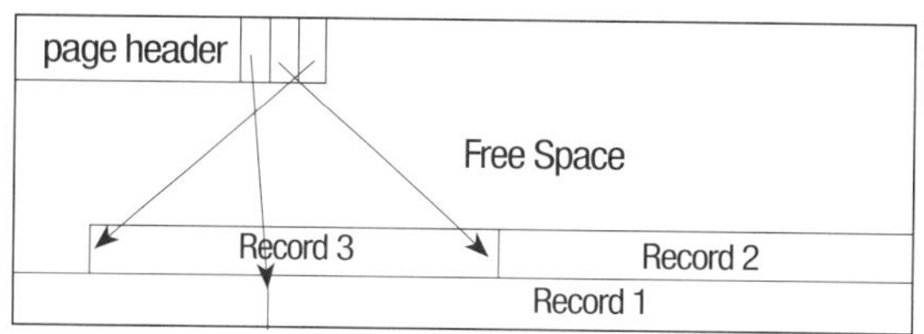

슬롯 페이지 구조

데이터베이스 시스템에서 가장 널리 사용되는 페이지 구조이다. 기본적으로 가변길이 레코드를 지원하는 구조이며, 페이지 헤더가 나오고, 그 다음은 정해진 수의 slot이 나온다. 각 slot는 그 페이지에 저장되는 레코드의 주소를 가진다.

페이지 헤더에는 다양한 정보가 저장될 수 있으며, 예를 들면 페이지 id, 소유자, 여부공간, 페이지 마지막 수정 시간, 본 페이지와 관련된 로그 페이지 id 등이다. 레코드는 페이지 끝에서부터 저장되어 페이지 중간에는 미사용 공간이 존재한다.

페이지 내에서 레코드 이동은 자유롭다. 페이지 내에서 레코드가 물리적 위치가 변경되면, slot 번호는 동일하나 다만 slot에 들어가는 페이지 주소만 변경된다. 페이지 외부관점에는 페이지 고유 번호와 slot번호만 가지고 레코드 접근이 가능하다. 페이지 내에서 레코드의 위치가 변경되어도 레코드를 접근하는 데 문제가 없다.

데이터베이스 시스템은 일반적으로 페이지 크기보다 큰 레코드는 지원하지 않으며, clob/blob 필드는 별도로 저장/관리하고 포인터 값만 페이지에 저장한다.

Organization of Records in Files

- Heap – a record can be placed anywhere in the file where there is space
- Sequential – store records in sequential order, based on the value of the search key of each record
- Hashing – a hash function computed on some attribute of each record; the result specifies in which block of the file the record should be placed
- Records of each relation are usually stored in a single file, but records of multiple relations may be stored in a single file

화일내의 레코드 구성

화일내의 레코드 구성은 힙 화일, 순차 화일, 해쉬 화일로 구분이 가능하다.

힙 화일은 레코드 간에 순서가 없으며 여유 공간이 있는 아무 장소에 레코드가 위치한다. 가장 보편적으로 사용되는 화일 형식이다.

일반적으로는 단일 관계에 속하는 레코드는 한 물리적 화일에 저장된다.

Sequential File Organization (1/2)

- Suitable for applications that require sequential processing of the entire file
- The records in the file are ordered by a search-key

101	Yang	Computing	70,000
102	Kim	Software	80,000
104	Choi	Computing	65,000
105	S. Lee	Software	85,000
107	J. Lee	Software	70,000
118	Paik	Media	80,000
120	Song	Media	50,000
125	Park	Computing	60,000

순차 화일 구조 (1/2)

순차 화일 구조이다. 순차적인 처리에 적합한 구조이다. 상기 그림은 첫 번째 필드인 id 필드 값으로 정렬된 화일 형식이다.

Sequential File Organization (2/2)

- Deletion: use pointer chains
- Insertion
  - If there is free space insert there
  - If no free space, insert the record in an overflow block
  - In either case, pointer chain must be updated
- Need to reorganize the file from time to time to restore sequential order

101	Yang	Computing	70,000
102	Kim	Software	80,000
104	Choi	Computing	65,000
105	S. Lee	Software	85,000
107	J. Lee	Software	70,000
118	Paik	Media	80,000
120	Song	Media	50,000
125	Park	Computing	60,000

123	Lim	Software	70,000

순차 화일 구조 (2/2)

순차 화일 구조에서 삽입 및 삭제 연산을 처리하는 방식을 설명한다.

순차 화일 구조는 화일 구조에서 가장 간단한 구조이며 구현이 용이한 구조이다. 그러나 레코드 길이가 동일하며 동일한 타입을 가진다는 가정은 실제 상황에서 사용하기에는 제한이 많은 구조이다.

Multitable Clustering File Organization

- Records of each relation may be stored in a separate file
- In a “multitable clustering file organization”, records of several different relations can be stored in the same file
  - Motivation: store related records on the same block to minimize I/O

멀티테이블 집약화일

동일한 관계에 속하는 레코드는 단일 화일에 저장되는 것이 보편적이나, 필요에 따라서는 다수 관계 레코드를 단일 화일에 저장하기도 한다.

Multitable Clustering Example (1/2)

department

deptName	chairman	building	budget
Software	101	Info	70000
Computing	201	Info	60000

professor

pID	name	deptName	salary
101	Kim	Software	150
201	Yoon	Computing	120
310	Lee	Software	130

multitable clustering of department and instructor

deptName	chairman	building	budget
Software	101	Info	70000
101	Kim	150	
310	Lee	130	
Computing	201	Info	60000
201	Yoon	120	

멀티테이블 집약화일 구조 예제 (1/2)

멀티테이블 집약화일 구조 예제이다. 두 개 테이블 레코드를 하나 화일에 저장하는데 조인 연산이 용이하도록 레코드를 저장하고 있다.

상기 그림은 instructor 관계와 department 관계사이의 자연조인 결과를 멀티테이블 집약화일 형식으로 저장하는 사례를 보인다. 조인 속성 deptName이 동일한 레코드가 함께 저장되고 있어, 조인을 수행하는 아래와 같은 질의어 처리에 효율적인 화일 저장 방식이다.

select *
from department natural join instructor;

Multitable Clustering Example (2/2)

- Good for queries involving department ⋈ professor, and for queries involving one single department and its professors
- Bad for queries involving only department
- Results in variable size records
- Can add pointer chains to link records of a particular relation

멀티테이블 집약화일 구조 예제 (2/2)

멀티테이블 집약화일 구조에서 상기와 같이 특정 관계 레코드를 연결하는 포인터를 관리하기도 한다. 이러한 구성 화일은 예를 들어

select * from department;

와 같이 단일 관계에 대한 질의문을 수행하기에도 효율적이다.

자주 사용되는 질의문 구문을 분석하여 해당 질의문에 적합한 멀티테이블 집약화일 구조를 구성하여야 한다.

Data Dictionary

- The data dictionary (also called system catalog) stores metadata (data about data) such as
  - names of relations
  - names, types and lengths of attributes of each relation
  - names and definitions of views
  - integrity constraints
  - User and accounting information, including passwords
  - Statistical and descriptive data
    - number of tuples in each relation
  - Physical file organization information
    - How relation is stored (sequential/hash/...)
    - Physical location of relation
  - Information about indices

Metadata Example

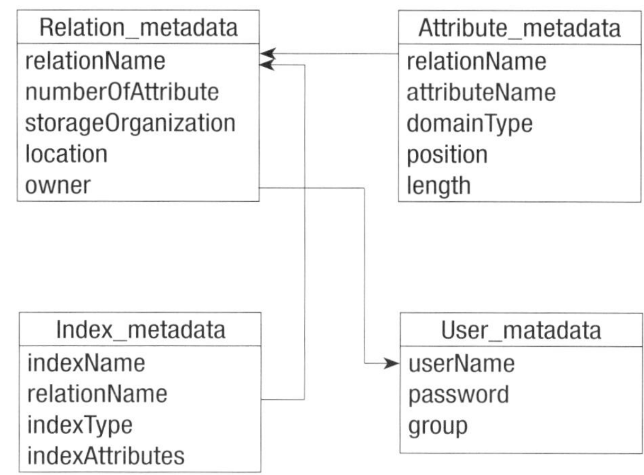

데이터 사전

데이터 사전은 데이터베이스 시스템이 내부적으로 관리하는 데이터 장소이며, 데이터에 대한 데이터 즉 메타 데이터를 관리한다. 저장 관리되는 데이터 상세는 상기 그림에 나와 있다.

상용 데이터베이스 시스템은 사용자에게 투명하게 데이터 사전 접근을 허용하며, 사용자는 SQL 언어를 활용하여 데이터 사전에 속하는 데이터를 섭근할 수 있나.

메타 데이터 사례

상기 그림은 메타 데이터 예제를 보인다. 일반 테이블 형식으로 저장 관리된다.

4.5 버퍼 관리 (Buffer Management)

Buffer Management (1/2)

- A database file is partitioned into fixed-length storage units called blocks
- Blocks are units of both storage allocation and data transfer
- Database system seeks to minimize the number of block transfers between the disk and memory
- Buffer: portion of main memory available to store copies of disk blocks
- Buffer manager: a subsystem responsible for allocating buffer space in main memory

버퍼 관리 (1/2)

컴퓨터 시스템은 디스크에 존재하는 데이터 처리를 하기 위해서는 메인 메모리로 데이터를 읽어와야 하며, 디스크 접근은 비싼 연산이므로 가능하면 디스크 접근 횟수를 줄이려고 한다.

이를 위하여 데이터베이스 시스템은 디스크 접근을 블록 단위로 하며, 데이터베이스 시스템 내에 버퍼를 두고 이를 관리한다.

Buffer Management (2/2)

- Programs call on the buffer manager when they need a block from disk
- If the block is already in the buffer, buffer manager returns the address of the block in main memory
- If the block is not in the buffer, the buffer manager
  - Allocates space in the buffer for the block
    - Replacing (throwing out) some other block, if required, to make space for the new block
    - Replaced block is written back to disk only if it was modified
  - Reads the block from the disk to the buffer, and returns the address of the block in main memory to requester

버퍼 관리 (2/2)

버퍼 관리에 대한 일반적인 설명이다. 버퍼는 운영체제에서도 존재하며, 데이터베이스 시스템 버퍼는 운영체제 버퍼와 독립적으로 운영되는 것이 일반적이다.

Buffer-Replacement Policies (1/2)

- Most operating systems replace the block least recently used (LRU strategy)
- Idea behind LRU
  - Use past pattern of block references as a predictor of future references
- Queries have well-defined access patterns (such as sequential scans), and a database system can use the information in a user's query to predict future references
  - LRU can be a bad strategy for certain access patterns involving repeated scans of data
  - For example: when computing the join of 2 relations r and s by a nested loops

    for each tuple tr of r do

      for each tuple ts of s do

        if the tuples tr and ts match ...
  - Mixed strategy with hints on replacement strategy providedby the query optimizer is preferable

버퍼 교체 정책 (1/2)

버퍼 관리에서 가장 중요한 것은 버퍼에 더 이상 가용한 버퍼 공간이 없을 때 가용한 버퍼 공간을 만들기 위하여 메모리상에 이미 존재하는 버퍼를 선택하는 버터 교체 정책이다. 버퍼 교체 정책으로 선택된 버퍼는 더 이상 메모리 버퍼 공간을 차지하지 않게 되며, 다만 그 블록 내용이 변경되었으면 디스크에 그 내용을 반영하여야 한다.

가장 널리 사용되는 방식은 LRU이다. LRU 방식의 기본 아이디어는 블록에 대한 과거 접근 패턴이 미래에도 적용될 것이라는 가정이다.

LRU 방식이 데이터베이스 환경에서 적절하지 않다는 지적은 문헌에 많이 나와 있으나, 아직까지 이를 대체하는 효과적인 버퍼 교체 방식이 없는 것도 사실이다.

Buffer-Replacement Policies (2/2)

- Pinned block: memory block that is not allowed to be written back to disk
- Toss-immediate strategy frees the space occupied by a block as soon as the final tuple of that block has been processed
- Most recently used (MRU) strategy
  - Good for some cases (for example, repeated scan)
- Buffer manager can use statistical information regarding the probability that a request will reference a particular relation
  - E.g., the data dictionary is frequently accessed. Heuristically keep data-dictionary blocks in main memory buffer
- Buffer managers also support forced output of blocks for the purpose of recovery

버퍼 교체 정책 (2/2)

LRU 버퍼 교체 정책 외에 다른 정책 설명이다.

pinned block은 디스크에 블록이 flush되는 것을 허용하지 않는 블록을 의미한다. 예를 들어, 회복 기능 관점에서 보면 WAL 요구사항으로 인하여 특정 데이터 블록이 디스크로 flush되는 것을 허용하지 않는 시간이 있으며, 이 때 해당 블록은 pinned되어야 한다.

toss-immediate strategy는 버퍼 블록에 있는 마지막 터플을 처리하면 해당 블록을 free 하게 하는 방식이다. 이는 해당 블록을 앞으로 더 이상 참조할 필요가 없는 경우에는 효과적인 버퍼 교체 방식이다.

적절한 버퍼 교체를 위하여 메타 데이터를 활용하는 방법은 문헌상에 많이 제안되어 있다.

Chapter 05

색인

5.1 기본 개념 • 110

5.2 B^+-트리 색인 • 117

5.3 B^+-트리 변형 • 128

5.4 정적 해쉬 • 135

5.5 동적 해쉬 • 139

5.6 비트맵 색인 • 147

Subtopics

- Basic Concepts
- B^+-tree Index
- B^+-tree Variations
- Static Hashing
- Dynamic Hashing
- Bitmap Index

구성요소

색인은 사용자의 데이터 접근을 신속히 수행하게 도움을 주는 것이 것이 목적이며, 데이터베이스 시스템에서 필수적인 요소이다. 다수의 색인 기법이 제안되었고 상용 데이터베이스 시스템에 다양하게 구현되어 있다. 본 장은 상기와 같은 소주제로 구성이 되어있다.

5.1 기본 개념 (Basic Concepts)

Basic Concepts

- Indexing mechanisms are used to speed up access to desired data
  - For example, index in a book
- An index file consists of records (called index entries) of the form <search-key, pointer>
  - Search key is a set of attributes used to look up records
  - Index files are typically much smaller than the original file
- Two kinds of indices
  - Ordered indices (search keys are stored in sorted order)
  - Hash indices (search keys are distributed across buckets using a hash function)

기본 개념

색인은 데이터 접근을 신속하게 하는 기능을 제공한다. 예를 들어 독자가 책 뒤에 있는 색인을 이용하여 책 내용을 신속하게 찾을 수 있는 것과 동일한 개념이다.

두 가지 종류의 색인이 존재하며, 정렬색인(ordered index)에는 색인 구성을 탐색키 기준으로 정렬이 되어 있으며, 해쉬색인은 정렬되어 있지 않다.

일반적으로 책 뒤에 나오는 색인은 탐색키(보통 키워드) 기준으로 정렬되어 있는 정렬색인에 속한다.

Index Evaluation Metrics

- Access types supported
  - Exact match query to search records with a specified value in the attribute
  - Range query to search records with an attribute value falling in a specified range of values
- Access time
- Insertion time
- Deletion time
- Space overhead

색인 평가 요소

색인을 평가하는 요소를 설명한다.

그 중에서 색인이 제공하는 질의 타입이 중요하다. 질의 타입에는 속성의 특정 값과 일치하는 터플을 검색하는 일치 질의 형태(exact match query)와 속성이 일정 범위에 속하는 터플을 검색하는 범위 질의 형태(range query)로 구분된다.

정렬 색인인 경우에는 범위 질의 수행이 효율적이나. 해쉬 색인에는 범위 질의 수행이 효율적이지 않다.

Ordered Index

- In an ordered index, index entries are stored sorted on the search key value
- Primary index (clustering index)
  - An index whose search key specifies the sequential order of the file
  - The search key of a primary index is usually but not necessarily the primary key
  - Index-sequential file: an ordered sequential file with a primary index
- Secondary index (non-clustering index)
  - An index whose search key specifies an order different from the sequential order of the file

정렬색인

정렬색인은 색인 레코드가 정렬되어 저장되는 구조이다.

클러스터 색인은 정렬색인 정렬 순서와 동일하게 데이터 레코드를 정렬하여 데이터 화일을 저장하는 구조이다. 데이터 화일은 한 번 존재하므로 클러스터 색인은 데이터 화일당 최대 한 개가 존재한다.

비클러스터 색인은 데이터 레코드가 정렬되지 않는 상태 저장되는 구조이다 (색인은 정렬되어 저장되어 있지만). 비클러스터 색인은 동일 데이터 화일에 다수가 존재할 수 있다.

Dense Index (1/2)

- Dense index
  - Index record appears for every search-key value in the file
- A dense index on ID attribute of "professor" relation

Index
101
102
104
105
107
118
120
125

ID	Name	Dept	Salary
101	Yang	Computing	70,000
102	Kim	Software	80,000
104	Choi	Computing	65,000
105	S. Lee	Software	85,000
107	J. Lee	Software	70,000
118	Paik	Media	80,000
120	Song	Media	50,000
125	Park	Computing	60,000

밀집 색인 (1/2)

정렬색인은 탐색키 구성 방법 기준으로 밀집색인 또는 희소색인(비밀집색인)으로 구분이 가능하다.

밀집 색인에서는 모든 탐색키 값에 대하여 색인 레코드(또는 엔트리)가 색인에 존재하는 경우이다. 상기 그림은 탐색키(교수번호) 모든 값에 대한 색인 엔트리가 색인에 존재하므로 밀집 색인이다.

Dense Index (2/2)

- Dense index on deptName with "professor" file sorted on deptName

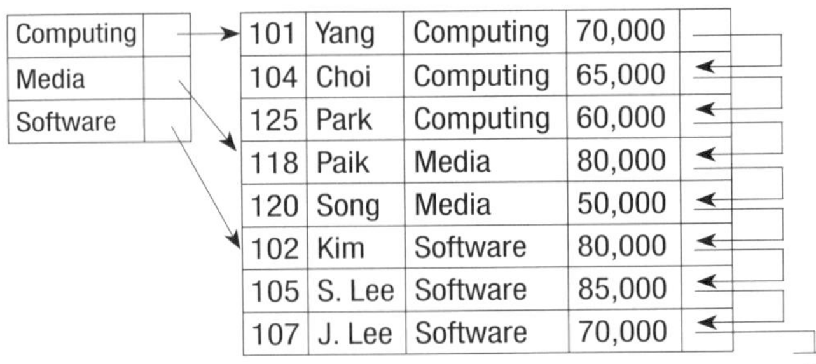

Index
Computing
Media
Software

ID	Name	Dept	Salary
101	Yang	Computing	70,000
104	Choi	Computing	65,000
125	Park	Computing	60,000
118	Paik	Media	80,000
120	Song	Media	50,000
102	Kim	Software	80,000
105	S. Lee	Software	85,000
107	J. Lee	Software	70,000

밀집 색인 (2/2)

밀집 색인의 다른 예제이다. 모든 학과명에 대한 색인 엔트리가 색인에 존재한다.

Sparse Index (1/2)

- Sparse Index contains index records for only some search-key values
  - Applicable when records are sequentially ordered on search-key
- To locate a record with search-key value K
  - Find index record with largest search-key value < K
  - Search file sequentially starting at the record to which the index record points

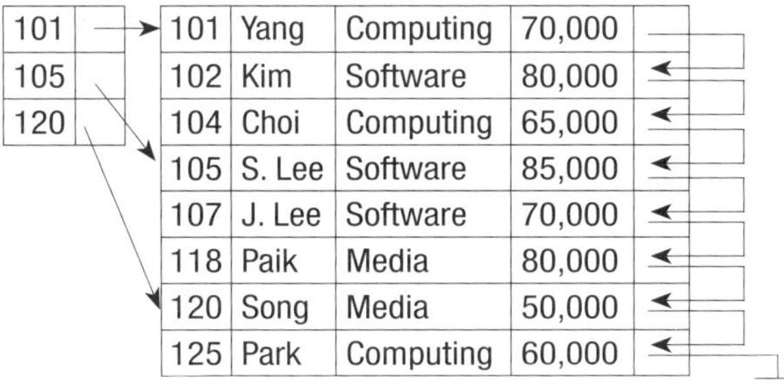

희소 색인 (1/2)

희소 색인은 모든 탐색키 값에 대한 색인 엔트리가 없는 색인이다. 희소 색인은 데이터 화일이 반드시 탐색키 기준으로 정렬되어 있어야 하며, 그렇지 않은 희소 색인은 의미가 없다.

Sparse Index (2/2)

- Sparse index (compared to dense indices)
  - Less space and less maintenance overhead for insertions and deletions
  - Generally slower than dense index for locating records
- A good sparse index
  - Data must be sorted on search key attributes
  - An index entry for every block in file, corresponding to least search-key value in the block

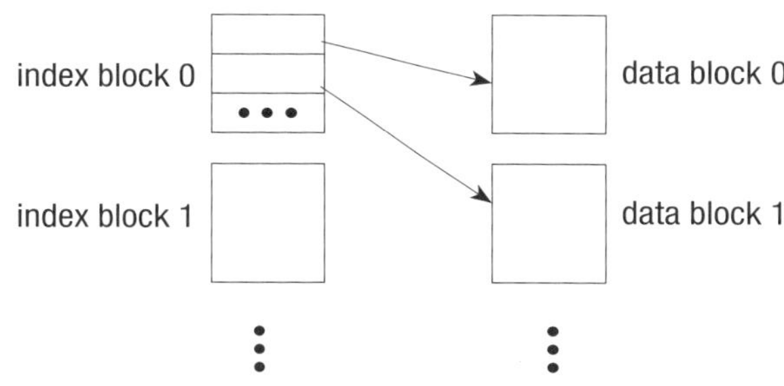

희소 색인 (2/2)

희소 색인은 밀집 색인에 비하여 공간은 적게 차지하나 레코드를 검색하는 데 더 많은 시간을 요구한다. (인덱스 엔트리가 없으면 데이터 화일도 검색하여야 하므로)

화일 레코드가 검색키 값으로 정렬되어 있는 경우, 희소 색인을 블록에 속하는 레코드의 가장 적은 값으로 구성하게 되면, 희소 색인의 약점(검색시간이 김)을 보완할 수 있다. 블록 내에서의 연산은 메인 메모리상에서의 역사이므로 연산 오버헤드가 적다.

Multilevel Index (1/2)

- If a primary index does not fit in memory, access becomes expensive
- Multilevel index
  - Treat the primary index kept on disk as a sequential file and construct a sparse index on it
  - Outer index: a sparse index on the primary index file
  - Inner index: the primary index file
  - If even outer index is too large to fit in main memory, yet another level of index can be created, and so on
- Indices at all levels must be updated on insertion or deletion from the file

Multilevel Index (2/2)

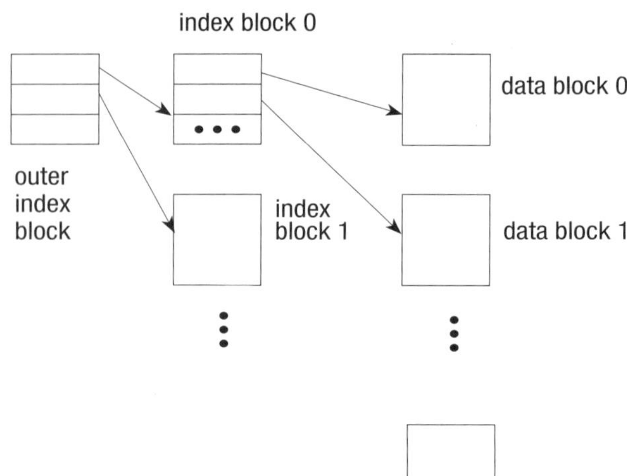

다단계 색인 (1/2)

색인 화일에 색인 엔트리가 많으면, 색인 화일을 대상으로 다른 색인을 구성할 수 있다. 즉, 다단계 색인이다.

색인 화일은 검색키 기준으로 정렬되어 있으므로, 상위 계층의 색인 구성은 희소색인으로 구성하며 색인 화일 크기를 줄인다.

다단계 색인 (2/2)

2단계 희소 색인의 예제이다.

inner 색인을 primary index로 구성을 하게 되면, 데이터 레코드도 정렬이 되므로 inner 색인은 희소색인으로 구성하였다.

inner 색인에 대하여 outer 색인을 구성하였다. index 색인이 정렬되어 있으므로 outer 색인을 희소색인으로 구성하였다.

Index Update: Deletion

- Single-level index entry deletion
  - Dense indices: deletion of search-key is similar to file record deletion
  - Sparse indices
    - If an entry for the search key exists in the index, it is deleted by replacing the entry in the index with the next search-key value in the file (in search-key order)
    - If the next search-key value already has an index entry, the entry is deleted instead of being replaced

101
105
120

101	Yang	Computing	70,000
102	Kim	Software	80,000
104	Choi	Computing	65,000
105	S. Lee	Software	85,000
107	J. Lee	Software	70,000
118	Paik	Media	80,000
120	Song	Media	50,000
125	Park	Computing	60,000

색인 갱신 : 삭제

데이터 화일에 변경이 발생하면 색인 화일에 이를 반영하여야 한다. 삭제되는 데이터 레코드가 마지막 레코드인 경우, 밀집 색인의 경우에는 관련 색인 레코드도 삭제가 되어야 한다.

희소 색인 경우에는 해당 색인 엔트리 존재 여부에 따라 색인 삭제 연산을 처리하여야 한다. 상기 예제에서 105번호 교수가 삭제되는 경우, 색인 화일의 〈105, address1〉 엔트리는 〈107, address2〉로 변경되어야 한다. 만약, 삭제하는 레코드에 대한 색인 엔트리가 희소 색인에 없는 경우에는 레코드 삭제에 의한 색인 갱신 연산이 필요 없다.

Index Update: Insertion

- Single-level index insertion
  - Perform a lookup using the search-key value appearing in the record to be inserted
  - Dense indices: If the search-key value does not appear in the index, insert it
  - Sparse indices: If index stores an entry for each block of the file, no change needs to be made to the index unless a new block is created
    - If a new block is created, the first search-key value appearing in the new block is inserted into the index
- Multilevel indices for insertion and deletion can be handled similarly

색인 갱신 : 삽입

상기 그림은 데이터 레코드가 삽입되는 경우 색인 갱신에 대한 설명이다.

데이터 삭제 및 삽입에 의한 색인 갱신 연산은 비교적 간단하다. 다단계 색인의 경우에도 색인 엔트리 삽입 및 삭제 연산은 복잡하거나 어려운 연산이 아니다.

Secondary Index (1/2)

- One wants to use search conditions not on the primary index, to retrieve records
  - For example, in the "professor" relation stored sequentially by pID, we may want to find all professors in a particular department
- We can have a secondary index with an index record for each search-key value
- Secondary indices have to be dense

Secondary Index (2/2)

- Index record points to a bucket that contains pointers to all the actual records with that particular search-key value (use an extra level of indirection)
- Secondary index on salary of professor

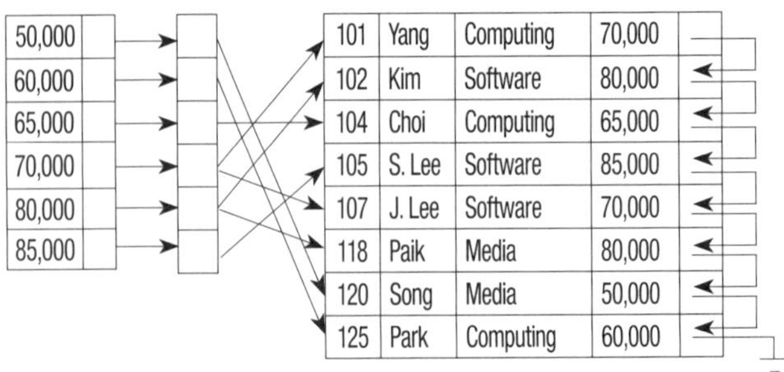

이차색인 (1/2)

이차 색인은 색인 레코드 순서대로 데이터 레코드 순서를 정렬하지 않은 색인이다. (참고적으로 일차 색인이던 이차 색인이던 색인 레코드는 항상 정렬되어야 한다)

이차 색인은 동일 데이터 화일에 대하여 임의의 속성에 대하여 개수 제한 없이 생성할 수 있다.

이차색인 (2/2)

이차색인 예제를 보인다.

상기 그림은 이차 색인에서 포인터는 버킷(bucket)을 pointing하고 버킷이 데이터 레코드를 pointing하는 구조이다. 버킷을 사용하여 색인 레코드가 간접적으로 데이터 레코드를 pointing하는 형태이다.

이차색인 구성에서는 데이터 화일이 탐색키 값으로 정렬되지 않은 상태이므로, 이차 색인은 반드시 밀집색인이어야 한다.

Primary vs. Secondary Indices

- Indices offer substantial benefits when searching for records
- Updating indices imposes overhead on database modification (when a file is modified, every index on the file must be updated)
- Sequential scan using primary index is efficient, but sequential scan using a secondary index is expensive
  - Each record access may fetch a new block from disk
  - Block fetch requires about 10 to 15 milliseconds versus about 10-100 nanoseconds for memory access

주색인과 이차색인 비교

주색인과 이차색인 비교이다. 일반적으로 색인을 사용하면 검색시간이 향상된다.

이차 색인을 이용하여 데이터 화일을 전체 탐색하는 연산은 매우 비효율적이다. 이차색인 레코드는 데이터 레코드 순서와 무관하므로, 이차색인 레코드 순서대로 데이터 화일을 전체 탐색하면 동일 데이터 블록을 1회 이상 검색할 수도 있다.

5.2 B⁺-트리 색인* (B⁺-tree index)

B⁺-Tree Index

- Most popular index for database applications
  - B-tree, B⁺-tree, B*-tree
- Advantages of B⁺-trees outweigh disadvantages
  - Automatically reorganizes itself with small, local changes for insertions and deletions (advantage)
  - Extra insertion and deletion overhead, space overhead (disadvantage)
- B⁺-tree is an alternative to indexed-sequential files (an ordered sequential file with a primary index)
  - Performance degrades as file grows, since many overflow blocks get created
  - Periodic reorganization of entire file is required

B⁺-트리 색인

B-tree군(family)에는 크게 3가지 트리가 존재한다.

- B-tree (R. Bayer, E. McCreight, "Organization and Maintenance of Large Ordered Indexes", Acta Informatica 1 (3): 173-189, 1972.)
- B⁺-tree (D. Comer, "The Ubiquitous B-tree", Computing Surveys 11 (2): 12 137, 1979.)
- B*-tree (D. Knuth, Sorting and Searching, The Art of Computer Programming, Volume 3 (Second ed.), Addison-Wesley, 1998.)

B-tree색인은 데이터베이스 환경에서 가장 널리 사용되는 색인 구조이다. B⁺-트리는 balanced tree이며(루트에서 리프 노드까지의 길이가 동일), 데이터 삽입/제거/갱신 연산 시에 해당 노드에 대하여 지역적인 변경만으로 대처할 수 있으므로, 데이터 변경을 유연하게 대처할 수 있다는 장점이 있다.

*5.2/5.3/5.4/5.5절에 나오는 예제 및 예제 그림은 아래 교재에서 참조하였다.
A. Silberschatz, H. Korth, and S. Sudarshan, Database System Concepts (6th edition), McGraw-Hill International Edition, 2011.

Example of B+-tree Index

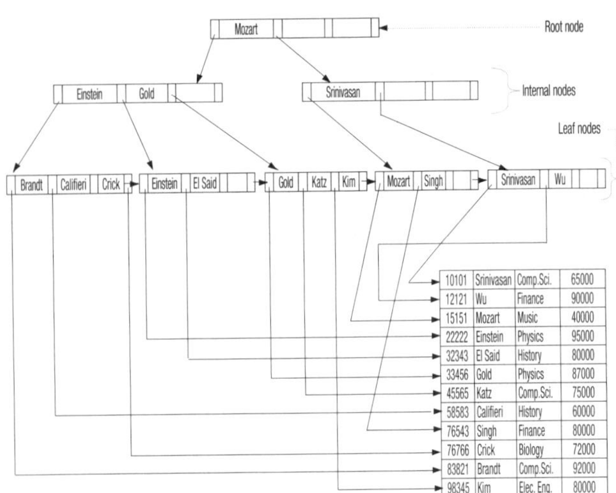

B+-트리 색인 예제

상기 그림은 n=4인 B+-트리 색인 예제이다. n는 색인 노드가 가질 수 있는 최대 포인터 개수이다.

색인 노드는 루트 노드, 내부 노드, 리프 노드로 구분되며, 루트 노드와 내부 노드는 희소 색인 구조를 가지나 리프 노드는 밀집 색인 구조를 가진다.

모든 색인 노드는 탐색 키 기준으로 정렬되어 있으나, 데이터 화일은 탐색 키 기준으로 정렬되어 있지 않다.

각 내부노드는 $\lceil 4/2 \rceil$ 값(여기서는 2) 이상의 포인터를 가지고 있고, 각 리프 노드는 $\lceil (4-1)/2 \rceil$ 값(여기서는 2) 이상의 탐색 키를 가지고 있다.

B+-tree at a glance

- B+-tree is a rooted tree satisfying the followings:
  - All paths from root to leaf are of the same length
  - Each node that is not a root or a leaf has between $\lceil n/2 \rceil$ and n children
  - A leaf node has between $\lceil (n-1)/2 \rceil$ and (n–1) values
  - Special cases
    - If the root is not a leaf, it has at least 2 children
    - If the root is a leaf (that is, there are no other nodes in the tree), it can have between 0 and (n–1) values

B+-트리 개요

B+-트리 개요이다.

각 노드에는 최소/최대 가질 수 있는 탐색 키 및 포인터 개수 제한이 있다. 예를 들어 리프 노드가 가질 수 있는 값 개수는 다음과 같다. 이러한 제약사항으로 인하여 색인 노드 공간의 약 반 정도 이상은 항상 탐색 키가 차지하고 있다.

B^+-tree Node Structure

- Typical node: $[P_1, K_1, P_2, K_2, \ldots, P_{n-1}, K_{n-1}, P_n]$
  - K_i are the search-key values
  - P_i are pointers to children (for non-leaf nodes) or pointers to records or buckets of records (for leaf nodes)
- The search-keys in a node are ordered
  - $K_1 < K_2 < K_3 < \ldots < K_{n-1}$
  - Initially assume no duplicate keys (this assumption will be treated later)

B^+-트리 노드 구조

B^+-트리 노드의 일반적인 구조를 보인다.

n은 기본적으로 노드가 가질 수 있는 최대 포인터 개수를 의미한다. 탐색키는 노드에서 정렬되어 있다.

리프 노드가 아닌 노드(루트 노드 또는 내부 노드)의 Pi는 자식 노드에 대한 포인터를 의미하는데, 일반적으로 page id를 사용한다. 리프 노드의 Pi는 레코드에 대한 포인터를 의미하는데 일반적으로 record id를 사용한다. record id는 보통 "page id + slot number"로 구성된다. 즉, 루트 노드 포함하여 내부 노드의 경우에는 〈pid, value〉, 리프 노드의 경우에는 〈rid, value〉의 레코드로 구성된다.

Leaf Nodes in B^+-trees

- Properties of a leaf node:
  - For i = 1, 2, ..., n–1, pointer P_i points to the record with search-key value K_i
  - If L_i, L_j are leaf nodes and $i < j$, L_i's search-key values are less than or equal to L_j's search-key values
  - P_n points to the next leaf node (i.e. sibling node)

leaf node

Brandt	Califieri	Crick	→ Pointer to next leaf node

10101	Srinivasan	Comp.Sci.	65000
12121	Wu	Finance	90000
15151	Mozart	Music	40000
22222	Einstein	Physics	95000
32343	El Said	History	80000
33456	Gold	Physics	87000
45565	Katz	Comp.Sci.	75000
58583	Califieri	History	60000
76543	Singh	Finance	80000
76766	Crick	Biology	72000
83821	Brandt	Comp.Sci.	92000
98345	Kim	Elec. Eng.	80000

B^+-트리 리프 노드

B^+-트리 리프 노드 구조를 보인다.

리프 노드의 마지막 포인터는 형제 노드를 point한다. 이러한 구조는 리프 노드를 순차적으로 검색하는 것을 용이하게 한다. (상위 내부 노드 방문이 필요 없으므로)

Non-Leaf Nodes in B⁺-trees

- Non-leaf nodes form a multi-level sparse index on the leaf nodes
- Non-leaf node : $[P_1, K_1, P_2, K_2, \ldots, P_{n-1}, K_{n-1}, P_n]$
  - All the search-keys in the subtree to which P_1 points are less than K_1
  - For $2 \leq i \leq n-1$, all the search-keys in the subtree to which P_i points have values greater than or equal to K_{i-1} and less than K_i
  - All the search-keys in the subtree to which Pn points have values greater than or equal to K_{n-1}

Example of B⁺-tree (n=6)

- Leaf nodes must have between 3 and 5 values ($\lceil(n-1)/2\rceil$ and $(n-1)$)
- Non-leaf nodes other than root must have between 3 and 6 children ($\lceil(n/2\rceil$ and n)
- Root must have at least 2 children

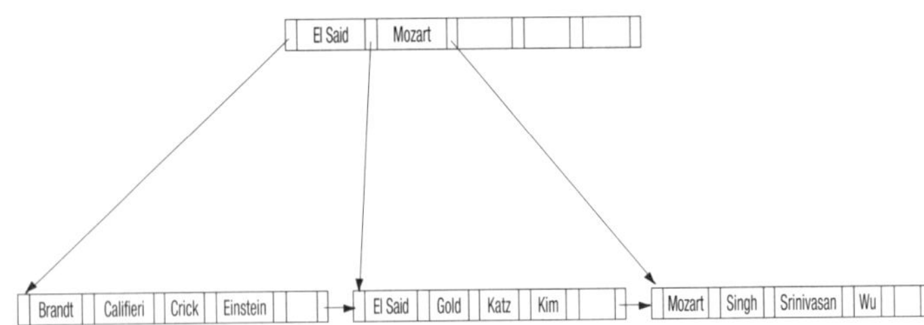

B⁺-트리 내부 노드

B⁺-트리 내부 노드는 리프 노드에 대한 다단계 희소 색인을 구성한 것이다.

상기 그림에서 아래와 같은 관계가 성립된다. Pi는 노드에 대한 포인터를 의미하나 여기서는 P_i가 pointing하는 노드에 속하는 탐색키 값을 의미하기로 하자.

$$P_1 < K_1$$
$$K_1 \leq P_2 < K_2$$
$$K_2 \leq P_3 < K_3$$
$$\ldots$$
$$K_{n-1} \leq P_n$$

참고적으로 상기 관계에서 equal 관계가 왼쪽 또는 오른쪽 한 곳에만 존재하면 되는데, 본 교재에서는 상기와 같이 왼쪽에 위치하나, B⁺-트리 정의에 따라 오른쪽에 위치하기도 한다.

B⁺-트리 예제

n=6 인 B⁺-트리 예제이다.

n=6인 경우이므로 리프 노드는 3-5개 사이의 값을 가질 수 있고 상기 그림에서는 모든 리프 노드가 4개 값을 가지고 있다.

상기 그림은 내부 노드가 없는 경우이다.

루트 노드는 최소한 2개 이상의 자식을 가져야 하는데, 상기 그림에서는 루트 노드가 3개 자식 노드를 가지고 있다.

Comments on B+-trees

- Since the inter-node connections are done by pointers, "logically" close blocks need not be "physically" close
- The non-leaf levels of the B+-tree form a hierarchy of sparse indices
- Insertions and deletions to the data file can be handled efficiently, as the index can be restructured in logarithmic time

B+-tree Height

- The B+-tree contains a relatively small number of levels
  - Level below root has at least 2* ⌈(n-1)/2⌉ values
  - Next level has at least 2*⌈n/2⌉ * ⌈(n-1)/2⌉ values
  - Next level has at least 2* ⌈n/2⌉ * ⌈n/2⌉ * ⌈(n-1)/2⌉ values etc.
  - If there are K search-key values in the file, the tree height is no more than $\lceil \log_{\lceil n/2 \rceil}(K) \rceil$
- A node is generally the same size as a disk block (typically 4K or 8K)
  - n is typically around 100 (40 bytes per index entry)
- With 1 million search key values and n=100, at most $\lceil \log_{50}(1{,}000{,}000) \rceil = 4$ nodes are accessed in a lookup
  - With a balanced binary tree with 1 million search key values, we need to access about 20 nodes in a lookup

B+-트리 특성

B+-트리 주요 특성을 설명하고 있다.

B+-트리 높이

B+-트리 노드는 데이터 블록 크기와 동일하며, 일반적으로 4K, 8K, 16K 크기를 가진다.

블록 크기가 4K이고 탐색 키의 크기가 40bytes라고 가정하면, 색인 노드에 존재하는 최대 포인터 개수(fanout 이라고 함)는 약 100개가 되며, 100만 탐색 키를 가지는 B+-트리 높이는 4 레벨을 가지게 된다. 그 결과 특정 데이터를 검색하는데 4회 디스크 접근만으로 가능하다. B+-트리는 매우 뚱뚱한 트리 모습을 가진다.

만약 이진 트리 데이터 구조로 백만개 탐색 키를 구성하면 약 20번(2^{20} = 약 1M이므로)의 노드를 검색하여야 하며, 노드 접근당 약 15-20ms가 소요되므로 B+-트리와 비교하면 검색 속도 차이는 크다.

B+-트리 높이가 4이고 n=100인 경우, 최대 허용할 수 있는 탐색 키의 개수를 구하면 다음과 같다. 구하는 탐색 키의 개수를 Y라고 하면

$$4 \geq \lceil \log_{50} Y \rceil$$

관계식이 성립되며, Y=6,250,000이 된다. 6백만 정도의 탐색 키 값을 가지는 관계에 대한 색인을 구성하여도 디스크 접근 4번 만에 해당 레코드를 검색할 수 있다.

Queries on B+-trees

- Find records with search-key value V
  - C = root
  - While (C is not a leaf node) {
    - · Let i be the least value s.t. $V \leq K_i$
    - · If no such exists, set C = the last non-null pointer in C else if ($V=K_i$) set $C=P_{i+1}$ else set $C=P_i$ }
  - Now C is a leaf node, let i be the least value s.t. $K_i = V$
  - If there is such a value i, follow pointer P_i to get the record else no record with search-key value V exists

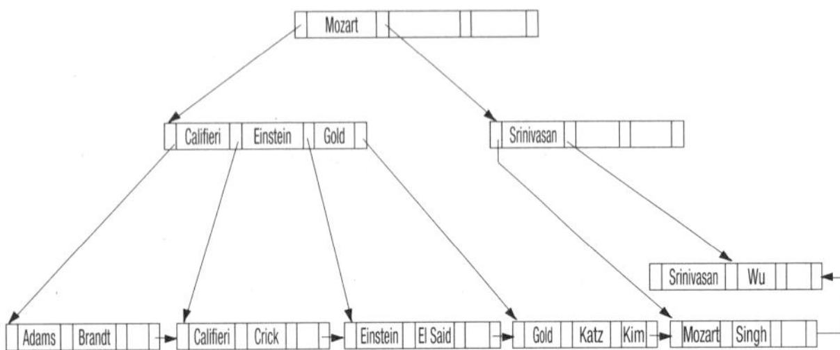

B^+-트리 검색

B^+-트리 검색에 관한 알고리즘이다.

예를 들어, "El Said" 레코드를 찾는 과정을 적용해 보자.

- While 문장 내에서 (El Said 〈 Mozart) 이므로 두 번째 레벨의 첫 번째 노드(Califieri 노드)를 방문하게 되며,
- While 문장 내에서 (Einstein 〈 El Said 〈 Gold)이므로 리프 레벨에서는 왼쪽에서 3번째 노드(Einstein 노드)를 방문하게 된다.
- 이제 While 문장 수행이 완료되어 나오게 되며, Einstein 노드에서 검색하고자 하는 탐색 키가 존재하므로 해당 포인트를 탐색한다.

B+-tree Insertion (1/3)

- Find the leaf node in which the search-key value would appear. If the search-key value is already present in the leaf node, add the record to the data file
- If the search-key value is not present, then
  - Add the record to the data file (and create a bucket if necessary)
  - If there is room in the leaf node, insert (key-value, pointer) pair in the leaf node
  - Otherwise, split the node along with the new (key-value, pointer) entry

B^+-트리 삽입 (1/3)

B^+-트리에 새로운 엔트리를 삽입하는 연산이다. 삽입하려는 엔트리가 이미 B^+-트리에 존재하면 B^+-트리에 특별한 연산이 필요 없다.

삽입하려는 엔트리가 B^+-트리에 존재하지 않으면 B^+-트리에서 해당 노드를 찾아 새로운 엔트리를 삽입하여야 한다. 이때 새로운 엔트리가 들어갈 수 있는 공간이 노드에 없으면 노드를 분해하여야 한다.

B^+-tree Insertion (2/3)

- Splitting a leaf node
  - Take the n (search-key value, pointer) pairs (including the one being inserted) in sorted order. Place the first ⌈n/2⌉ in the original node, and the rest in a new node
  - Let the new node be p, and let k be the least key value in p. Insert (k,p) in the parent of the node being split
  - If the parent is full, split it and propagate the split further up
  - Splitting of nodes proceeds upwards till a node that is not full is found
  - In the worst case the root node may be split increasing the height of the tree by 1

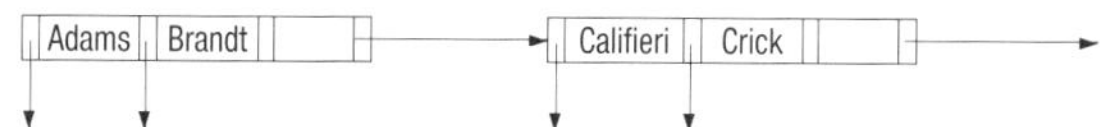

  · Result of splitting node containing Brandt, Califieri and Crick on inserting Adams

  · Next step: insert entry with (Califieri, pointer-to-new-node) into parent

B^+-트리 삽입 (2/3)

삽입하려고 하는 노드에 공간이 없으면 해당 노드는 분해가 되고 처음 ⌈n/2⌉개수 탐색키-포인터만이 기존 노드에 잔류하고 나머지 탐색키-포인터는 새로운 노드에 위치한다.

노드가 분해되면 새로운 노드의 최소값과 신설 노드 포인트가 부모 노드로 삽입된다. 이는 부모 노드 입장에서는 새로운 엔트리의 삽입을 의미하며, 부모 노드에 공간이 없으면 부모 노드가 분해된다.

예제에서 3개 탐색 값과 4개 포인터 값을 가지고 있는 노드(n=4)에 새로운 값(Adam)이 삽입되면, 2개의 노드로 분해가 된다. 리프 노드가 분해하게 되면, 부모 노드에 이를 반영하기 위하여 부모 노드에 (Califieri, 새로운 노드의 주소값)이 삽입되며, 또한 해당 탐색값이 리프노드에 계속 존재하고 있다.

B^+-tree Insertion (3/3)

- Splitting a non-leaf node: when inserting (k, p) into an already full internal node N
  - Insert (k, p) into N temporarily
  - Leave $P_1, K_1, \ldots, K_{\lceil n/2 \rceil - 1}, P_{\lceil n/2 \rceil}$ at node N
  - Make a new node N' that has $P_{\lceil n/2 \rceil + 1}, K_{\lceil n/2 \rceil + 1}, \ldots, K_n, P_{n+1}$
  - Insert ($K_{\lceil n/2 \rceil}$, N') into the parent of N

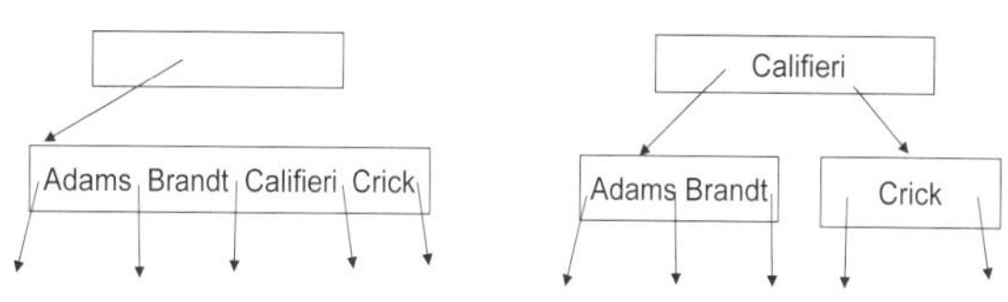

B^+-트리 삽입 (3/3)

내부 노드에 엔트리 삽입 연산은 리프 노드에 엔트리 삽입과 유사하게 처리한다. 리프 노드 분해와 비교하여 차이점는 내부 노드인 경우에는 희소 색인을 구성하므로 분해 후에 상위 계층으로 전파되는 탐색 값이 분해하는 노드 계층에는 존재하지 않는다.

상기 그림에서 N'는 새롭게 생성된 노드를 의미한다.

Insertion Example (1/2)

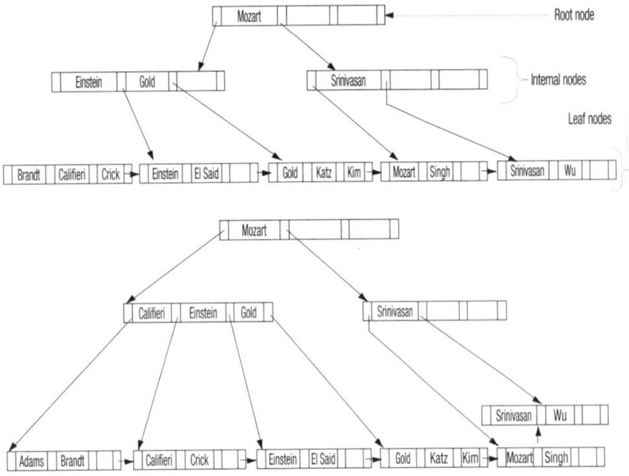

B⁺-Tree before and after insertion of "Adams"

Insertion Example (2/2)

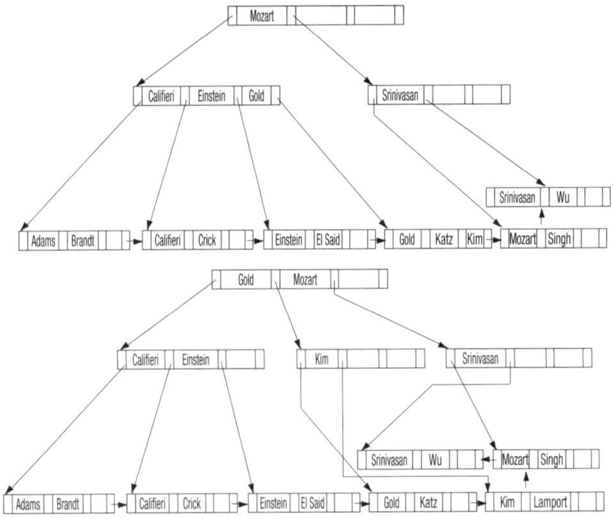

B⁺-Tree before and after insertion of "Lamport"

삽입 예제 (1/2)

상기 B⁺-트리에서 Adams를 삽입하면, Adams는 Brandt노드에 삽입되어야 하나 공간이 없어 Brandt 노드가 분해(split)된다. 분해가 되면, ⌈n/2⌉값은 원래 노드에 위치하고 나머지는 새로운 노드에 위치하며, 새로운 노드의 가장 적은 값(여기서는 Califieri)은 상위 레벨로 전파된다. Califieri는 상위 레벨로 전파되지만 리프 노드에서 계속 존재하고 있다.

두 번째 그림은 Adams가 삽입된 후의 B⁺-트리 상태이다.

삽입 예제 (2/2)

상기 B⁺-트리에서 Lamport를 삽입하면, Lamport는 Gold노드에 삽입되어야 하나 공간이 없어 Gold 노드가 분해(split)된다. 분해가 되면, ⌈n/2⌉값은 원래 노드에 위치하고 나머지는 새로운 노드에 위치하며, 새로운 노드의 가장 적은 값(여기서는 Kim)은 상위 레벨로 전파된다.

올라오는 값(Kim)은 Califieri노드에 위치하여야 하나, 공간이 없으므로 California 노드가 다시 분해된다. Califieri노드가 분해되면 앞 두 개 값은 원래 노드에 남고, 나머지 값(Gold와 Kim)은 새로운 노드에 위치한다. 생성된 노드의 가장 적은 값(Gold)은 상위 레벨로 전파가 된다. 내부 노드인 경우에는 희소색인을 구성하므로 분해되어 올라가는 값이 원래 레벨에 존재할 이유가 없으므로 Gold 값이 중간 레벨에 존재하지 않는다.

두 번째 B⁺-트리 그림은 Lamport가 삽입된 후의 B+-트리 상태이다.

B^{+}-tree Deletion (1/2)

- Find the record to be deleted, and remove it from both the data file and the index file
- Need to handle the node in underflow due to the removal

1. If the entries in the node and a sibling fit into a single node, then merge (coalesce) siblings
   - Insert all the search-key values in the two nodes into a single node, and delete the other node
   - Delete the pair (K_{i-1}, P_i), where Pi is the pointer to the deleted node from its parent recursively
   - The node deletions may cascade upwards till a node which has ⌈n/2⌉ or more pointers is found
   - If the root node has only one pointer after deletion, it is deleted and the sole child becomes the root

B^{+}-tree Deletion (2/2)

2. If the entries in the node and a sibling do not fit into a single node, then redistribute pointers
   - Redistribute the pointers between the node and a sibling such that both have more than the minimum number of entries
   - Update the corresponding search-key value at the parent of the node

B^{+}-트리 삭제 (1/2)

B^{+}-트리에서 엔트리가 삭제되는 경우에는 삭제로 인하여 노드에 너무 적은 수의 데이터가 존재하는 underflow가 발생하면 이를 해결하여야 한다.

옆에 존재하는 형제 노드와 병합하여 한 노드에 모든 엔트리가 위치할 수 있으면 형제 노드와 병합한다. 이 경우 부모 노드에서 제거되는 노드에 대한 탐색키와 포인트도 삭제하여야 하며, 이로 인하여 부모 노드가 underflow가 발생하면 같은 방식으로 해결한다.

B^{+}-트리 삭제 (2/2)

옆에 존재하는 형제 노드와 병합이 가능하지 않으면(즉, 병합된 노드에 모든 엔트리가 들어갈 수 있는 공간이 없음), 형제 노드와 탐색 키와 포인트를 재분배한다. 이 경우에는 부모 노드에 엔트리가 삭제되지는 않으며 기존 엔트리가 새로운 엔트리로 대치된다.

Deletion Example 1

Before and after deleting "Srinivasan"

Deletion Example 2

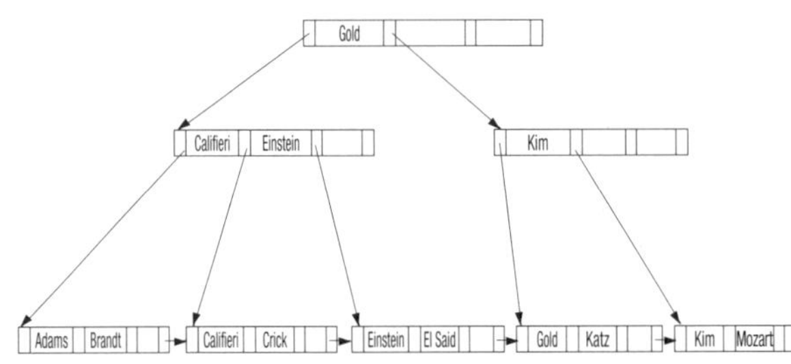

Before and after deleting "Singh" and "Wu"

삭제 예제 1

상기 트리에서 Srinivasan을 제거하면 Srinivasan노드에 Wu만 남게되고, n=4인 경우 각 노드는 2-3개의 값을 가져야 하는데 한 개 값만 가지게 되어 이를 해결하여야 한다. underflow 노드는 옆 형제 노드와 합병(merge)를 하여야 하고, Wu 값을 Mozart 노드로 이동하여 그 결과 아래 그림의 Mozart 노드가 생성된다. 기존의 Srinivasan노드는 제거되고, 또한 이를 point하는 부모노드 포인트 값도 제거된다. 그 결과 부모 노드가 underflow가 된다.

이를 해결하기 위하여 형제 노드와의 합병을 고려하여야 한다. 형제 노드인 California 노드에는 이미 3개의 값과 4개의 pointer를 가지고 있어 합병이 불가능하다. 이 경우에는 재분배(redistribute)를 한다.

재분배는 Gold값을 상위 부모 노드로 이동하고 해당 포인터를 조정한다.

삭제 예제 2

상기 트리에서 Singh과 Wu를 제거하는 예제이다.

Singh를 제거하면 Mozart노드에 값이 두 개가 되며 노드의 조건을 계속 만족하므로 Singh값만 제거한다.

Wu를 제거하면 Mozart노드에 값이 하나만 남게되어 underflow 상태가 된다. 형제 노드와의 합병은 이미 형제 노드가 full인 상태이라 불가능하며, 이 경우에는 재분배하여야 한다.

재분배는 Kim 값이 Gold 노드에서 Mozart 노드로 이동이 되고, 두 노드를 구분하는 구분자 값으로 Kim이 부모 노드로 올라가고 포인터 값이 조정한다.

Deletion Example 3

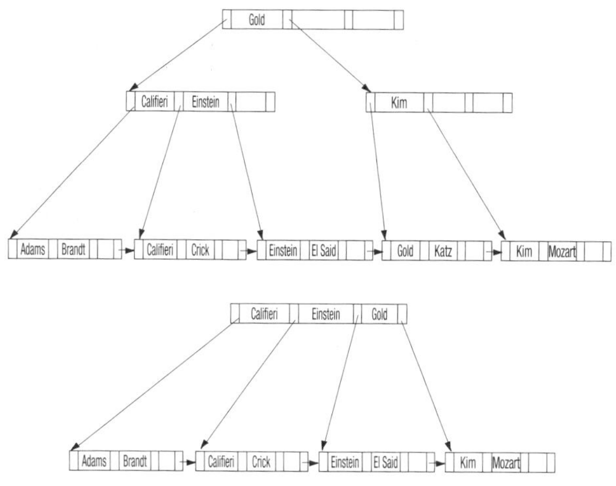

Before and after deletion of "Gold"

Non-Unique Search Keys (1/2)

- A relation has more than one record containing the same search key (i.e. non-unique search key)
- With duplicate search keys
  - In both leaf and internal nodes
    - Cannot guarantee $K_1 < K_2 < K_3 < ... < K_{n-1}$
    - But guarantee $K_1 \le K_2 \le K_3 \le ... \le K_{n-1}$
  - Search-keys in the subtree to which Pi points
    - are $\le K_i$, but not necessarily $< K_i$
    - Suppose the same search key value V is present in two leaf node L_i and L_{i+1}. Then in parent node K_i must be equal to V

삭제 예제 3

Gold가 Gold 노드에서 삭제가 되면, underflow가 되므로 형제 노드와 합병을 한다. 합병을 하면 〈Katz, Kim, Mozart〉가 생성되는데 이 전의 두 노드를 분리하던 부모 노드(Kim 노드)에서 Kim이 삭제되므로 부모 노드가 underflow가 된다.

이를 해결하기 위하여 형제 노드와의 병합을 하면, 아래 트리의 Califieri 노드가 탄생하게 된다. 합병을 하는 경우 이전에 이를 분리하면 분리 값이 아래 단계로 이동하게 된다.

Gold 값이 루트 노드에서 아래 단계로 이동하게 되면 루트 노드는 포인터만 하나를 가지게 되어, 루트 노드는 삭제된다.

Gold 값이 삭제되었으나, 리프 노드가 아닌 노드에는 계속적으로 남아 있음을 주목하자.

비유일 탐색 키 (1/2)

동일 키 값을 가지는 터플이 두 개 이상 존재하는 경우가 비유일 탐색키이다. 주 키가 아닌 속성에 대하여 B^+-트리를 구성하게 되는 경우이다.

Non-Unique Search Keys (2/2)

- Deletion of a tuple can be expensive if there are many duplicates on search key
  - Have to search through a number of entries, potentially across multiple leaf nodes, to find the entry to record being deleted
- Make search key unique by adding a record-identifier
  - Extra storage overhead for keys
  - Simpler code for insertion/deletion
  - Widely used

비유일 탐색 키 (2/2)

비유일 탐색키가 존재하는 경우 데이터 삭제 연산이 시간이 많은 소요될 수 있다.

비유일 탐색키에 B^+-트리를 구성하는 경우, RID 값을 키 속성에 병기하여 모든 키 값을 유일하게 하는 기법이 사용된다.

5.3 B^+-트리 변형 (B^+-tree Variations)

B^+-tree File Organization (1/3)

- Data file degradation problem is solved by using B^+-tree file organization
  - Index file degradation problem is solved by using B^+-tree indices
- The leaf nodes in a B^+-tree file organization store records, not pointers
- Leaf nodes are still required to be half full
  - Since records are larger than pointers, the maximum number of records that can be stored in a leaf node is less than the number of pointers in a nonleaf node

B^+-트리 화일 구성 (1/3)

B^+-트리 화일 구성은 리프 노드에 탐색키-포인터 쌍(pair)을 저장하는 대신 데이터 레코드를 저장하는 방식이다. 리프 노드에 데이터 레코드가 저장되더라도 약 반 정도 공간을 적어도 사용한다는 B+-트리 노드 원칙은 준수된다.

빈번한 데이터 삽입, 삭제, 변경에 의하여 데이터 화일에 색인 구성과 불일치되는 데이터가 많아질 수 있는데, B+-트리 화일 구성은 이러한 문제점을 근본적으로 해결할 수 있다.

B^{+}-tree File Organization (2/3)

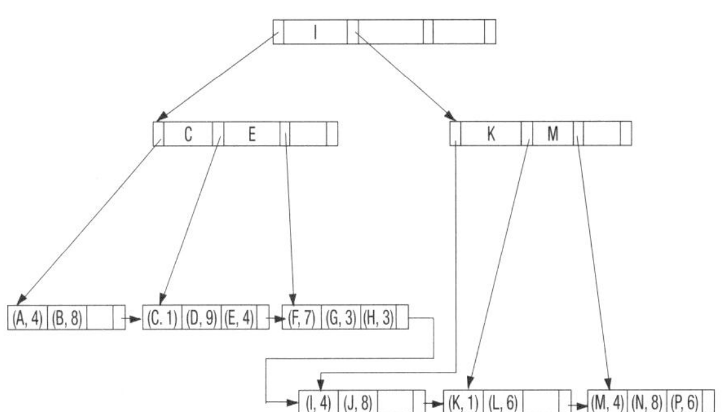

B^{+}-트리 화일 구성 (2/2)

B^{+}-트리 화일 구성 예제이다.

B^{+}-tree File Organization (3/3)

- Insertion and deletion are handled in the same way as insertion and deletion of entries in a B^{+}-tree index
- Good space utilization important since records use more space than pointers
- To improve space utilization, involve more sibling nodes in redistribution during splits (and merges)
  - First try to redistribute entries among a sibling
  - If fails (siblings are full), split the node and redistribute entries among the 2 split nodes and one sibling
  - Each node then has at least $\lfloor 2*n/3 \rfloor$ entries !!!

B^{+}-트리 화일 구성 (3/3)

B^{+}-트리 화일 구성에는 리프 노드에 실제 데이터(탐색키-포인터 쌍(pair)보다 일반적으로 데이터가 큼)가 저장됨으로 리프 노드의 공간 활용도가 중요하다.

이를 위하여 데이터 삽입은 다음과 같이 수행한다. 해당 노드에 공간이 없으면 옆 형제 노드와 엔트리 재분배를 하려고 한다. 만약 형제 노드가 full이어서 공간이 없으면, 노드를 분해한다. 노드가 분해될 때 한 노드가 두 노드로 단순히 분해되는 것이 아니고, 한 노드가 분해된 두 노드와 옆 형제 노드 하나, 즉 세 노드 간에 엔트리 재분배를 수행한다. 이러한 방식은 각 노드에 최소한 $\lfloor 2n/3 \rfloor$ 엔트리가 존재하게 한다.

Record Relocation and Secondary Indices

- If a record moves, all secondary indices that store record pointers have to be updated
  - Node splits in B^+-tree file organizations become very expensive
- One solution is to use primary-index search keys instead of record pointers in secondary indices
  - Extra traversal of primary index to locate records
  - Higher cost for queries
  - But record relocation problem is solved

레코드 이동 및 이차색인

데이터 레코드의 위치가 변경되면 이를 참조하는 모든 색인도 변경되어야 한다. B^+-트리 화일 경우, 리프 노드가 분해되어 레코드 위치가 변경되면 이를 참조하는 모든 색인 엔트리를 변경하여야 하며, 이는 쉬운 연산이 아니다.

이를 해결하는 방식은 이차 색인을 구성할 때 레코드에 대한 포인트 값을 저장하지 않고 해당 레코드의 주색인 탐색키 값을 저장하는 것이다. 이런 방식은 이차 색인에서 주색인 탐색키를 찾은 후에 주색인 탐색키 값을 가지고 해당 레코드를 검색하는 것이다.

Indexing Strings

- Variable length strings as keys impose variable fanout !!!
  - Use space utilization as criterion for splitting, not number of pointers
- Prefix compression to increase fanout
  - Key values at internal nodes can be prefixes of full key
  - Keep enough characters to distinguish entries in the subtrees separated by the key value
    - E.g. "Hallas" and "Halloween" can be separated by "Halla"
  - Keys in leaf node can be compressed by sharing common prefixes

색인 스트링

탐색 키가 스트링 타입인 경우 B^+-트리 문제점 및 대응책을 설명한다. 내부 노드의 fanout을 높이기 위하여 사용되는 몇 가지 기술이다.

Bulk Loading

- Inserting a large number of entries one-at-a-time into a B^+-tree is very inefficient
- Efficient alternative 1
  - Sort entries first (external sort-merge algorithms)
  - Insert in sorted order
    - · Insertion will go to existing page (or cause a split)
    - · Improved IO performance, but most leaf nodes half full
- Efficient alternative 2: Bottom-up B^+-tree construction
  - Sort entries as before
  - Create tree layer-by-layer, starting with leaf level
  - Implemented as part of bulk-load utility by most database systems

벌크 로딩

색인을 구성하려고 하는 속성 데이터를 대량으로 입력할 때에, 데이터 입력을 우선하고 후에 색인을 구성하는 것이 효율적이다.

색인을 구성하고 데이터를 입력하게 되면 각 데이터가 입력할 때마다 색인에 새롭게 입력된 데이터를 반영하게 되며, 이 경우 색인에 대한 디스크 접근 횟수가 많게 되어 비효율적이다.

B-tree Index (1/3)

- B-tree allows search-key values to appear only once (eliminates redundant storage of search keys)
- Search keys in nonleaf nodes appear nowhere else in the B-tree
  - An additional pointer field for each search key in a nonleaf node must be included
- Generalized B-tree node
  - leaf node : $[P_1, K_1, P_2, K_2, \ldots, P_{n-1}, K_{n-1}, P_n]$
  - nonleaf node : $[P_1, B_1, K_1, P_2, B_2, K_2, \ldots, P_{m-1}, B_{m-1}, K_{m-1}, P_m]$
    - · Pointers B_i are record pointers

B-트리 색인 (1/3)

B^+-트리 색인에서는 리프 노드에 나오는 탐색 키가 내부 노드에도 존재할 수 있는데, B-트리 색인은 이를 허용하지 않는다. B-트리 색인에서는 탐색 키가 트리에 오직 한번 존재한다

B-tree Index (2/3)

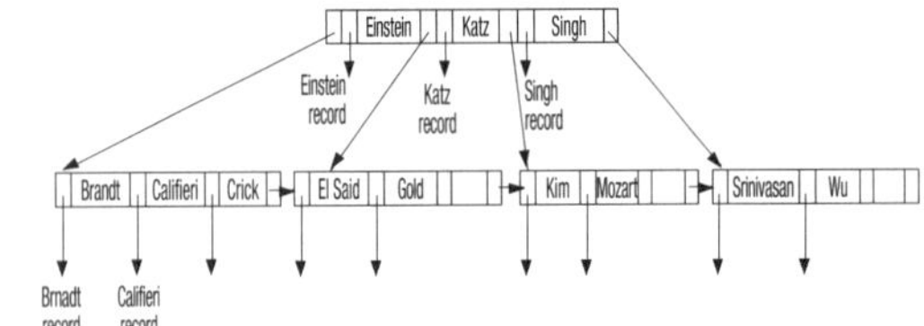

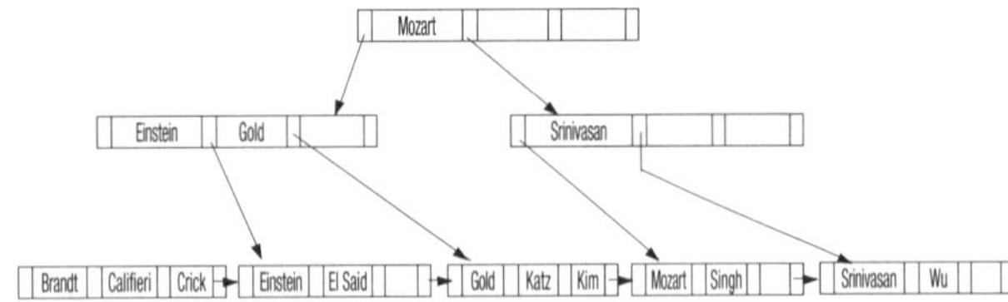

B-tree (above) and B$^+$-tree (below) on the same data

B-트리 색인 (2/3)

동일 데이터에 대한 B$^+$-트리 색인과 B-트리 색인 비교이다. B$^+$-트리 색인에서는 내부 노드에 존재하는 탐색키(Einstein, Gold, Mozart, Srinivasan)가 리프 노드에서 존재한다.

B-tree Index (3/3)

- Advantages of B-tree indices
  - May use less tree nodes than a corresponding B$^+$-tree
  - Sometimes possible to find search-key value before reaching leaf node
    - Only small fraction of all search-key values are found early
- Disadvantages of B-tree indices
  - Non-leaf nodes are larger, so fanout is reduced
    - B-trees typically have greater depth than corresponding B$^+$-tree
  - Insertion and deletion more complicated than in B$^+$-trees
  - Implementation is harder than B$^+$-trees
- Advantages of B-trees do not outweigh disadvantages

B-트리 색인 (3/3)

B$^+$-트리 색인과 B-트리 색인을 여러 면에서 비교하였다. B-트리 색인이 구현하기가 좀 더 어렵고, 내부 노드에서 해당 레코드 포인터 값 저장으로 인하여 트리 전체 깊이가 길어질 가능성이 있다. 또한 B-트리 색인은 레코드를 순차적으로 검색하는 경우 트리 내부까지 검색하여야 하지만, B$^+$-트리 색인은 리프 노드만 검색하면 된다.

B$^+$-트리 색인이 상용 시스템에서 주로 구현되어 있다.

Indices on Multiple Attributes (1/3)

- Use multiple indices for certain types of queries
- Consider
  - Select pID
    from professor
    where deptName = 'CS' and salary = 80000;
- Possible strategies with indices on single attributes
  - Use index on deptName to find professors with department name CS, and test if salary = 80000
  - Use index on salary to find professors with a salary of 80000, and test if deptName = 'CS'
  - Use deptName index to find pointers to all records pertaining to the 'CS' department. Similarly use index on salary. Take intersection of both sets of pointers obtained

다중속성 색인 (1/3)

단일 속성만으로 구성되는 색인만이 존재하는 경우에는 특정 질의에 대하여 효율적으로 대처하지 못할 수 있다.

가능한 세 가지 방식 중에서 일반적으로 세 번째 방식이 가장 효율적이다.

Indices on Multiple Attributes (2/3)

- Composite search keys are search keys containing more than one attribute
  - For example, (deptName, salary)
- Lexicographic ordering: $(a_1, a_2) < (b_1, b_2)$ if either
  - $a_1 < b_1$, or
  - $a_1=b_1$ and $a_2 < b_2$

다중속성 색인 (2/3)

다중 속성 색인에 대한 일반적인 설명이다.

다중 색인은 널리 사용되고 있다.

Indices on Multiple Attributes (3/3)

- Suppose we have an index on (deptName, salary)
- Select pID
  from professor
  where deptName = 'CS' and salary = 80000;
  - An index on (deptName, salary) can be used to fetch only records that satisfy both conditions
  - Using separate indices is less efficient
  - Can also efficiently handle where deptName = 'CS' and salary < 80000
  - But cannot efficiently handlewhere deptName < 'CS' and balance = 80000
    - May fetch many records that satisfy the first but not the second condition

다중속성 색인 (3/3)

다중 색인이 적용되는 예제이다.

다중 색인을 적용하는 경우, 다중 색인의 처음에 나오는 속성에 대하여 exact match 형태가 적용되는 질의문에 효과적이다.

Covering Indices

- Add extra attributes to index so (some) queries can avoid fetching the actual records
  - Particularly useful for secondary indices
- Can store extra attributes only at leaf
- Think abut the difference of creating an composite index
  - A covering index reduces the size of the search key
    - larger fanout, potentially reducing the height of the index

커버색인

커버색인은 색인 엔트리에 탐색 키 속성 외의 다른 속성 값을 함께 저장하는 방식이다. 이차색인 경우에 특정 질의에 대하여 효과적일 수 있다.

예를 들면, professor의 ID 속성에 이차 색인을 구성하면서 리프 노드에 professor 터플에 대한 RID와 함께 해당 터플의 salary값을 저장하는 것이다.

5.4 정적 해쉬 (Static Hashing)

Static Hashing

- A bucket is a unit of storage containing one or more records (a bucket is typically a disk block)
- In a hash file organization we obtain the bucket of a record directly from its search-key value using a hash function
- Hash function h is a function from the set of all search-key values K to the set of all bucket addresses B
- Hash function is used to locate records for access, insertion as well as deletion
- Records with different search-key values may be mapped to the same bucket; thus entire bucket has to be searched sequentially to locate a record

정적 해쉬

정적 해쉬에 대한 일반적인 설명이다. 해쉬 함수는 탐색키 값을 버킷 주소 값으로 변화시키는 기능을 하며, 버킷에는 동일한 해쉬 함수 값을 가지는 레코드가 위치하게 된다.

Hash File Example

- Hash file organization of "professor" with "deptName" as search key
- The hash function returns the sum of the binary representations of the characters modulo 8.
  - h(Music)=1, h(History)=2, h(Physics)=3, h(Elec. Eng.)=3
- 8 buckets

buckets 0

bucket 1

15151	Mozart	Music	40000

bucket 2

32343	El Said	History	80000
58583	Califieri	History	60000

bucket 3

22222	Einstein	Physics	95000
33456	Gold	Physics	87000
98345	Kim	Elec. Eng.	80000

bucket 4

12121	Wu	Finance	90000
76543	Singh	Finance	80000

bucket 5

76766	Crick	Biology	72000

bucket 6

10101	Srinivasan	Comp. Sci.	65000
45565	Katz	Comp. Sci.	75000
83821	Brandt	Comp. Sci.	92000

bucket 7

해쉬 화일 예제

상기 그림은 professor 테이블을 deptName속성을 탐색 키로 하여 구성한 해쉬 화일을 보인다.

Music 해쉬 값은 다음과 같이 구한다.
13(M) + 21(u) + 19(s) + 9(i) + 3(c) = 65
65 mod 8 = 1, 즉 h(Music) = 1.

버킷 3에 위치하는 레코드들(Physics와 Elec. Eng)는 탐색 키가 다르나 해쉬 값은 동일하므로 같은 버킷에 위치하고 있다.

h(Physics) = 3
h(Elec. Eng.) = 3

Hash Functions

- Worst hash function maps all search-key values to the same bucket
- An ideal hash function is uniform, i.e. each bucket is assigned the same number of search-key values from the set of all possible values
- An ideal hash function is random, so each bucket will have the same number of records assigned to it irrespective of the actual distribution of search-key values in the file
- Typical hash functions perform computation on the internal binary representation of the search-key
  - For example, the binary representations of all the characters in the string could be added and the sum modulo the number of buckets could be returned

해쉬 함수

해쉬 함수에 대한 일반적인 설명이다.

해쉬 함수 설정은 해쉬 구조의 성능을 결정하는 중요한 요소이다. 가장 나쁜 해쉬 함수는 모든 레코드를 하나의 버킷에 위치하게 하는 함수이다.

해쉬 함수는 균등하여야 하고 랜덤(random)하여야 한다. 현실적으로 임의 해쉬 함수가 균등하고 랜덤함을 (수학적으로) 증명하기는 매우 어려운 문제이다.

Handling of Bucket Overflows (1/2)

- Bucket overflow can occur because of
  - Insufficient buckets
  - Skew in distribution of records
    - Multiple records have same search-key value
    - Chosen hash function produces non-uniform distribution of key values
- Although the probability of bucket overflow can be reduced, it cannot be eliminated
- Should be handled by using overflow buckets

버킷 과적(overflow) 처리 (1/2)

버킷에 과적이 발생하는 것은 해쉬 색인에서 피할 수 없는 현상이다. 과적을 해결하는 몇 가지 방식이 제안되어 있다.

Handling of Bucket Overflows (2/2

- Overflow chaining
  - Overflow buckets are chained together in a linked list
  - Called closed hashing
- Open hashing
  - Not use overflow buckets
  - Not suitable for database applications

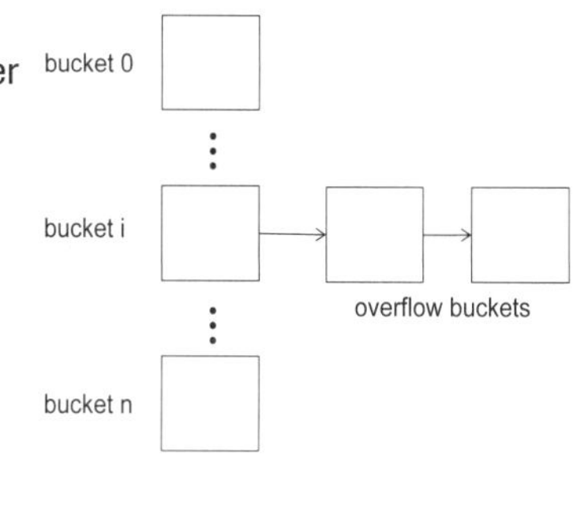

버킷 과적(overflow) 처리 (2/2)

버킷에 과적이 발생하면 과적 버킷을 생성하여 해결할 수 있다. 상기 그림과 같이 과적이 된 버킷에 새로운 버킷을 링크하여 해당 데이터를 저장하는 방식이다. 과적 체인 방식이다.

Open hashing에서는 버킷 개수를 과적과 관련 없이 일정 수를 유지하며 과적 체인을 만들지 않는다. 과적이 발생하면, 다음 순번 버킷에 저장을 하거나(linear probing), 또는 이차 해쉬 함수로 재해쉬하여 새로운 버킷 주소를 찾는 방식(rehash)이다. Open hashing에서는 탐색 시간이 좀 더 소요되나, 공간이 불필요하게 증가하지는 않는다. 데이터베이스 환경은 일반적으로 데이터가 시간이 감에 따라 증가하는 경향이 있으므로, open hashing은 데이터베이스 응용에 적절한 방식이 아니다.

Hash Indices

- Hashing can be used not only for file organization, but also for index-structure creation
- A hash index organizes the search keys with their associated record pointers into a hash file structure
- Strictly speaking hash indices are always secondary indices
- If the file itself is organized using hashing, a separate hash index on it using the same search-key is unnecessary

해쉬 색인

해쉬를 사용하여 앞에서 본 것과 같이 데이터 화일을 구성할 수도 있으며, 색인을 구성할 수도 있다.

해쉬 색인을 구성하면, 버킷에는 〈탐색키, RID〉 레코드가 위치하며, 버킷에는 동일한 해쉬 값을 가지는 탐색키가 위치한다.

해쉬 색인은 이차 색인으로 사용된다. 데이터 화일의 레코드 순서와 해쉬 버킷에서의 탐색키 순서는 (당연히) 틀리다.

Hash Index Example

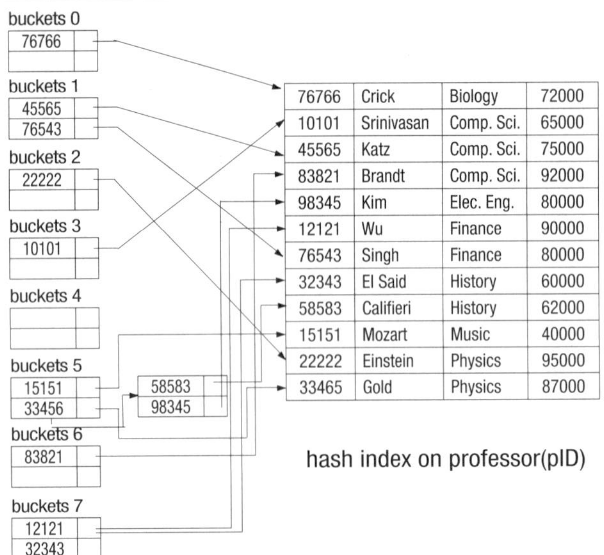

해쉬 색인 예제

상기 그림에서 해쉬 함수는 pID 속성 값을 숫자형식으로 더하고 이를 버킷 개수로 나누는 경우의 나머지 값이다. 즉,
76766은 (7+6+7+6+6) mod 8 = 32 mod 8 = 0

버킷 5은 과적이 발생하여 과적 체인을 형성하고 있다.

Deficiencies of Static Hashing

- In static hashing, function h maps search-key values to a fixed set of B of bucket addresses
- Databases grow or shrink with time
  - Static hash functions are not good in such environment
    - · Too many overflows, likely to be in underflow
  - One solution is to do periodic re-organization of the file with a new hash function
    - · Expensive, disrupts normal operations
- Better solution is to allow the number of buckets to change dynamically

정적 해쉬 단점

정적 해쉬 색인은 해쉬함수의 치역(range)이 상황 변화에 무관하게 변하지 않은 해쉬를 의미한다. 데이터가 증가하여도 과적 체인 또는 open hashing 방식으로 해결하는 방식이다.

데이터베이스는 기본적으로 데이터 량이 증가하거나 감소할 수 있는 환경이어서, 정적 해쉬 방식은 좋은 성능을 기대하기 어렵다.

5.5 동적 해쉬 (Dynamic Hashing)

Dynamic Hashing

- Good for database that grows and shrinks in size
- Allows the hash function to be modified dynamically

- Extendable hashing (Fagin, 1979)
- Linear hashing (Litwin, 1978, 1980)
- Dynamic hashing (Larson, 1978)
- And many variations of above

동적 해쉬

동적 해쉬에 대한 일반적인 설명이다. 본 책에서는 그 중 확장 해쉬를 자세히 공부한다.

Extendable Hashing

- Hash function generates values over a large range
  - Typically 32-bit integers, 2^{32} is over 4 millions
- At any time use only a prefix of the hash function to index into a table of bucket addresses
- Let the length of the prefix be i bits, $0 \leq i \leq 32$
  - Bucket address table size = 2^i. Initially i = 0 ($2^0 = 1$)
  - Value of i grows and shrinks as the size of the database grows and shrinks
- Multiple entries in the bucket address table may point to a bucket
  - Thus, actual number of buckets is less than 2^i !
- The number of buckets also changes dynamically due to coalescing and splitting of buckets

확장 해쉬

확장 해쉬에 대한 일반적인 설명이다.

확장 해쉬에서는 해쉬 함수가 동적으로 변하며, 일정 조건이 만족되면 해쉬 함수 치역이 2배로 확장되거나 또는 1/2로 축소될 수 있다. 또한 레코드가 위치하는 버킷이 2개의 버킷으로 분해되거나 2개의 버킷이 하나의 버킷으로 병합되기도 한다.

해쉬 함수 값 중에서 앞에서부터 i개 bit를 사용하여 버킷 주소를 결정하며, 해쉬 주소 테이블은 i 값을 유지하여야 한다. 또한 버킷에서도 몇 개의 i개 bit을 사용하여 버킷 주소를 유지하는지를 명시하여야 한다.

Extendable Hash Structure (1/2)

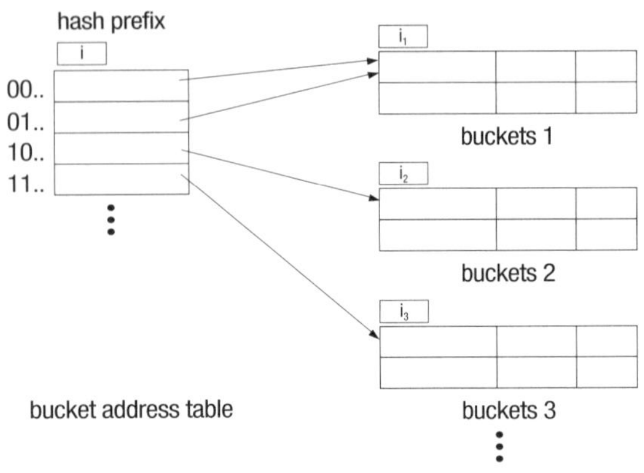

In this structure, $i_2 = i_3 = i$ and $i_1 = i - 1$

Extendable Hash Structure (2/2)

- Each bucket j stores a value i_j
  - All the entries that point to the same bucket have the same values on the first i_j bits
- To locate the bucket containing search key K
  - Compute h(K) = X
  - Use the first i high order bits of X as a displacement into bucket address table, and follow the pointer to appropriate bucket

확장 해쉬 구조 (1/2)

확장 해쉬 구조를 보인다. 상기 그림에서 해쉬 접두(prefix) 값은 해쉬 함수 값 중에서 처음부터 몇 개 비트를 사용하는가를 명시한다. 해쉬 접두 정보는 버킷 해쉬 테이블과 각 버킷에 존재한다.

상기 그림에서 "i_1= i - 1"가 되는 이유는 버킷 1은 첫 번째 비트 값만을 가지고 버킷 주소를 결정하기 때문이다. 버킷 2와 버킷 3은 두 번째 비트 내용까지 고려하여 버킷 주소를 결정하기 때문에 "i_2= i_3 = i" 관계가 성립 된다.

확장 해쉬 구조 (2/2)

탐색키를 가지고 버킷을 탐색하려면, 해쉬 함수 값을 구하고 처음부터 i 비트만을 참조하여 버킷 주소를 구한다.

Insertion (1/2)

- To insert a record with search key value K
  - Follow same procedure as look-up and locate the bucket, say j
  - If there is room in the bucket j insert record in the bucket
    - Else the bucket must be split and insertion re-attempted
  - Overflow buckets are used instead in some cases

삽입 연산 (1/2)

레코드 삽입 연산 시에 해당 버킷에 공간이 있으면 레코드를 삽입한다. 공간이 없으면 버킷을 분해한다.

Insertion (2/2)

- To split a bucket j when inserting record with search-key K_j
- If $i > i_j$ (more than one pointer to bucket j)
  - Allocate a new bucket z, and set $i_j = i_z = (i_j + 1)$
  - Update the second half of the bucket address table entries originally pointing to j, to point to z
  - Remove each record in bucket j and reinsert in j or z
  - Recompute new bucket for K_j and insert
- If $i = i_j$ (only one pointer to bucket j)
  - If i reaches some limit, or too many splits have happened in this insertion, create an overflow bucket
  - Else
    - Increment i and double the size of the bucket address table
    - Replace each entry in the table by two entries that point to the same bucket
    - Recompute new bucket address table entry for K_j and insert

삽입 연산 (2/2)

버킷 분해에 대한 설명이다.

($i>i_j$)인 경우는 버킷 주소 테이블에서 사용되는 접두사의 개수가 버킷에서 사용되는 접두사 개수보다 많다는 의미이며, 이는 버킷 주소 테이블의 하나 이상의 레코드가 동일한 버킷을 참조하는 경우이다. 이 경우에는 버킷을 두 개의 버킷으로 확장하게 되나, 버킷 주소 테이블의 크기가 변화되지는 않는다.

($i=i_j$)인 경우에는 버킷 j를 참조하는 버킷 주소 테이블의 레코드가 하나만 있는 경우이므로, 버킷을 두 개의 버킷으로 확장하게 되고, 버킷 주소 테이블도 2배로 확장하여야 한다

Deletion

- To delete a key value
  - Locate it in its bucket and remove it
  - The bucket itself can be removed if it becomes empty (with appropriate updates to the bucket address table)
  - Coalescing of buckets can be done (can coalesce only with a "buddy" bucket having same value of i_j and same i_j-1 prefix, if it is present)
  - Decreasing bucket address table size is also possible
    - Decreasing bucket address table size is an expensive operation and should be done carefully

삭제 연산

삭제 연산에 대한 설명이다.

레코드 삭제 후에 버킷이 빈 공간이 되면 버디(buddy) 버킷과 병합할 수 있다.

Extendable Hash Example (1/8)

dept_name	h(dept_name)							
Biology	0010	1101	1111	1011	0010	1100	0011	0000
Comp. Sci.	1111	0001	0010	0100	1001	0011	0110	1101
Elec. Eng.	0100	0011	1010	1100	1100	0110	1101	1111
Finance	1010	0011	1010	0000	1100	0110	1001	1111
History	1100	0111	1110	1101	1011	1111	0011	1010
Music	0011	0101	1010	0110	1100	1001	1110	1011
Physics	1001	1000	0011	1111	1001	1100	0000	0001

확장 해쉬 예제 (1/8)

앞으로 8페이지를 이용하여 확장 해쉬 예제를 보인다.

상기 그림은 확장 해쉬 예제를 위한 해쉬 값이다. dept_name 탐색키를 해쉬하면 상기와 같이 32비트 해쉬 값이 나오게 되며, 확장 해쉬는 32비트 값을 모두 사용하는 것이 아니고 처음부터(prefix) 몇 개의 비트만을 사용하여 해쉬 색인을 구성한다.

Extendable Hash Example (2/8)

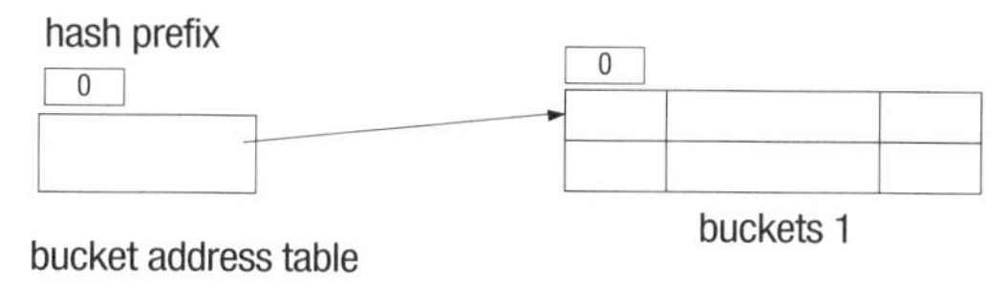

Initial Hash structure; bucket size = 2

확장 해쉬 예제 (2/8)

초기 상태를 보인다. 버킷의 크기를 2로 가정(비록 매우 비현실적이지만)하였다.

버킷 주소 테이블의 해쉬 접두 값(즉, i)과 버킷의 해쉬 접두 값(즉, i_1)의 초기 값은 모두 0이다.

Extendable Hash Example (3/8)

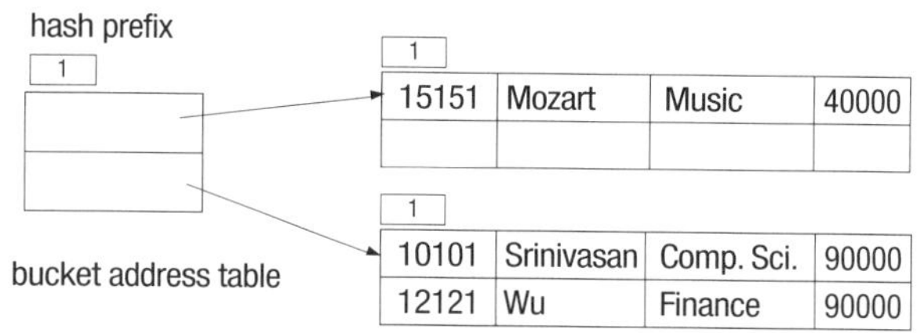

After insertion of “Mozart”, “Srinivasan”, and “Wu” records

확장 해쉬 예제 (3/8)

Mozart, Srinivasan, Wu 레코드가 삽입된 이후의 모습이다.

상기 그림에서 버킷 주소 테이블의 해쉬 접두 값은 1인데, 이는 해쉬 값의 첫 번째 비트만을 가지고 해쉬 주소 테이블을 구성한다는 의미이다. 버킷의 해쉬 접두 값도 1인데, 이는 해쉬 값의 첫 번째 비트만을 가지고 버킷 주소를 구성한다는 의미이다.

Extendable Hash Example (4/8)

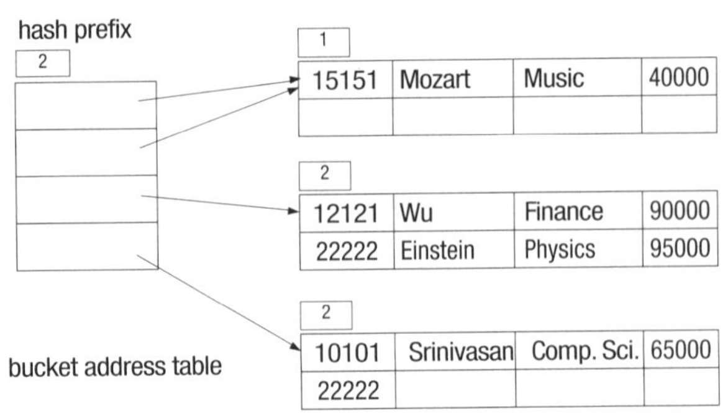

After insertion of Einstein record

확장 해쉬 예제 (4/8)

Einstein 레코드가 삽입되면 Srinivasan 버킷이 분해되고 해당 해쉬 접두 값이 2로 변경된다. (처음부터 2번째 비트까지 참조를 하므로).

해쉬 주소 테이블에 있는 해쉬 접두 값도 2로 변경된다. 2번째 비트까지 사용하여 테이블을 구성하므로 테이블은 4개의 레코드로 구성된다.

그러나 Mozart 버킷은 비트의 첫 자리만 참조를 하므로 해쉬 접두 값은 계속 1이다.

Extendable Hash Example (5/8)

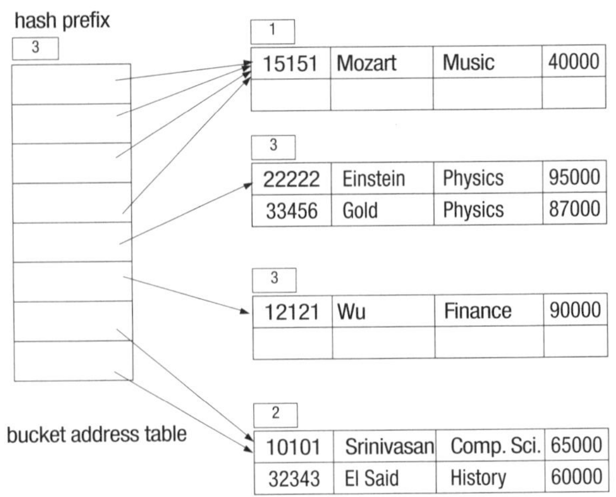

After insertion of Einstein record

확장 해쉬 예제 (5/8)

El Said 레코드를 삽입하게 되면, Srinivasan 버킷에 공간이 있으므로 위치한다.

Gold 레코드를 삽입하게 되면, Wu 버킷에 들어가야 하나 공간이 없으므로 Wu 버킷이 분해된다. Wu 버킷의 해쉬 접두 값은 3이 되고, Wu 레코드, Einstein 레코드, Gold 레코드가 기존 버킷과 생성된 버킷에 해쉬 값을 기준으로 분배된다.

해쉬 주소 테이블의 해쉬 접두 값도 3이 되면서 해쉬 주소 공간이 배(double)가 된다.

기존 버킷(즉, Mozart 버킷과 Srinivasan 버킷)은 변화가 없으나, 해쉬 주소 테이블에서 기존 버킷을 참조하는 값은 수정된다.

Extendable Hash Example (6/8)

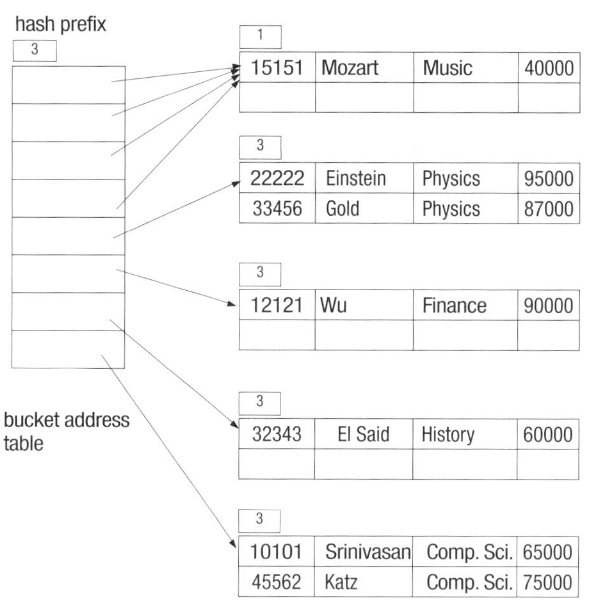

After insertion of Katz

확장 해쉬 예제 (6/8)

Katz 레코드를 삽입하면 Srinivasan 버킷으로 위치하여야 하나 공간이 없으므로 버킷의 분해가 발생한다. 기존 버킷과 생성된 버킷에 해쉬 값 기준으로 레코드가 위치하게 되고, 해당 버킷의 해쉬 접두 값은 3이 된다.

Extendable Hash Example (7/8)

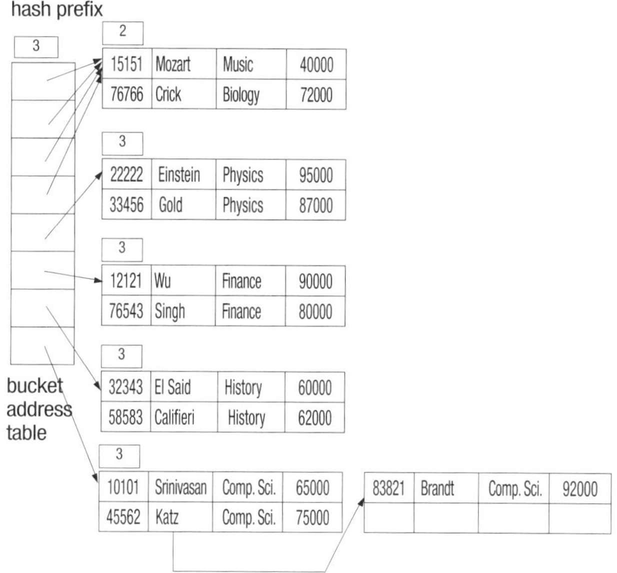

After insertion of 11 records

확장 해쉬 예제 (7/8)

Califieri 레코드, Singh 레코드, Crick 레코드를 삽입하자. 세 개 레코드는 해당 버킷에 빈 공간이 있어 버킷 분해 작업 없이 해당 버킷에 위치한다.

Brandt 레코드를 삽입하자. 해쉬 값에 의하여 Srinivasan 버킷으로 삽입되어야 하는데, 과적 버킷이 되므로 버킷이 분해되어야 한다. 그러나 이전에 있는 Srinivasan과 Katz 레코드와 해쉬 값이 완전히 동일하여, 버킷을 분해하여도 문제가 해결되지 않는다. 이 경우에는 과적 버킷 체인을 생성한다.

상기 그림은 11개 레코드가 삽입된 후의 모습이다.

Extendable Hash Example (8/8)

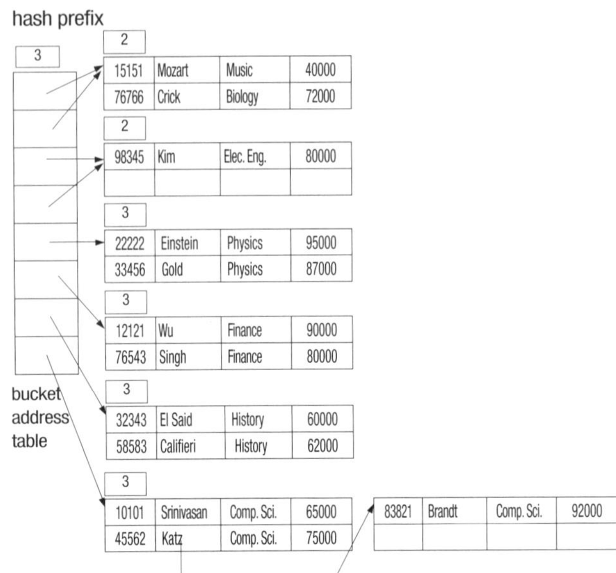

After insertion of Kim record

확장 해쉬 예제 (8/8)

마지막 레코드 Kim를 삽입하자. Mozart 버킷에 공간이 없으므로 분해되어야 한다.

상기 그림은 12개 레코드를 삽입한 후의 확장 해쉬 모습니다.

Extendable Hashing vs. Other Schemes

- Benefits of extendable hashing
  - Hash performance does not degrade with growth of file
  - Minimal space overhead
- Disadvantages of extendable hashing
  - Extra level of indirection to find desired record
  - Bucket address table may itself become very big (larger than memory)
    - Solution: B^+-tree structure to locate desired record in bucket address table
  - Changing size of bucket address table is an expensive operation
- Linear hashing is an alternative mechanism
  - Allows incremental growth of its directory (equivalent to bucket address table)

확장 해쉬 장단점

확장 해쉬의 장점으로는 데이터 크기 증가에 의한 성능저하가 실질적으로 없다는 것이다.

확장 해쉬의 단점을 보완하기 위하여 Linear hashing이 제안되었다 (Litwin 1980).

Comparison of Ordered Indexing and Hashing

- Cost of periodic re-organization
- Relative frequency of insertions and deletions
- Is it desirable to optimize average access time at the expense of worst-case access time?
- Expected type of queries
  - Hashing is generally better at retrieving records having a specified value of the key
  - If range queries are common, ordered indices are preferred

정렬 색인과 해쉬 비교

exact match 질의는 해쉬 또는 정렬 색인을 사용하여 빠른 질의 응답이 가능하며, 범위 질의에 정렬 색인만이 도움이 된다.

범위질의는 임의 속성에 대한 범위를 조건으로 하는 질의로 예를 들면 다음과 같다.

```
Select sID, name, deptName
from student
where GPA >= 3.0 and GPA < 4.0;
```

5.6 비트맵 색인 (Bitmap Index)

Bitmap Indices (1/3)

- Bitmap indices are a special type of index designed for efficient querying on multiple keys
- Applicable on attributes that take on a relatively small number of distinct values
  - For example, gender, country, year, department, ...
  - We may divide values into a small number of ranges such as 0-9999, 10000-19999, 20000-50000, 50000-infinity)
- Records in a relation are assumed to be numbered sequentially from say 0
  - Given a number n it must be easy to retrieve record n
- A bitmap is simply an array of bits
  - Bitmap has as many bits as records
  - In a bitmap for value v, the bit for a record is 1 if the record has the value v for the attribute, and is 0 otherwise

비트맵 색인 (1/3)

비트맵은 나중 키 질의에 효율적이고 각 탐색키가 많은 값을 가지지 않는 경우(예를 들면, 남/여 값만 가지는 성별, 1-4학년 값만 가지는 대학교 학년 등등)에 적합하다.

비트맵을 적용하려면 또한 탐색하려는 레코드에 번호가 지정되었다고 가정을 하여야 하고, 레코드 번호를 이용한 레코드 탐색이 용이하여야 한다.

Bitmap Indices (2/3)

- Bitmap for department
  - Computing: 1010 0001
  - Media: 0000 0110
  - Software: 0101 1000
- Bitmap for salary level
  - Assume 4 levels (each ranging over 10,000)
  - L0 (50,000 - 59,999): 0000 0010
  - L1 (60,000 - 69,999): 0010 0001
  - L2 (70,000 - 79,999): 1000 1000
  - L3 (80,000 - 89,999): 0101 0100

Record number					
0	101	Yang	Computing	70,000	
1	102	Kim	Software	80,000	
2	104	Choi	Computing	65,000	
3	105	S. Lee	Software	85,000	
4	107	J. Lee	Software	70,000	
5	118	Paik	Media	80,000	
6	120	Song	Media	50,000	
7	125	Park	Computing	60,000	

비트맵 색인 (2/3)

비트맵은 모든 레코드에 유일 번호를 설정하고 각 비트에 해당 레코드의 적용여부를 표시하는 것이다.

상기 그림은 gender에 대한 비트맵과 수입 레벨에 대한 비트맵을 보여준다.

Bitmap Indices (3/3)

- Bitmap indices are useful for queries on multiple attributes
  - Not particularly useful for single attribute queries
- Queries are answered using bitmap operations
  - Each operation takes two bitmaps of the same size and applies the operation on corresponding bits to get the result bitmap
  - Intersection (and), union (or), complementation (not)
    - 100110 AND 110011 = 100010
    - 100110 OR 110011 = 110111
    - NOT 100110 = 011001
  - Professors at Software with income ranging 70,000
    - 1000 1000 (L2) AND 0101 1000 (Software) = 0000 1000
  - Counting number of matching tuples is even faster

비트맵 색인 (3/3)

비트맵 색인은 비트 연산을 통하여 다중 속성에 대한 질의를 효율적으로 처리할 수 있다. 비트 연산 intersection, union, complementation은 각각 질의 문에서의 and 조건, or 조건, not 조건을 의미한다.

Storage Overhead

- Bitmap indices generally very small compared with relation size
  - For example, if record is 100 bytes, space for a single bitmap is 1/800 of space used by relation
  - If number of distinct attribute values is 8, bitmap is only 1% of relation size

Deletion and Null Values

- Deletion should be handled properly
  - Existence bitmap to note if there is a valid record at a record location
    - Bit 0 means deletion
  - Need to AND with existence bitmap
    - not(A=v): (NOT bitmap-A=v) AND bitmap-existence
- Null value should be handled properly
  - Maintain null bitmap for each attribute
    - Bit 1 means null
  - Need to AND with complement of null bitmap
    - not(A=v): (NOT bitmap-A=v) AND (NOT bitmap-A-Null)

공간 오버헤드

비트맵 공간 오버헤드에 대한 설명이다.

삭제 및 널 값

테이블 터플이 삭제되면 삭제된 터플 공간을 채우기 위하여 터플을 이동하게 되면 터플에 할당된 번호에 변화가 생기게 되어, 비트맵을 다시 생성하는 비효율이 발생한다. 이를 해결하기 위하여 존재비트맵을 사용하며, 존재비트맵의 비트 i가 0이면 해당 레코드가 존재하지 않음을 의미한다. 삭제된 터플을 질의 결과에서 제거하기 위하여 존재 비트맵을 중간 결과 비트맵과 and 연산하여야 한다.

속성의 값에 널 값이 허용되면 이를 구분하기 위하여 널 값 비트맵을 유지하여야 한다. 속성의 값이 널 값이면 해당 비트 값은 1이다. 널 값 속성 값을 질의 결과에서 제거하기 위해서는 중간결과 비트맵을 널 비트맵의 complement와 and 연산을 하여야 한다.

Efficient Implementation of Bitmap Operations

- Bitmaps are packed into words
  - A single word "and" operation computes 32 or 64 bits at once
  - For example, 1-million bitmaps can be and-ed with just 32000 instructions
- Counting number of 1s can be done fast too
- Bitmaps can be used instead of Tuple-ID lists at leaf levels of B+-trees, for values that have a large number of matching records
  - Worthwhile if > 1/64 of the records have that value, assuming a tuple-id is 64 bits
  - Above technique merges benefits of bitmap and B^+-tree indices

효과적인 비트맵 연산

컴퓨터의 비트는 워드를 구성하게 된다. 예를 들어 32 비트 기계에서 백만 레코드를 가지는 화일에 대하여 비트맵을 구성하자.

- 1,000,000 bits = 125 Kbytes
- 125 Kbyte / 4 byte = 32,000 instructions

비트맵에 대한 연산은 매우 빠름을 알 수 있다.

Index Definition in SQL

- To create an index
  - Create index <indexName> on <relation-name> (<attribute-list>);
  - Create index myIndex on professor(pID);
- Use create unique index to indirectly specify and enforce the condition that the search key is a candidate key
- To drop an index
  - Drop index <index-name>;
- Most database systems allow specification of type of index and clustering

SQL 색인 선언

표준 SQL는 색인 선언에 대한 규약이 없으나, 상용 데이터베이스 시스템은 색인 생성을 지원한다.

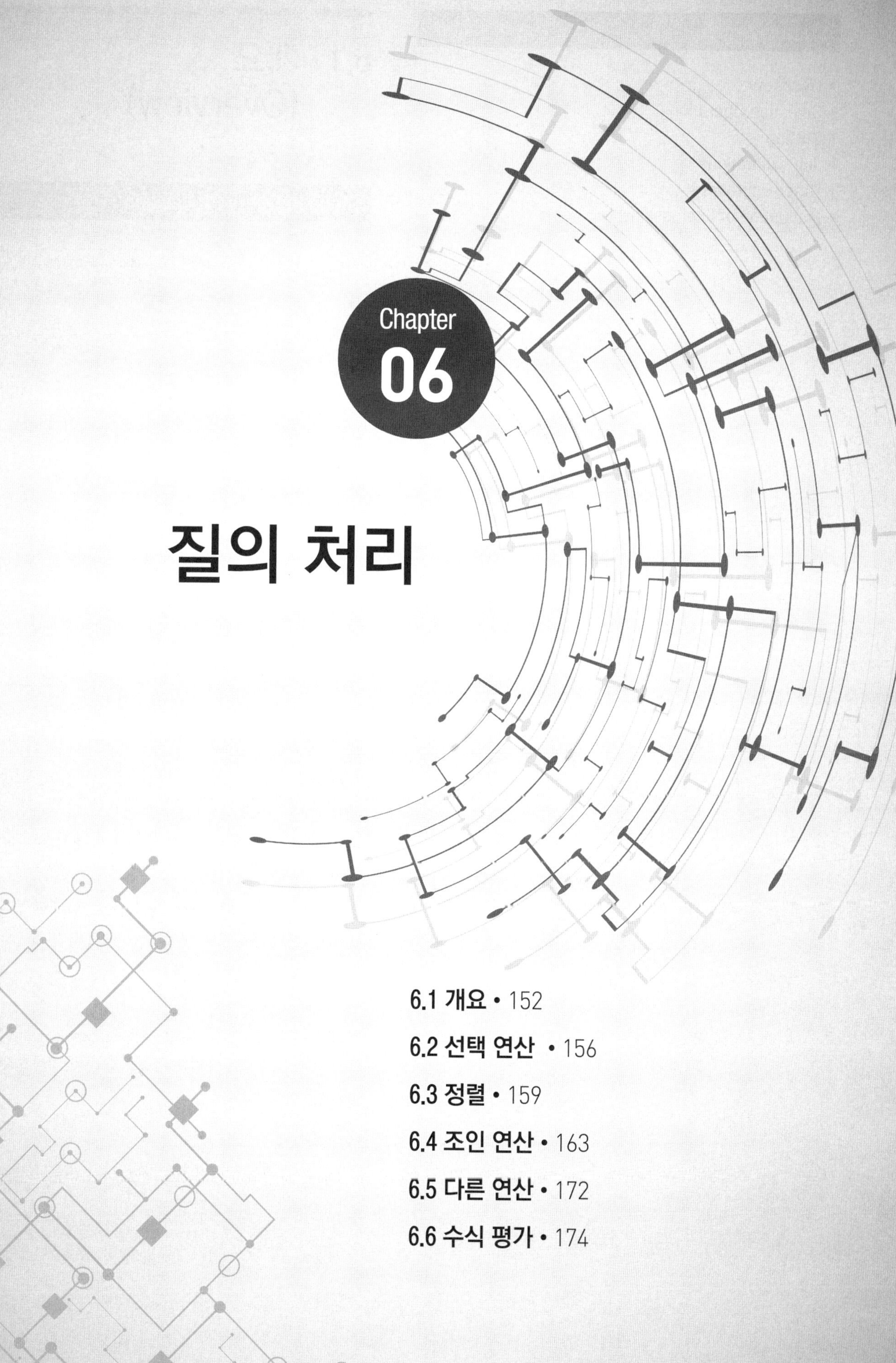

Chapter 06

질의 처리

6.1 개요 • 152

6.2 선택 연산 • 156

6.3 정렬 • 159

6.4 조인 연산 • 163

6.5 다른 연산 • 172

6.6 수식 평가 • 174

Subtopics

- Overview
- Selection Operations
- Sorting
- Join Operations
- Other Operations
- Evaluation of Expressions

구성 요소

본 장에서는 데이터베이스 언어 처리 및 최적화에 관하여 공부한다. SQL 질의어를 데이터베이스 시스템에서 내부적으로 어떻게 처리하는 주요 절차 및 방법에 관하여 살펴보며, 또한 주요 단일 연산에 대한 처리 방법을 살펴본다. 주요 연산으로는 선택 연산, 정렬 연산, 조인 연산을 중심으로 설명한다.

6.1 개요 (Overview)

Steps in Query Processing (1/2)

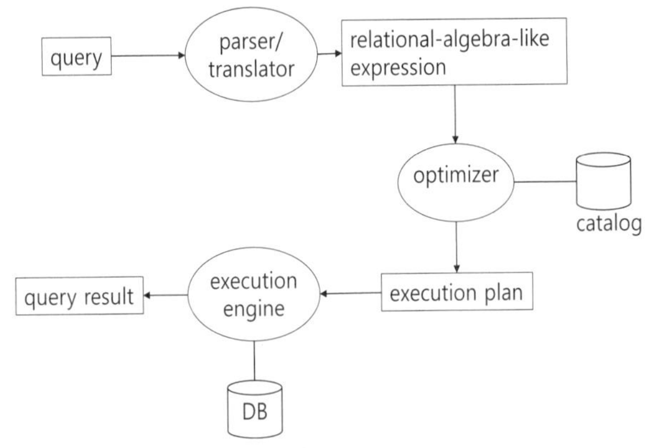

질의 처리 기본 단계 (1/2)

질의 처리 단계는 상기 그림과 같이 세 단계로 구성된다.

파싱 및 번역 단계는 구문검사, 속성/관계명 확인(verification) 검사, 데이터 타입 검사, 권한 검사 등을 수행하며, 주어진 SQL 문장을 내부적으로 처리하기 용이한 형태로 변환한다. 세부적인 내부 형태는 데이터베이스 시스템마다 상이하나 주어진 SQL 문장과 동일한 결과를 도출하는 관계 대수 표현과 유사하다. 또한 뷰에 대한 질의문은 뷰를 해당 정의 표현으로 대치하여, 파싱 및 번역 단계의 결과물은 베이스 관계만을 참조한다.

최적화 단계 결과물은 수행 계획(execution plan)이며, 평가 단계에서는 수행 계획을 평가하여 주어진 질의문에 대한 결과를 구한다.

Basic Steps in Query Processing (2/2)

- Parsing and translation
  - Parser checks syntax, verifies relations
  - Translate the query into its internal form (similar to relational algebra expressions)
  - Replace all views by the relational-algebra expression that defines the view
- Optimization
  - Choose the relational algebra expression with lowest (?) cost to execute
- Evaluation
  - Takes a query-evaluation plan, executes the plan, and returns the final answers to the query

질의 처리 기본 단계 (2/2)

앞 그림에 대한 설명이다.

Query Optimization (1/2)

- A relational algebra expression may have many equivalent expressions
  - $\sigma_{salary<7000}(\Pi_{salary}(professor))$ equivalent to $\Pi_{salary}(\sigma_{salary<7000}(professor))$
- Each relational algebra operation can be evaluated using one of several different algorithms
  - Correspondingly a relational-algebra expression can be evaluated in many ways
- Alternative ways of evaluating a given query
  - Equivalent expressions
  - Different algorithms for each operation
- Cost difference between a good evaluation and a bad evaluation can be enormous

질의 최적화 (1/2)

동일한 결과를 도출하는 관계 대수 표현식은 수많이 존재할 수 있다. 상기 그림과 같이 선택 조건을 미리 수행할 수도 있고, 후에 수행할 수 있으며, 그 결과는 동일하다.

또한 관계대수 개별 연산은 다양한 방식으로 구현이 가능하다. 조인 연산을 구현하는 알고리즘은 다수가 존재한다. 선택 연산을 수행하는 경우, 색인을 사용할 수도 있으며 또는 색인 사용 없이 데이터 화일을 순차적으로 접근하여 수행할 수도 있다.

각 수행 방식에 따라 수행에 필요한 비용이 차이가 난다. 질의 최적화는 수많은 동일한 표현 및 연산 방식에서 가장 최적의 (또는 최적에 근접한) 수행방식을 찾고자 한다.

Query Optimization (2/2)

- Need to estimate the cost of operations
  - Depends critically on statistical information (for example, number of tuples, size of tuples, data distribution, etc.) about relations
  - Need to estimate statistics for intermediate results to compute cost of complex expressions
- Annotated expression specifying detailed evaluation strategy is called an execution plan
- Query optimizer chooses the one with lowest cost among all equivalent execution plans

질의 최적화 (2/2)

질의최적화의 중요한 단계는 주어진 실행 계획에 대한 수행 비용을 예측하는 것이다. 각 수행 계획에 대하여 수행 비용을 예측하여야 최소 수행 비용 실행 계획을 선택할 수 있다.

질의 최적화 단계는 실행 계획의 수행 비용 예측을 위하여 데이터베이스 통계 자료를 활용한다. 데이터베이스 통계 자료는 데이터 카탈로그에 주로 저장되어 있다.

Execution Plan Example

실행 계획 예제

상기 그림은 실행계획 예제이다.

아래 SQL 문장을 수행하기 위하여

select salary
from professor
where salary 〈 7000;

상기 실행 계획은 professor 테이블에서 색인 1을 사용하여 선택을 먼저 하고, 그 후에 투영연산을 한다.

Measures of Query Cost (1/3)

- Cost is generally measured as the total elapsed time for answering query
  - Many factors (for example, disk accesses, CPU, or even network communication) contribute to the time cost
- Typically disk access is the predominant cost, and is also relatively easy to estimate. Measured by taking into account
  - Number of seeks
  - Number of blocks read
  - Number of blocks written
  - In general, cost to write a block is greater than cost to read a block

질의 비용 산정 (1/3)

질의 비용은 질의 결과를 구하는데 필요한 시간으로 평가를 하는데, 많은 요소가 영향을 미친다. 그 중에서 디스크 접근이 가장 중요한 요소이다.

Measures of Query Cost (2/3)

- For simplicity we just use the number of block transfers from disk and the number of seeks as the cost measures
  - t_T : time to transfer one block
  - t_S : time for one seek
  - Cost for B block transfers plus S seeks: $B * t_T + S * t_S$
  - Typically t_T = 0.1 milliseconds, t_S = 4 milliseconds
- Ignore CPU costs for simplicity
- Do not include cost to write (final) output to disk in our cost formulae (Why ???)

질의 비용 산정 (2/3)

이 책에서는 디스크 접근 시에 많은 시간이 소요되는 블록 전달 시간과 탐색시간만 고려한다.

또한 마지막 결과를 디스크에 기록하는 비용은 총 질의 비용에 포함하지 않기로 한다. 이것은 마지막 결과를 디스크에 기록하고 그 다음 단위 연산이 이를 읽어서 다음 연산을 수행할 수도 있으나, 질의 처리 단계에서는 통상적으로 최종 결과를 나오면 주기억장치 메모리에서 다음 단계를 적용하기 때문이다. 단위 연산의 최종 결과를 디스크에 기록할 이유가 없다.

Measures of Query Cost (3/3)

- We often use worst case estimates, assuming only the minimum amount of memory needed for the operation is available
  - Several algorithms can reduce disk I/O by using database buffer space
  - Amount of real memory available to buffer depends on other concurrent queries and OS processes, which we cannot predict in advance
  - Required data may be in buffer avoiding disk I/O, but hard to take into account for cost estimation

질의 비용 산정 (3/3)

질의처리 비용에서 디스크 접근 횟수가 가장 중요한 요소이다.

데이터베이스 시스템은 내부적으로 데이터 버퍼를 사용하고 있다. 데이터 버퍼를 위한 메모리 가용 여부는 다른 운영체제 프로세스, 동시에 수행 되는 다른 데이터베이스 연산 등 운영체제의 많은 다른 요소에 의해 결정될 수 있으며, 이러한 버퍼 메모리 가용 여부는 미리 예측이 불가능하다. 또한 만약 원하는 데이터 블록이 버퍼에 이미 있으면 디스크 접근 없이 데이터 사용이 가능하지만, 질의 처리 비용 산정 시에 버퍼에 원하는 블록이 존재하는 지는 미리 예측할 수 없다.

이러한 이유로 우리는 비용 산정은 최악 경우를 대상으로 분석을 하며, 버퍼에 의한 질의 처리 향상 요소는 배제한다.

6.2 선택 연산 (Selection Operations)

Selection Operations

- A1 (Linear search)
  - Scan each file block and test all records to see whether they satisfy the selection condition
  - Cost estimate = $b_r * t_T + t_S$
    - · Assume that blocks are stored consecutively
    - · b_r : the number of blocks of relation r
  - If selection is on a key attribute, can stop on finding record
    - · cost = $1/2 * b_r * t_T + t_S$
  - Linear search can be applied regardless of selection condition, ordering of records in the file, or availability of indices

선택 연산

선택 연산을 수행하는 가장 기초적인 방법은 전체 관계를 처음부터 끝까지 모두 스캔하는 선형탐색이다.

선형 탐색의 경우에는 b_r 블록 전달과 한 번의 탐색이 필요하다. 테이블이 물리적으로 인접하여 위치하지 않으면 다음 블록을 읽기 위하여 새로운 탐색 시간이 필요하나 본 분석에서는 이를 무시하기로 한다 (또는 화일은 물리적으로 인접하게 위치하고 있다고 가정한다).

선형탐색은 선택 조건, 레코드 순서, 색인 가용 여부와 상관없이 적용할 수 있으나, 시간이 많이 소요되는 연산이다.

Selections with Indices (1/2)

- Index scan
  - Search algorithms use an index in which the selection condition should be on search key of index
- A2 (primary index, equality on key)
  - Retrieve a single record that satisfies given equality condition
  - Cost = $(h_i + 1) * (t_T + t_S)$, where h_i denotes the height of the index
- A3 (primary index, equality on nonkey)
  - Retrieve multiple records which are present on consecutive blocks
  - Cost = $h_i * (t_T + t_S) + t_S + t_T * b$
    - b denotes the number of blocks containing matching records

Selections with Indices (2/2)

- A4 (secondary index, equality on nonkey)
  - Retrieve a single record if the search-key is a candidate key
    - Cost = $(h_i + 1) * (t_T + t_S)$
  - Retrieve multiple records if search-key is not a candidate key
    - Each of n matching records may be on a different block
    - Cost = $(h_i + n) * (t_T + t_S)$
    - Can be very expensive!

색인을 이용하는 선택 연산 (1/2)

A2의 경우에는 B^+-트리를 탐색한 후, 리프 노드에서 데이터 노드를 탐색하여 조건을 만족하는 터플을 가져온다.

A3의 경우에는 리프 노드에 조건을 만족하는 레코드가 다수가 있을 수 있으므로, 조건을 만족하는 레코드에 대한 포인터를 리프 노드에서 탐색하여 데이터 페이지를 탐색한다. 주 색인의 경우에는 탐색 키 순서로 데이터 터플이 정렬되어 있으므로 탐색시간은 한 번만 소요된다.

색인을 이용하는 선택 연산 (2/2)

이차 색인을 이용하여 레코드를 검색하는 경우, 탐색키에 대응되는 레코드가 하나이면 리프 노드에서 데이터 노드를 탐색하여 조건을 만족하는 터플을 가져온다. 이 경우는 A2 경우와 동일하다.

탐색하는 레코드가 다수인 경우에는 데이터 블록이 순차적으로 존재하지 않으므로 검색 조건을 만족하는 레코드마다 독립적으로 탐색하여야 한다.

Selections with Comparisons

- Can implement selections of $\sigma_{A \le V}(r)$ or $\sigma_{A \ge V}(r)$ using a linear file scan or indices
- A5 (primary index, comparison)
  - Relation is sorted on A !!!
  - For $\sigma_{A \ge V}(r)$ use index to find first tuple $\ge$ v and scan relation sequentially from there (cost estimate is the same as A3)
  - For $\sigma_{A \le V}(r)$ just scan relation sequentially till first tuple >
- A6 (secondary index, comparison)
  - For $\sigma_{A \ge V}(r)$ use index to find first index entry $\ge$ v and scan index sequentially from there
  - For $\sigma_{A \le V}(r)$ scan leaf pages of index till first entry > v
  - In either case, retrieving records requires an I/O for each record
  - Linear file scan may be cheaper

비교 선택 연산

비교 연산이 포함되어 있는 선택 연산의 경우에는 선형 탐색 또는 색인 사용 모두가 가능하다.

주 색인을 이용하는 경우에는 (데이터 화일이 정렬되어 있음) 색인을 이용하여 조건을 만족하는 첫 번째 터플을 검색한 이후에 그 지점부터 선형 탐색을 하면 된다. 또는 화일을 처음부터 선형 검색하여 조건을 만족하는 마지막 터플까지 검색한다 (이 경우에는 색인 도움이 필요 없다).

이차 색인을 사용하는 경우에는 데이터 화일이 정렬되어 있지 않으므로 색인을 이용하는 방식이 선형 탐색보다 더 많은 자원을 요구할 수도 있다.

Selections with Conjunction

- Conjunction: $\sigma_{\theta 1 \wedge \theta 2 \wedge \ldots \wedge \theta n}(r)$
- A7 (conjunctive selection using one index)
  - Select a combination of θi and algorithms A1 through A6 that results in the least cost for $\sigma_{\theta i}(r)$
  - Test other conditions on tuple after fetching it into memory buffer
- A8 (conjunctive selection using composite index)
  - Use appropriate composite (multiple-key) index if available
- A9 (conjunctive selection by intersection of identifiers)
  - Requires indices for each condition
  - Take intersection of all obtained record pointers, then fetch records from file
  - If some conditions do not have appropriate indices, apply test in memory

논리곱(Conjunction) 선택

A7 방법은 논리곱(conjunction) 조건을 구성하는 조건 중에서 가장 적은 결과를 도출하는 조건으로 후보 터플을 구한 후에 다른 조건을 적용하여 최종 레코드를 구하는 방식이다.

A9 방법은 색인을 이용하여 각 조건을 만족하는 레코드 ID를 구한 후에 이에 대하여 교집합(intersection) 연산을 하여 최종 결과 레코드 ID를 구한 후에, 이를 가지고 데이터 화일에서 레코드를 검색하는 방식이다.

Selections with Disjunction/Negation

- Disjunction: $\sigma_{\theta 1 \vee \theta 2 \vee \ldots \vee \theta n}(r)$
  - Use linear scan
- A10 (disjunctive selection by union of identifiers)
  - Applicable if all conditions have available indices
  - Take union of all obtained record pointers, then fetch records from file
- Negation: $\sigma_{\neg\theta}(r)$3
  - Use linear scan on file
  - If very few records satisfy negation ($\neg$), and an index is applicable to θ, then we can find satisfying records using index and fetch from file

논리합(Disjunction)/부정 선택

논리합(disjunction) 조건인 경우에는 A9 방식으로 레코드를 구하거나 (다만 union 연산을 적용) 또는 선형 탐색을 할 수 있다.

부정 조건을 가지는 선택 연산은 선형 탐색을 사용하며, 만약 적은 수의 레코드가 조건을 만족하면 색인을 사용할 수 있다.

6.3 정렬 (Sorting)

External Sort-Merge (1/3)

- For relations that don't fit in memory, external sort-merge is a good choice
  - For relations that fit in memory, techniques like quicksort can be used
- Let M denote memory size (in pages)
- Create sorted runs. Let i be 0 initially. Repeatedly do the following till the end of the relation
  - (a) Read M blocks of relation into memory
  - (b) Sort the in-memory blocks
  - (c) Write sorted data to run R_i; increment i

  Let the final value of i be N
- Merge the runs (N-way merge)

외부 정렬-병합 (1/3)

주기억장치에 모든 데이터가 적재하는 경우에는 자료구조 교과서에 나오는 정렬 알고리즘(quick 정렬, 힙(heap) 정렬, 삽입(insertion) 정렬 등)을 사용한다.

주기억장치에 모든 데이터가 적재되지 않는 경우에는 외부 정렬-병합 알고리즘이 적합하다. 기본적인 아이디어는 주기억장치 용량만큼 데이터를 주기억장치에 적재하여 부분적으로 정렬을 하고, 이를 병합하여 최종적으로 정렬하는 방식이다.

External Sort-Merge (2/3)

- If N < M
  - Use N blocks of memory to buffer input runs, and 1 block to buffer output
  - Read the first block of each run into its buffer page
  - Repeat
    - Select the first record (in sort order) among all buffer pages, and write the record to the output buffer (if the output buffer is full, write it to disk)
    - Delete the record from its input buffer page (if the buffer page becomes empty then read the next block of the run into the buffer)

    until all input buffer pages are empty

External Sort-Merge (3/3)

- If N ≥ M
  - Several merge passes are required
  - In each pass, M-1 runs are merged into new run
  - A pass reduces the number of runs by a factor of (M-1), and creates runs longer by the same factor
    - E.g. If M=11, and there are 90 runs, one pass reduces the number of runs to 9, each run 10 times the size of the initial runs
  - Repeated passes are performed till all runs have been merged into one

외부 정렬-병합 (2/3)

M〉N인 경우는 주기억장치 용량이 run 개수보다 많은 경우이어서, 주기억장치에 각 run의 일부분이 동시에 적재할 수 있는 경우이다. 각 run에서 블록 단위로 주기억장치에 적재를 하고, 주기억장치에 적재된 블록을 대상으로 병합하는 연산을 수행하면서 정렬 연산을 수행한다.

최종적으로 정렬된 데이터를 생성하기 위하여 하나의 출력(output) 블록을 할당한다.

외부 정렬-병합 (3/3)

N≥M인 경우는 모든 run의 블록이 동시에 주기억장치에 적재되지 못하므로, 이전 그림에서 설명한 병합 연산을 여러 번 수행하여야 한다.

M-1개만의 run에 대하여 병합 연산을 한다. 이러한 병합 연산은 run의 개수를 (M-1) 비율로 축소하게 된다. 예를 들어, M=11, N=90인 경우에는 10개 run이 새로운 한 개 run으로 병합하게 되므로, 즉 90개의 run이 병합되어 9개의 새로운 run이 되며, 새로운 9개 run의 크기는 이전 run의 열 배 크기이다. 이러한 연산을 통하여 전체 화일을 정렬할 수 있다.

External Sort-Merge Example

- One tuple each page
- Buffer size: 3 pages (2 for input, 1 for output)

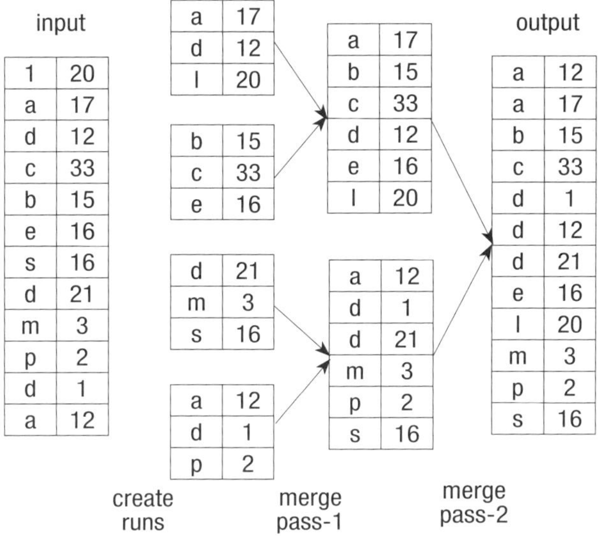

외부 정렬-병합 예제

상기 예제는 M=3인 경우이며, 초기 관계를 3 블록씩 정렬하여 4개의 run이 생성되었다. 정렬은 터플의 첫 번째 값 기준이고, 첫 번째 값이 같으면 두 번째 값 기준으로 정렬한다.

4개의 run이 주기억장치 용량 부족으로 인하여 동시에 병합이 안 되므로, 2개 run씩 병합하여 임시 run을 만들고 이를 다시 병합하여 최종적으로 정렬 연산을 완성하였다.

Cost Analysis (1/2)

- Block transfer
  - b_r: number of blocks containing records of relation r
  - Initial number of runs: $\lceil b_r / M \rceil$
  - Total number of merge passes required: $\lceil \log_{(M-1)}(b_r / M) \rceil$
    - · Note, the number of runs decreases by a factor of (M-1) in each merge pass
  - Block transfers for initial run creation as well as in each pass is 2^*b_r
  - Total number of block transfers for external sorting
    - · $2^*b_r (\lceil \log_{(M-1)}(b_r / M) \rceil + 1) - br$ (final write excluded) = $b_r (2 \lceil \log_{(M-1)}(b_r / M) \rceil + 1)$

비용 분석 (1/2)

블록 이송 비용에 대한 분석이다.

초기 run 생성 시에 모든 블록을 읽고 쓰게 되므로 2^*b_r 블록 이송이 필요하다.

병합을 위한 패스 횟수는 상기와 같으므로, 마지막 쓰기에 필요한 블록 이송 비용을 제거하면 상기 식과 같다.

Cost Analysis (2/2)

- Cost of seeks
  - During run generation: one seek to read each run and one seek to write each run
    - $2 * \lceil b_r / M \rceil$
  - During the merge phase
    - Buffer size: bb (read/write bb blocks at a time)
    - Need $2 \lceil b_r / b_b \rceil$ seeks for each merge pass
    - Need to exclude the final write
  - Total number of seeks
    - $2 \lceil b_r / M \rceil + \lceil b_r / b_b \rceil (2 \lceil \log_{(M-1)}(b_r / M) \rceil - 1)$

Analysis Example

- Apply the analysis to the previous example
  - M=3
  - $B_r = 12$, 2 passes, $b_b = 1$
- Cost of block transfer
  - 12 * (4 + 1) = 60 block transfers
- Cost of seeks
  - 2 * (12/3) + (12/1) * (2*2 – 1) = 44 seeks
- Can you verify these from the figure???

비용 분석 (2/2)

탐색 시간 분석이다.

초기 run 생성 시에는 메모리 크기만큼 데이터를 읽어오고 후에 쓰기 연산을 함으로, $2*\lceil b_r / M \rceil$횟수만큼 탐색시간이 필요하다.

병합 단계에서는 각 run의 데이터를 읽을 때 $\lceil b_r / b_b \rceil$ 탐색이 필요하고 임시 결과 run을 쓸 때도 $\lceil b_r / b_b \rceil$ 탐색이 필요하다. (정확히 분석을 하면, 임시 결과 run은 순차적으로 데이터를 쓰기 때문에 한 번의 탐색이 필요하나, 중간 중간에 입력 데이터를 읽어야 하므로 $\lceil b_r / b_b \rceil$ 탐색이 필요하다고 가정할 수 있다). 각 패스마다 $2*\lceil b_r / b_b \rceil$탐색이 필요하다.

분석 예제

비용 분석 식을 앞 예제에 적용한 경우이다. 비교적 간단한 사례이므로 계산식을 실제 사례에 적용해 보자.

탐색의 경우에는,

- 초기 run을 생성하는데, 입력 관계를 4번 탐색하여야 하고, 중간 run을 디스크에 쓰는데 4번의 탐색이 필요하다. 총 8회
- 병합 패스가 2회인데, 각 패스당 12회의 탐색이 데이터 읽을 때, 12회의 탐색이 run을 쓸 때 필요하지만, 마지막 정렬 결과는 디스크에 쓰지 않으므로 이를 제외하면 12 * (4 - 1) = 36 탐색
- 총 탐색 횟수는 8 + 36 = 44 회이다.

6.4 조인 연산 (Join Operations)

Join Operations

- Several different algorithms to implement joins
  - Nested-loop join
  - Block nested-loop join
  - Indexed nested-loop join
  - Merge join
  - Hash join
- Choice is based on cost estimate!

조인 연산

본 절에서는 조인 연산에 대하여 공부한다.

Nested-Loop Join (1/2)

- To compute the theta join $r \bowtie_\theta s$
- For each tuple t_r in r do begin /* r: outer relation */
  For each tuple t_s in s do begin /* s: inner relation */
  Test pair (t_r , t_s) to see if they satisfy the join condition θ;
  If they do, add $t_r \cdot t_s$ to the result;
  End
  End
- No indices required, any kind of join conditions possible

중첩 루프 조인 (1/2)

중첩 루프 조인은 가장 단순한 조인 알고리즘으로, 각 터플의 모든 조합에 대하여 조건을 비교하는 방법이다.

조인은 입력 테이블의 Cartesian product 연산에 주어진 조건을 적용하여 만족하는 터플이 조인 결과가 되는 연산이므로, 상기와 같은 중첩 루프 조인 방법은 가장 기본적인 방식이다.

Nested-Loop Join (2/2)

- In the worst case (if there is memory only to hold one block of each relation), the estimated cost is
  - $n_r * b_s + b_r$ block transfers plus $n_r + b_r$ seeks
- In the best case (both tables fit in memory entirely)
  - $b_r + b_s$ block transfers and 2 seeks
- If one relation fits entirely in main memory, use it as the inner table
  - $b_r + b_s$ block transfers and 2 seeks (the same as the best case)

중첩 루프 조인 (2/2)

n_r : 테이블 r의 터플 갯수

최악 경우에는 테이블 r의 각 터플에 대하여 s 테이블 전체를 읽어야 하므로 ($n_r*b_s + b_r$) 블록 전달이 요구된다. 각 t_r에 대하여 inner 테이블 전체를 순차적으로 읽으므로 (즉, 한번 탐색 시간이 필요) n_r 탐색이 필요하고, 테이블 r를 읽기 위하여 b_r 탐색이 필요하므로, 총 ($n_r + b_r$) 탐색이 필요하다.

최상 경우는 양 테이블이 모두 주기억장치에 적재되는 환경이며, 이 경우에는 ($b_s + b_r$) 블록 전달과 두 번의 탐색이 필요하다.

중첩 조인 알고리즘은 블록단위로 디스크 I/O가 이루어지는 방식을 고려하지 않은 방법으로, 조인 연산 비용이 비싸다. 실제로는 블록 중첩 루프 조인을 사용한다.

Running Example

	# of records	# of blocks	
student	5,000	100	Outer relation
takes	10,000	400	Inner relation Height of B^+-tree: 4

- Student $\bowtie_\theta$ takes
- "takes" has a primary B^+-tree index (n=40) on the ID attribute
  - The height of the tree is 4
  - One more access is needed to find the actual data

조인 예제

조인 알고리즘 분석을 위한 테이블 예제이다.

takes 테이블이 student 테이블보다 4배 정도 크기가 크며, B^+-tree 색인을 가지고 있으며 트리 높이는 $\lceil \log_{20} 10000 \rceil$ = $\lceil 3.07 \rceil$ = 4이다.

Block Nested-Loop Join (1/2)

- Every block of inner relation is paired with every block of outer relation !!!
- For each block B_r of r do begin
  For each block B_s of s do begin
    For each tuple t_r in B_r do begin
    For each tuple t_s in B_s do begin
      Check if (t_r, t_s) satisfy the join condition
      If they do, add $t_r \cdot t_s$ to the result
    End
    End
  End
  End

Block Nested-Loop Join (2/2)

- Worst case estimate
  - The inner relation s is read once for each block in the outer relation
  - $b_r * b_s + b_r$ block transfers plus $2 * b_r$ seeks
- Best case estimate
  - $b_r + b_s$ block transfers plus 2 seeks
- Improvements to block nested loop algorithms
  - Use (M – 2) disk blocks for outer relations (M = memory size in blocks), and use remaining two blocks for inner relation and output
    - $\lceil b_r / (M-2) \rceil * b_s + b_r$ block transfers plus $2 * \lceil b_r / (M-2) \rceil$ seeks
  - Scan inner loop forward and backward alternately to make use of the blocks remaining in buffer

블록 중첩 루프 조인 (1/2)

상기는 블록 중첩 루프 조인의 알고리즘이며, 각 블록내의 각 터플에 대하여 비교하는 방식이다.

블록 중첩 루프 조인 (2/2)

블록 중첩 루프 조인의 가장 나쁜 경우에는 외부 테이블 각 블록에 대하여 내부 테이블 전부가 읽어야 한다. 탐색 횟수는 외부 테이블 블록 수만큼 내부 테이블을 탐색하여야 하며, 내부 테이블 블록은 순차적으로 위치하고 있다고 가정한다.

블록 중첩 루프 조인의 성능 향상을 위하여 몇 가지 기술이 존재한다. 외부 관계 블록을 최대한 많이 메모리에 적재하는 것이 효과적이므로, 입력 블록 및 조인 결과 블록 각 한 개씩을 제외한 M-2 블록을 외부 테이블 블록을 적재하는 데 사용한다. 그러면, 알고리즘 분석에서 내부 테이블 읽기 횟수가 b_r 번에서 $\lceil b_r/(M-2) \rceil$번으로 변경되는 효과가 된다.

또한 내부 테이블 접근을 한 방향으로만 하지 말고, 양 방향으로 하여 버퍼에 남아있는 내부 테이블 블록을 재활용하고자 하는 방식으로 성능 향상을 하는 것이다.

Indexed Nested-Loop Join

- Index lookups can replace file scans if
  - Join is an equi-join or natural join and
  - An index is available on the inner relation's join attribute
- For each tuple t_r in the outer relation r, use the index to look up tuples in s that satisfy the join condition
- Worst case
  - Buffer has space for only one page of r, and for each tuple in r, we perform an index lookup on s
  - Cost of the join: $b_r * (t_T + t_S) + n_r * c$
  - where c is the cost of traversing index and fetching all matching s tuples for one tuple of r
- If indices are available on join attributes of both r and s, use the relation with fewer tuples as the outer relation (why???)

색인 중첩 루프 조인

색인 중첩 루프 조인은 내부 테이블에 색인이 존재하는 경우 가능하다.

색인 중첩 루프 조인에서 가장 나쁜 경우는 주기억장치에 외부 테이블에 대한 블록이 한 개만 존재하고 동시에 내부 테이블 색인에 대한 블록이 한 개만 존재하는 경우이다. 외부 테이블 r을 읽기 위하여 br 횟수 만큼의 디스크 I/O 연산이 필요하다. 또한 외부 테이블 입력 블록에 존재하는 모든 터플에 대하여 내부 테이블을 대상으로 색인 검색(비용을 c라고 함)을 곱 하는 것이다.

적은 터플을 가지는 테이블이 외부로 지정하는 것이 유리한 이유는 $b_r * (t_T + t_S) + n_r * c$ 분석 식에서 유추할 수 있다.

Cost Analysis

	# of records	# of blocks	
student	5,000	100	Outer relation
takes	10,000	400	Inner relation Height of B^+-tree: 4

- student $\bowtie_\theta$ takes, with student as the outer relation
- Cost of block nested loops join
  - 100*400+100=40,100 block transfers + 2*100=200 seeks
    - · Assume worst case memory
    - · If we took "takes" as outer, then we would have 40,400 block transfers and 800 seeks
- Cost of indexed nested loops join
  - 100 + 5000*5 = 25,100 disk IOs (block transfers and seeks)

비용 분석

보통 작은 용량 테이블을 외부 테이블로 사용한다.

만약 용량이 큰 테이블을 외부 테이블로 사용하면, 블록 중첩 루프 조인에서는 400*100+400=40,400 블록 전달과 2*400=800 탐색회수가 필요하다.

색인 중첩 루프 조인에서는 외부 테이블을 읽어오는 비용(100번의 디스크 IO)과 외부 테이블의 각 터플에 대하여 내부 테이블 터플을 검색하는 비용(5000*5) 디스크 IO가 요구된다. 여기서 5는 내부 테이블에 대하여 색인을 이용하여 터플 검색하는 비용이며, B^+-트리의 높이가 4이므로 색인 검색과 데이터 검색을 위하여 총 5회의 디스크 IO가 요구된다.

상기 경우에는 색인 중첩 루프 조인이 블록 중첩 루프 조인보다 많은 탐색 시간을 요하며, 이는 결국 처리시간이 늦음을 의미한다.

Merge Join (1/3)

- Sort both relations on their join attribute (if necessary)
- Merge the sorted relations to join them
  - Join step is similar to the merge stage of the sort-merge algorithm
  - Difference is to handle duplicate values in join attribute (i.e. every pair with same value on join attribute must be matched)

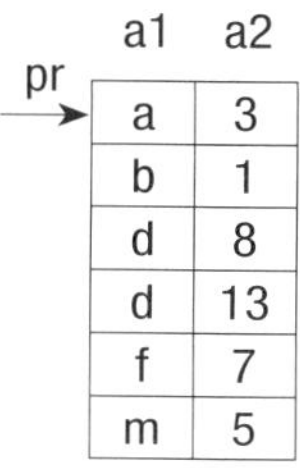

pr →

a1	a2
a	3
b	1
d	8
d	13
f	7
m	5

ps →

a3	a4
a	A
c	L
d	N
m	B
n	C

Merge Join (2/3)

- Can be used only for equi-join and natural join
- Cost of merge join
  - Each block needs to be read only once (assuming all tuples for any given value of the join attributes fit in memory)
  - $b_r + b_s$ block transfers $+ \lceil b_r / b_b \rceil + \lceil b_s / b_b \rceil$ seeks where b_b buffer blocks are allocated to each relation
  - plus the cost of sorting if relations are unsorted
- Cost Example
  - Assume "student" and "takes" are sorted
  - 12 buffer blocks each relation
  - 100 + 400 = 500 block transfer
  - $\lceil 400/12 \rceil + \lceil 100/12 \rceil = 43$ seeks

병합 조인 (1/3)

병합 조인은 조인 테이블이 정렬되어 있는 경우 적용이 가능하다. 만약 조인 테이블이 정렬되어있지 않으면 외부 정렬-병합 알고리즘을 사용하여 조인 테이블을 미리 정렬하여야 한다.

병합 조인은 외부 정렬-병합 알고리즘과 유사하나 중복 터플 처리에서만 차이를 보인다.

병합 조인 (2/3)

병합 조인의 가장 큰 이점은 조인 테이블을 한번만 읽으면 된다는 것이다. 그리고 b_b를 주기억장치의 버퍼 크기라고 하면, 테이블이 순차적으로 존재하는 경우 탐색횟수가 $\lceil (b_r/b_b) \rceil$ 및 $\lceil (b_s/b_b) \rceil$로 되어 효율적이다.

병합 조인은 동등조인과 자연조인에만 적용이 가능하다.

Merge Join (3/3)

- Hybrid merge-join: If one relation is sorted, and the other is unsorted but has a secondary B^+-tree index on the join attribute
  - Merge the sorted relation with the leaf entries of the B^+-tree
  - Sort the result on the addresses of the unsorted relation's tuples
  - Scan the result in physical address order and merge with previous result, to replace addresses by the actual tuples
    - · Sequential scan more efficient than random lookup

병합 조인 (3/3)

한 테이블은 정렬이 되어 있고, 다른 테이블은 정렬은 되지 않았으나 조인 속성에 대하여 색인을 가지고 있으면, 병합 조인의 변형으로 조인을 수행할 수 있다.

하이브리드 병합 조인은 정렬되어 있는 테이블과 비정렬 테이블의 색인 리프 노드에 존재하는 엔트리와 병합을 하고, 결과 테이블을 leaf entry에 있는 주소값 기준으로 정렬을 한 후, 결과 테이블을 순차적으로 읽으면서 색인 리프노드에 있는 포인터 값을 실제 레코드(원래 비정렬 테이블에 존재하는 레코드)로 대치하는 방식이다.

Hash Join (1/2)

- Applicable for equi-join and natural join
- A hash function h is used to partition tuples of both relations
- h maps JoinAttrs values to {0, 1, ..., n}
  - JoinAttrs denotes the join attributes of r and s
  - $r_0, r_1, \ldots, r_n$ denote partitions of r tuples
    - · Each tuple $t_r \in r$ is in partition r_i where i=h(t_r[JoinAttrs])
  - $s_0, s_1, \ldots, s_n$ denotes partitions of s tuples
    - · Each tuple $t_s \in s$ is in partition s_i where i=h(t_s[JoinAttrs])
- r tuples in r_i need to be compared with s tuples in s_i only !!!

해쉬 조인 (1/2)

해쉬 조인은 병합 조인과 마찬가지로 동등조인 또는 자연조인에만 적용이 가능하다.

해쉬 조인의 기본 아이디어는 주어진 조인 테이블을 해쉬 함수를 사용하여 다수개의 분할로 분해하고, 동등한 해쉬 값을 가지는 분할 간에만 조인 연산을 수행하면 된다는 것이다. 동일한 해쉬 값을 가지는 분할 간에만 조인 가능 여부를 검사하므로, 동등 조인 또는 자연 조인이 아닌 일반 세타 조인에는 해쉬 조인 적용이 불가능하다.

Hash Join (2/2)

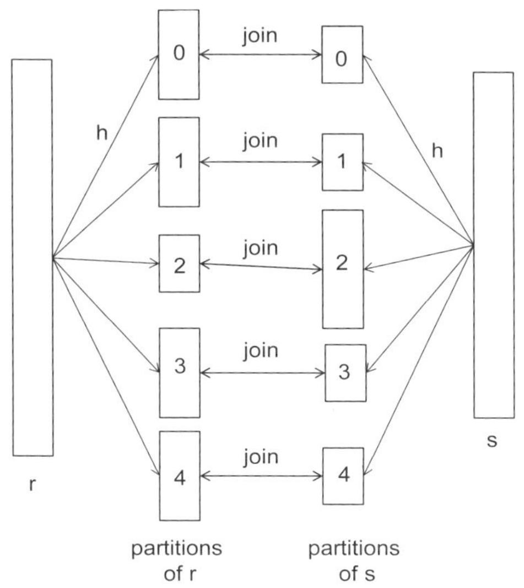

Hash Join Algorithm (1/2)

- Partition the relation s using hashing function h. When partitioning a relation, one block of memory is reserved as the output buffer for each partition
- Partition r similarly
- For each i
  - Load s_i into memory and build an in-memory hash index on it using the join attribute. This hash index uses a different hash function used to partition r and s
  - Read the tuples in r_i from the disk one by one. For each tuple t_r locate each matching tuple t_s in s_i using the in-memory hash index. Output the concatenation of their attributes
    /* relation s is called the build input */
    /* relation r is called the probe input */

해쉬 조인 (2/2)

해쉬 조인의 기본 아이디어를 보여준다.

해쉬 조인 알고리즘 (1/2)

조인 입력 테이블을 해쉬 함수를 이용하여 분할한 후, 각각의 대응되는 분할에 대하여 조인 연산을 수행하여야 한다.

각 분할간의 조인은 해쉬 함수(분할을 생성한 해쉬함수와는 다른 해쉬 함수이어야 함)를 사용하는 indexed nested-loop join을 사용한다.

주기억장치에 각 분할(partition)이 적재할 수 있는 관계를 선택하여(선택된 관계를 빌드 입력(build input)이라고 함) 빌드 입력을 주기억장치에 적재하고 주기억장치 메모리 내에서 해쉬 색인을 구성한다. 탐색 입력(probe input)의 분할에서 터플을 읽어 주기억장치에서 해쉬 색인을 이용하여 조인 조건을 검사하여 결과 터플을 생성한다.

build relation이 주기억장치에 적재되면 한 번씩만 두 개 테이블을 읽으면 되므로, $(b_r + b_s)$ 블록 이송이 필요하다.

Hash Join algorithm (2/2)

- The value n and the hash function h is chosen such that each s_i should fit in memory
  - Typically n is chosen as ⌈b_s/M⌉ * f where f is a fudge factor (typically around 1.2)
  - The probe relation partitions r_i need not fit in memory
- Recursive partitioning required if number of partitions n is greater than number of pages M of memory
  - Instead of partitioning n ways, use M–1 partitions for s
  - Further partition the M–1 partitions using a different hash function
  - Use same partitioning method on r
  - Rarely required: e.g., with block size of 4 KB, recursive partitioning not needed for relations of < 1GB with memory size of 2MB, or relations of < 36 GB with memory of 12 MB

해쉬 조인 알고리즘 (2/2)

해쉬 조인 알고리즘의 중요한 성질은 빌드 입력 테이블의 모든 분할이 주기억장치 메모리에 적재되어야 하는 것이다. 할당 개수 n는 ⌈(b_s/M)⌉과 동일하면 이론적으로 가능하나, 데이터 분포의 불확실성을 고려하여 fudge factor를 곱하여 n 값을 설정한다.

할당을 생성할 때 각 할당마다 출력을 위한 블록이 주기억장치에 배치되어야 하는데, 만약 할당의 개수가 주기억장치 총 블록 수보다 많으면 할당을 생성할 수가 없다. 이런 경우에는 재귀적 할당(recursive partitioning)이 필요 되나 극히 드물게 발생한다.

Fudge factor: a quantity introduced to compensate for uncertainty.

Overflow Handling

- Partitioning is said to be skewed if some partitions have significantly more tuples than some others
- Hash-table overflow occurs in partition s_i if s_i does not fit in memory
  - Reasons could be many tuples in s_i with same value for join attributes, bad hash function, etc.
- Overflow resolution
  - Partition s_i in build phase is further partitioned using different hash function (partition r_i must be similarly partitioned)
- Overflow avoidance
  - Partition build relation into many small partitions (no partition is larger than main memory), then combine them (partition r_i too)
- Both approaches fail with large numbers of duplicates

오버플로 처리

해쉬 함수를 사용하여 입력 테이블을 분할할 때, 특정 분할에게 너무 많은 터플이 배분되면 분할이 skew 되었다고 한다. 이러한 현상은 경우에 따라 빌드 입력 테이블의 모든 분할이 주기억장치에 적재되지 못하는 경우가 있으므로 반드시 해결하여야 하는 현상이다.

오버플로 해결 방법 또는 방지 방법 등이 제시되어 있으며, 동일한 조인 값을 가지는 터플이 많이 존재하는 경우에는 두 가지 방법 모두가 작동하지 않을 수 있다.

Cost of Hash Join

- Assumption
  - No hash table overflow
  - No recursive partitioning
- Cost of hash join is
  - $3(b_r + b_s) + 4 * n$ block transfers
  - $2(\lceil b_r / b_b \rceil + \lceil b_s / b_b \rceil) + 2*n$ seeks
- If the entire build input can be kept in main memory
  - No partitioning is required
  - Cost estimate goes to $(b_r + b_s)$ block transfer and 2 seeks

Example of Cost of Hash Join

- student ⋈ takes
- Assume
  - memory size is 20 blocks
  - $B_{student} = 100$, $b_{takes} = 400$
- "student" is to be used as build input. Partition it into five partitions, each of size 20 blocks. This partitioning can be done in one pass
- Similarly, partition "takes" into five partitions, each of size 80. This is also done in one pass
- Total cost ignoring cost of writing partially filled blocks
  - $3(100 + 400) = 1500$ block transfers
  - $2(\lceil 100/3 \rceil + \lceil 400/3 \rceil) = 336$ seeks

해쉬 조인 비용

해쉬 테이블 오버플로가 발생하지 않고 재귀적 파티션이 필요 없는 경우에 대한 비용 분석이다. 블록 이동 비용은 다음과 같이 계산된다.

$2*(b_r + b_s)$ /* partitioning r and s */

$+ (b_r + b_s)$ /* build and probe phase */

+ n blocks /* partitioning시에 partially-filled block의 최대 개수 */

* 2 /* r, s relation */

* 2 /* partition 결과 write, build/probe phase에서 read */

$= 3(b_r + b_s) + 4n$

여기서 4n 값은 $3(b_r + b_s)$에 비하여 무시할 수 있을 정도의 작은 값이다.

b_b 블록이 입력용으로 배정된다고 하자. 탐색 횟수는 다음과 같이 계산된다.

$2*(\lceil b_s / b_b \rceil + \lceil b_r / b_b \rceil)$ /* partitioning시에 bb 블록당 데이터를 탐색하므로 */

+ 2n /* build/probe 단계에서는 partition당 한번의 seek가 필요하므로 */

$= 2*(\lceil b_s / b_b \rceil + \lceil b_r / b_b \rceil) + 2n$

재귀적 파티션이 필요한 경우에 대한 분석은 생략하기로 한다. (주요 데이터베이스 교재에는 자세한 분석 내용이 나와 있다)

해쉬 조인 비용 예제

해쉬 조인 비용 분석에 대한 예제이다.

탐색 시간을 계산할 때 입력을 위한 메모리 버퍼를 3으로 가정하였다.

Complex Joins

- Join with a conjunctive condition: $r \bowtie_{\theta 1 \wedge \theta 2 \wedge \cdots \wedge \theta n} s$
  - Either use block nested loops or
  - Compute the result of one of the simpler joins $r \bowtie_{\theta i} s$
    - Final result comprises those tuples in the intermediate result that satisfy the remaining conditions

      $\theta 1 \wedge \cdots \wedge \theta i{-}1 \wedge \theta i{+}1 \wedge \cdots \wedge \theta n$

- Join with a disjunctive condition: $r \bowtie_{\theta 1 \vee \theta 2 \vee \cdots \vee \theta n} s$
  - Either use block nested loops or
  - Compute as the union of individual joins
    $(r \bowtie_{\theta 1} s) \cup (r \bowtie_{\theta 2} s) \cup \ldots \cup (r \bowtie_{\theta n} s)$

복합 조인

결합 조건(conjunctive condition)을 가지는 조인과 이접 조건(disjunctive condition)을 가지는 조인 연산에 대한 설명이다.

두 경우 모두 중첩 루프 조인을 사용하여 구할 수 있다.

결합 조건을 가지는 조인은 임의의 한 조건(보통은 가장 엄격한 조건을 선택하여 중간 결과 터플 수를 줄임)을 선택하여 조인을 한 후에 나머지 조건을 적용할 수 있다.

6.5 다른 연산 (Other Operations)

Duplicate elimination/Projection/Aggregation

- Duplicate elimination can be implemented via hashing or sorting
  - On sorting duplicates come adjacent to each other, and all but one copy can be deleted
  - Hashing is similar: duplicates come into the same bucket
- Projection
  - Perform projection on each tuple, followed by duplicate elimination
- Aggregation
  - Aggregation can be implemented in a manner similar to duplicate elimination
  - Sorting or hashing can be used to bring tuples in the same group together, and then the aggregate functions can be applied on each group

중복제거, 투영, 집계연산

중복제거 연산은 정렬 또는 해쉬 연산에 의하여 수행할 수 있다. 정렬이나 해쉬 연산 모두 동일 값을 가지는 레코드를 인접하게 위치하게 하므로, 이러한 성질을 이용하여 중복제거 연산을 할 수 있다.

집계함수 연산은 중복제거와 유사한 방식으로 수행할 수 있다. 정렬 또는 해쉬 연산을 수행하여 동일한 그룹에 속하는 레코드를 서로 인접하게 위치시킨 후에 각 그룹에 대하여 집계함수를 적용하면 된다.

Set Operations

- Set operations (∪, ∩ and –)
  - can either use variant of merge-join after sorting or variant of hash-join
- Set operations with hashing
  - Partition both relations using the same hash function
  - Process each partition i, build an in-memory hash index on r_i using a different hashing function
  - r ∪ s
    - · Add tuples in s_i to the hash index if they are not already in it
    - · The tuples in the hash index is the result
  - r ∩ s
    - · Output tuples in s_i to the result if they are already there in the hash index
  - r – s
    - · For each tuple in s_i, if it is there in the hash index, delete it from the index
    - · The remaining tuples in the hash index is the result

집합연산

집합 연산은 병합조인 또는 해쉬조인 변형을 사용하여 처리한다.

상기 예제는 해쉬 조인을 변형하여 집합 연산을 하는 방식을 보여준다. 하나의 테이블을 build 테이블로 사용하고 다른 테이블 터플을 읽으면서 집합 의미에 맞도록 터플 처리함을 볼 수 있다.

Outer Join (1/2)

- Outer join can be computed either as a join followed by adding null-padded non-participating tuples or by modifying the join algorithms
- Modifying merge join to compute r ⟕ s
  - In r ⟕ s, non-participating tuples are those in $r - \Pi_R(r \bowtie s)$
  - During merging, for every tuple tr from r that do not match any tuple in s, output tr padded with nulls
  - Right outer-join and full outer-join can be computed similarly

외부조인 (1/2)

외부 조인은 조인 알고리즘을 변형하여 수행할 수 있다.

병합 조인을 변형하는 방식을 보여준다.

Outer Join (2/2)

- Modifying hash join to compute r ⟕ s
  - If r is probe relation, output non-matching r tuples padded with nulls
  - If r is build relation, when probing keep track of which r tuples matched s tuples. At end of s_i, output non-matched r tuples padded with nulls

외부조인 (2/2)

해쉬 조인을 변형하는 방식을 보여준다.

6.6 수식 평가 (Evaluation of Expressions)

Evaluation of Expressions

- Two alternatives for evaluating an entire expression tree
  - Materialization: generate results of an expression whose inputs are relations or are already computed, materialize (store) it on disk, and repeat
  - Pipelining: pass on tuples to parent operations even as an operation is being executed

수식 평가

지금까지는 관계 대수 각 연산에 대하여 살펴보았고, 각 연산이 연결되어 있는 수식 평가에 대하여 살펴보자.

수식 평가 방식은 두 가지 방식, 구체화(materialization)와 파이프라이닝(pipelining)이 있다.

Materialization (1/2)

- Materialized evaluation
  - Evaluate one operation at a time starting at the lowest-level
  - Use intermediate results (stored at temporary relations) to evaluate next-level operations
- Materialized evaluation is always applicable
- $\Pi_{name}(\sigma_{building='IT\ building'}(department) \bowtie professor))$

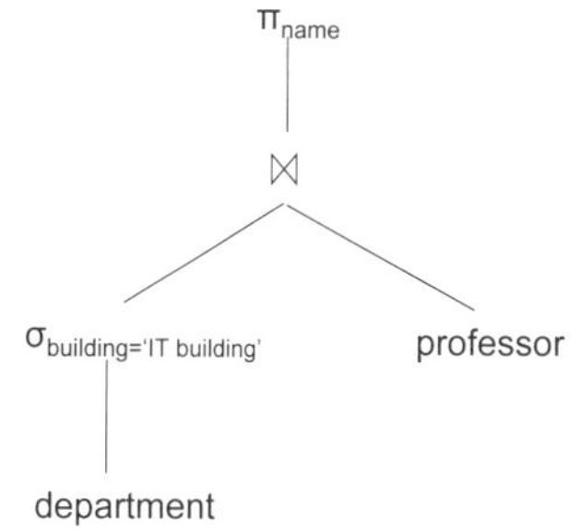

Materialization (2/2)

- Overall cost = sum of costs of individual operations + cost of writing intermediate results to disk
  - Because our cost formulas for individual operations ignore cost of writing final results to disk
- Double buffering
  - Cost of writing results to disk and reading them back could be quite high
  - Use two output buffers for each operation
  - When one is full write it to disk while the other is getting filled (i.e. allows overlap of disk writes with computation)

구체화 (1/2)

구체화는 관계대수 수식에 있는 각 연산을 가장 낮은 단계부터 하나씩 평가하는 방식이며, 중간 결과 관계를 임시 관계로 저장하고 다음 단계에서 이를 사용한다.

각 연산을 평가할 때 입력 관계는 항상 구체화되어 있다.

상기 예제에서 department 관계에 대하여 선택 연산을 수행하고 그 결과를 임시 관계로 저장한다. 저장된 임시 관계와 professor 관계를 이용하여 조인 연산을 수행하고 그 결과를 다른 임시 관계로 저장한다. 저장된 임시 관계로부터 투영 연산을 적용하여 최종 결과를 구한다.

구체화 (2/2)

구체화 방식은 중간 결과를 디스크에 저장하고 이를 다음 단계에서 사용하기 때문에 중간 결과를 쓰고 읽는 비용이 높다.

이를 해결하기 위하여 더블버퍼를 사용할 수 있다. 각 연산에 대하여 두 개의 버퍼를 사용하여 한 버퍼가 채워지면 이를 디스크에 쓰는 동안 다른 버퍼에 중간 결과 데이터를 저장하여, 디스크 쓰기와 연산 작업을 병행 할 수 있게 한다.

Pipelining (1/3)

- Pipelined evaluation: evaluate several operations simultaneously, passing the results of one operation on to the next
  - Much cheaper than materialization (no need to store a temporary relation to disk)
- $\Pi_{name}(\sigma_{building='IT\ building'}(department) \bowtie professor))$
  - Don't store result of $\sigma_{building='IT\ building'}(department)$
  - Instead pass tuples directly to the join
  - Similarly, don't store result of join, pass tuples directly to projection
- Pipelining may not always be possible – e.g., sort, hash-join
- For pipelining to be effective, use evaluation algorithms that generate output tuples even as tuples are received for inputs to the operation

파이프라이닝 (1/3)

파이프라이닝 방식은 연산 수행 중에 한 연산의 결과를 다른 연산의 입력으로 전달하면서 동시에 다수의 연산을 수행하는 방식이다. 중간 결과 관계를 디스크에 쓰고 읽지 않으므로 경제적이나, 파이프라이닝 방식은 모든 연산에 대하여 적용할 수 없다.

예를 들어 정렬 연산은 부분적인 연산 결과를 다음 단계 연산으로 보낼 수가 없기 때문이다. 정렬 연산은 부분적인 데이터에 대하여 정렬을 하더라고 최종 결과는 전체 데이터에 대한 정렬을 하여야한다.

Pipelining (2/3)

- Pipelines can be executed in two ways
- Demand-driven pipeline (pull model, lazy pipelining)
  - System repeatedly requests next tuple from top level operation
  - Each operation requests next tuple from children operations in order to output its next tuple
  - In between calls, operation has to maintain "state" so it knows what to return next
  - Commonly used (easy to implement)
- Producer-driven pipeline (push model, eager pipelining)
  - Operators produce tuples eagerly and pass them up to their parents
    - Buffer maintained between operators; child puts tuples in buffer, parent removes tuples from buffer
    - If buffer is full, child waits till there is space in the buffer, and repeats until all the output tuples have been generated
  - Useful in parallel processing systems

파이프라이닝 (2/3)

파이프라이닝은 두 가지 방식으로 수행할 수 있다. 요구주도 방식과 생산자주도 방식이며, 요구주도 방식은 풀 방식이며, 생산자 주도 방식은 푸시 방식이다.

요구 주도 방식은 상위 레벨 연산자가 하위 연산자로부터 입력 데이터를 요구한다. 요구 주도 방식에서는 호출 간에 "상태"를 내부적으로 유지하여야 하며 이를 이용하여 다음 입력 요청을 처리할 수 있다.

생산자 주도 방식은 연산 결과를 상위 레벨 연산자에게 푸시 하는 것으로 연산자 간에는 출력 버퍼가 유지된다. 하위 레벨 연산은 터플을 출력 버퍼에 입력하고 상위 레벨 연산은 출력 버퍼에서 터플을 제거한다.

Pipelining (3/3)

- Some algorithms are not able to output results even as they get input tuples
  - For example, merge join or hash join
- Algorithm variants to generate (at least some) results on the fly as input tuples are read in
  - Indexed nested loop join can output result tuples as it gets tuple for the outer relations

파이프라이닝 (3/3)

알고리즘 중에는 입력 터플을 받는다고 해도 결과를 출력하지 못하는 것이 있다. 이 경우에는 중간 결과를 디스크에 쓰고 읽기를 하여야 한다.

Implementation of Demand-Driven Pipelining

- Each operation is implemented as an iterator that provide the following functions
- open()
  - For example, file scan
    - · initialize file scan
    - · state: pointer to beginning of file
  - For example, merge join
    - · sort relations
    - · state: pointers to beginning of sorted relations
- next()
  - file scan: output next tuple, and advance and store file pointer
  - merge join: continue with merge from earlier state till next output tuple is found, and save pointers as the iterator state
- close()

요구주도 파이프라이닝 구현

요구 주도 파이프라이닝은 상기와 같이 세 가지 함수를 제공하여 구현 할 수 있다.

화일 스캔과 병합 조인 예제를 보이고 있으며, open() 함수는 상태 값을 내부적으로 유지하고 있다.

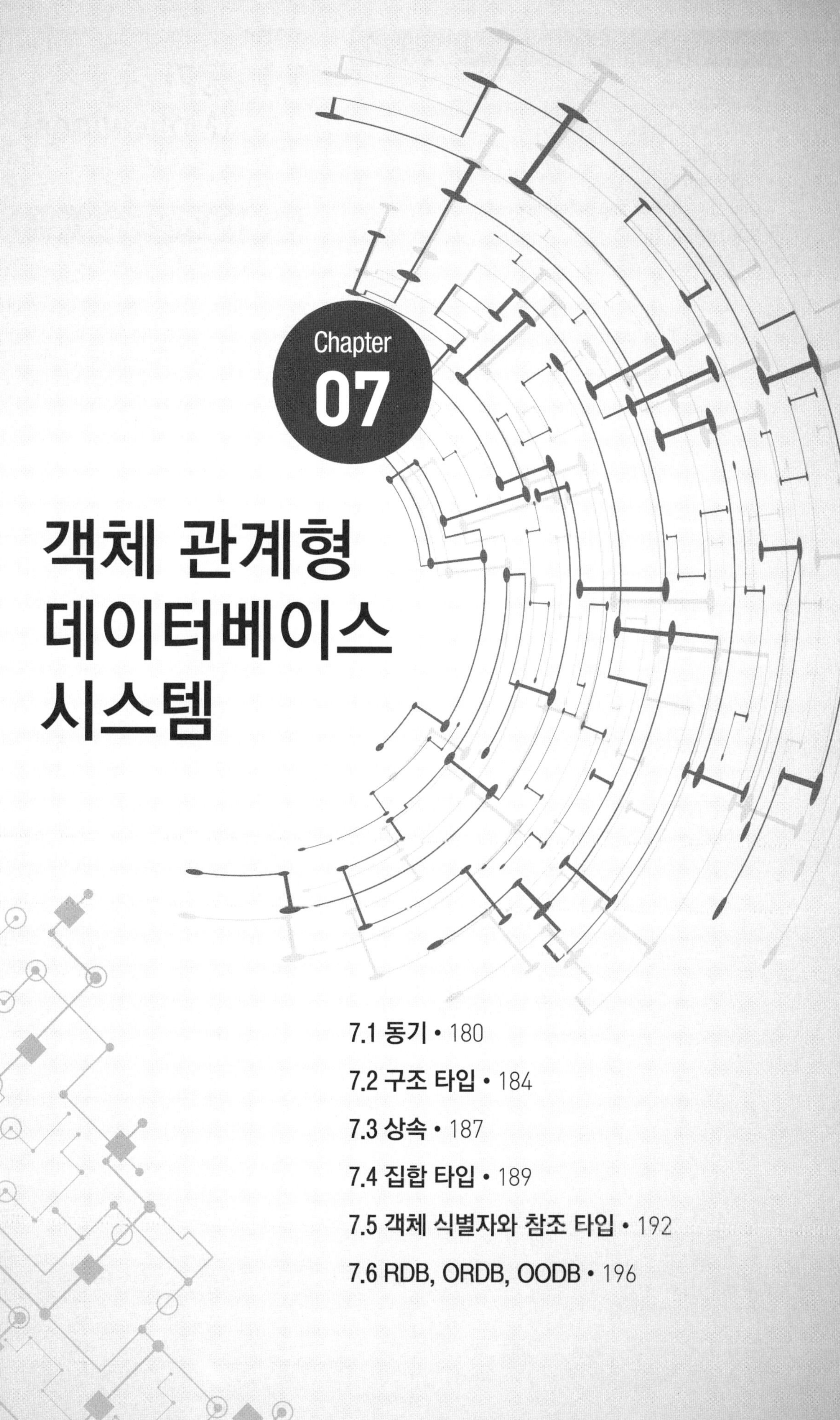

Chapter 07

객체 관계형 데이터베이스 시스템

7.1 동기 • 180

7.2 구조 타입 • 184

7.3 상속 • 187

7.4 집합 타입 • 189

7.5 객체 식별자와 참조 타입 • 192

7.6 RDB, ORDB, OODB • 196

Subtopics

- Motivations
- Structured Types
- Inheritance
- Collection Types
- Object Identities and Reference Types
- RDB, ORDB, OODB

세부목차

현대사회에서 시장에서 흔하게 구할 수 있는 상용 데이터베이스 시스템은 객체관계형 데이터베이스 시스템이다. 이는 관계형 데이터베이스 시스템에 확장 기능을 나름대로 구현한 시스템이다. 본 장에서는 객체관계형 데이터베이스 시스템의 주요 기능을 살펴본다.

7.1 동기 (Motivations)

Historically speaking....

- 1980's: Relational data model prevails
- Late 80's: Object-oriented data model emerges
- Early 90's: Early versions of object-oriented database systems appear in the market
- Mid 90's: Attempts to accommodate object-oriented data model into relational data model (object-relational data model)
- 00's:
  - Venders started to ship "object-relational" database systems
  - Standard SQL, SQL3, is finalized

역사적 고찰

1980년대는 관계형 데이터베이스 시스템이 널리 사용되었으며, 80년대 후반부터 객체지향 데이터 모델에 대한 연구가 진행되어 1990년대 초에 상용 객체지향 데이터베이스 시스템이 시장에 출시되었다.

1990년 중반에 객체지향 데이터 모델을 기존의 관계형 데이터베이스 시스템에 접목하는 연구가 진행되었으며, 그 결과로 2000년부터는 상용 객체관계형 데이터베이스 시스템이 시장에 출시되었다. 표준화 단체에서도 이를 수용하여 객체관계형 모델을 지원하는 SQL 표준안(SQL3)이 제정되었다.

Object-Relational Data Model

- Extend the relational data model by including object orientation and constructs to deal with added data types
- Allow attributes of tuples to have complex types, including non-atomic values such as nested relations
- Preserve relational foundations, in particular the declarative access to data, while extending modeling power
- Upward compatibility with existing relational languages

객체관계형 데이터 모델

객체관계형 데이터 모델은 관계형 데이터 모델에 객체지향 요소를 지원한다. 기본적으로 관계형 데이터 모델의 기본을 유지하면서 데이터 모델 기능을 확장하는 것이며, 기존 관계형 데이터베이스 시스템과 상향적으로 호환하여야 한다. 객체관계형 데이터베이스 시스템은 기존 관계형 데이터베이스 시스템을 변화 없이 지원하고 추가적으로 객체지향 요소를 지원한다.

OO vs. ER

- Modeling primitives in ER
  - Entity (entity set)
  - Relationship (relationship set)
  - Properties
  - Attribute

- Modeling primitives in OO
  - Object (class)
  - Properties
    - · Attribute
    - · Relationship
    - · Method

객체지향 모델 대비 ER 모델

객체지향 모델 대비 ER 모델의 근본적인 차이점을 설명한다.

ER 모델에서는 두 가지 모델링 요소(즉, 엔티티와 관계성)을 가지고 모델링을 하며, 두 가지 모델링 요소는 공히 속성만을 특성(property)으로 가질 수 있다.

객체지향 모델에서는 하나의 모델링 요소(즉 객체)를 가지고 모델링을 하며, 객체는 속성, 관계성, 메소드를 특성으로 가질 수 있다.

객체(또는 개체)간의 관계를 표현함에 있어, ER 모델은 관계성으로 구현을 하고, 객체지향 모델은 객체(object)의 특성으로 구현한다.

Complex Data Types

- Motivation
  - Permit non-atomic domains (atomic ≡ indivisible)
  - Allows more intuitive modeling for applications with complex data
  - Example of non-atomic type would be complex type or collection (set/bag/list/array) type
- Intuitive definition
  - Allow relations whenever we allow atomic (scalar) values (that is relations within relations)
  - Retains mathematical foundation of relational model
  - Violates first normal form

Example of a Nested Relation

- Each book has
  - title
  - a set of authors
  - publisher, which consists of two components
  - a set of keywords
- Non-1NF relation "books"

title	authorArray	publisher (pubName, pubBranch)	keywordSet
Database I	[Lee, Park]	(SSU, Seoul)	{DB, SQL}
Web DB	[Kim, Choi]	(Oxford, London)	{IR, Web}

복합 데이터 타입

복합 데이터 타입에 대한 설명이다. 비원자적 속성을 허용하여 좀 더 자연스러운 데이터 모델을 지원하고자 한다. 이러한 접근 방식은 관계형 데이터베이스 모델의 기본인 제1정규형을 위배한다.

중첩 관계 예제

책을 모델링함에 있어, 저자는 배열 타입으로 표현하고, 키워드는 집합 타입으로 표현을 하고, 출판사는 2개 요소를 가지는 복합 타입으로 표현을 하였다. 이는 다음 슬라이드에 나오는 제1정규형 형식보다는 좀 더 자연스럽게 데이터 모델이 가능하다.

1NF Version of Nested Relation

title	author	pubName	pubBranch	keyword
Database I	Lee	SSU	Seoul	DB
Database I	Lee	SSU	Seoul	SQL
Database I	Park	SSU	Seoul	DB
Database I	Park	SSU	Seoul	SQL
Web DB	Kim	Oxford	London	IR
Web DB	Kim	Oxford	London	Web
Web DB	Choi	Oxford	London	IR
Web DB	Choi	Oxford	London	Web

1NF version of "books", "flat-books"

중첩 관계의 제1정규형

상기 슬라이드는 중첩 관계의 제1정규형 형태를 보여준다. 관계 이름을 "flat-books"이라고 명명하였다.

4NF Decomposition of "flat-books"

- Remove awkwardness of "flat-books" by assuming that the following multivalued dependencies hold
  - title $\twoheadrightarrow$ author
  - title $\twoheadrightarrow$ keyword
  - title $\twoheadrightarrow$ pubName, pubBranch
- Decompose "flat-books" into 4NF
  - authors(title, author), keywords(title, keyword), books4(title, pubName, pubBranch)

title	author
Database I	Lee
Database I	Park
Web DB	Kim
Web DB	Choi

title	keyword
Database I	DB
Database I	SQL
Web DB	IR
Web DB	Web

title	pubName	pubBranch
Database I	SSU	Seoul
Web DB	Oxford	London

"flat-books" 관계 분해

"flat-books" 관계에는 함수종속성은 존재하지 않고 상기와 같은 다치 종속성만 존재한다. 이를 이용하여 관계를 분해하면 상기와 같이 3개의 소 관계로 표현할 수 있다.

관계형 모델에서는 책 정보를 표현하기 위하여 제 1 정규형인 "flat-books" 관계로 표현을 하거나, 또는 제4정규형 형태인 authors, keywords, books4 관계로 표현하여야 한다.

Same Information and Different Format

- 4NF design (three relations, here) requires users to include joins in their queries
- 1NF relation "flat-books"
  - Eliminates the need for users to perform joins
  - Loses the one-to-one correspondence between tuples and documents
  - Has a large amount of redundancy
- Nested relations representation (here, books) is much more natural here

동일정보 다른 형태

책에 대한 동일 정보를 표현함에 있어 다른 형식 3가지에 대한 비교 설명이다.

7.2 구조 타입 (Structured Types)

Main Extensions in ORDB

- Extensions to SQL to support complex types include
  - Structured types (composite attributes)
  - Collection and large object types
    - · Set/bag/list/array types
  - Inheritance
  - Object orientation
    - · Supports object identifiers and references
- Our description is mainly based on the SQL:1999 standard
  - Not fully implemented in any database system currently
  - Some features are present in major commercial database systems (one way or other)

ORDB의 주요 확장

ORDB는 상기와 같은 네 가지 기능을 확장한다. 본 책은 SQL:1999 표준에 근거하여 ORDB의 주요 확장을 설명한다.

Structured Types (1/2)

- Structured types allow composite attributes of E-R diagrams to be represented directly
- Structured types can be declared and used in SQL
  - Create type Name as
    (firstname varchar(20),
    lastname varchar(20)) final;
  - Create type Address as
    (street varchar(20),
    city varchar(20),
    zipcode varchar(20)) not final;
  - "final" and "not final" indicate whether subtypes can be created
- Structured types can be used to create tables with composite attributes
  - Create table customer (name Name,
    address Address,
    dateOfBirth date);
- Use dot notation to reference components (for example, address.city)

구조 타입 (1/2)

구조타입에 대한 설명이다. 구조 타입은 사용자 정의 타입이라고도 하며, 사용자가 원하는 타입을 정의하고 이를 사용할 수 있는 기능이다.

상기 예제에서 사용자는 Name, Address 구조 타입을 정의하고 이를 이용하여 관계 customer를 생성하는 방식을 보여준다.

Structured Types (2/2)

- User-defined row types
  - Create type CustomerType as (name Name,
    address Address,
    dateOfBirth date)
    not final;
- Create a table whose rows are a user-defined type
  - Create table customer of CustomerType;
- Alternatively use unnamed row types in SQL:1999 to define composite attributes
  - Create table customerUnnamed(

```
        name     row(  firstname    varchar(20),
                       lastname     varchar(20)),
        address  row(  street       varchar(20),
                       city         varchar(20),
                       zipcode      varchar(20)),
        dateOfBirth date);
```

구조 타입 (2/2)

상기 그림은 구조 타입 CustomerType을 정의하고 이를 이용하여 관계 customer를 생성하는 과정을 보여준다. CustomerType을 로타입(row type)이라고 하는데, 관계의 한 개 로(row)를 정의하기 때문이다.

관계를 생성할 때, 관계형 모델에서는 각 속성명 및 타입을 열거하였지만, 객체관계형 모델에서는 로(row) 타입을 정의하고 이를 가지고 관계를 생성하는 방식도 지원하다.

Methods

- Can add a method declaration with a structured type
  - method ageOnDate(onDate date) returns interval year;
- Method body is given separately
  - Create method ageOnDate (onDate date)

```
  returns interval year
  for CustomerType    // type name (not relation name)
begin
  return onDate - self.dateOfBirth;
  // "self" refers to the Customer instance on which the
  // method is invoked
end
```

- We can now find the age of each customer
  - Select name.lastname, ageOnDate(current_date) from customer;

Structured Type Example

- We can create tables without creating an intermediate type
  - Create table books

```
        (title varchar(20),
        authorArray varchar(20) array[10],
        publisher Publisher,
        keywordList setof(varchar(20)));
```

- Methods can be part of the type definition of a structured type
  - Create type Employee as (

```
        name varchar(20),
        salary integer)
        method giveRaise (percent integer));
```

- We create the method body separately
  - Create method giveRaise (percent integer) for Employee

```
begin
  set self.salary=self.salary+(self.salary*percent)/100;
end
```

메소드

메소드는 구조 타입 일부로 정의할 수 있다. 메소드가 정의되면 이를 질의문에서 사용할 수 있다.

메소드는 관계의 일부분으로 정의되지 않음을 기억하자.

구조 타입 예제

구조 타입의 다른 예제이다.

Constructor Functions

- Constructor functions are used to create values of structured types
  - Every structured type has a default constructor, but can be defined separately
- SQL:1999 constructor functions
  - Create function Publisher(n varchar(20), b varchar(20)) returns Publisher
```
begin
   set pubName=n;        /* set self.pubName = n */
   set pubBranch=b;      /* set self.pubBranch = b */
end
```
- To create a value of type "Publisher", we use
  - new Publisher('SSU', 'Seoul')
- Values of row type can be constructed by listing values in parentheses
  - Given row type row(name varchar(20), branch varchar(20)), we can assign ('SSU','Seoul') as a value

생성자 함수

구조 타입을 정의한 후, 구조 타입을 위한 값을 생성하려면 생성자 함수를 사용하여야 한다.

생성자를 이용하여 새로운 값을 만들 수 있으며, 이름이 없는 구조 타입인 경우에는 괄호를 이용하여 새로운 값을 만들 수 있다.

7.3 상속 (Inheritance)

Type Inheritance

- Reusability !!!
- Suppose that we have "Person" type
  - Create type Person
```
        (name varchar(20),
        address varchar(20));
```
- Using inheritance to define the student and teacher types
  - Create type Student under Person
```
        (degree        varchar(20),
        department  varchar(20));
```
  - Create type Teacher under Person
```
        (salary         integer,
        department  varchar(20));
```
- Subtypes can redefine methods by using overriding method in place of method in the method declaration

타입 상속

객체관계형 모델에서 상속에는 타입 상속과 관계 상속 두 가지가 있다. 상기 그림은 타입 상속을 설명한다.

상속은 재사용을 하기 위한 기능이며, 타입 상속을 이용하여 기존 상속을 재활용하여 새로운 타입을 정의할 수 있다.

메소드는 타입에 함께 정의되므로, 타입 상속 시에 메소드도 함께 상속된다.

Multiple Inheritance

- SQL:1999 and SQL:2003 do not support multiple inheritance
- If our type system supports multiple inheritance, we can define a type for teaching assistant as follows:
  - Create type Teaching Assistant under Student, Teacher;
- To avoid a conflict between the two occurrences of department we can rename them
  - Create type TeachingAssistant under
    Student with (department as studentDept),
    Teacher with (department as teacherDept);

Table Inheritance

- Table inheritance allows an object to have multiple types by allowing an entity to exist in more than one table at once
- We can then define the students and teachers tables as subtables of "people"
  - Create table people of Person; // people table
  - Create table students of Student under people;
  - Create table teachers of Teacher under people;
- Each tuple in a subtable (here "students" and "teachers") is implicitly present in its supertable (here "people")
  - If a query uses the table "people", it will return tuples in "people", "students" and "teachers" (only those attributes that present in people can be accessed)
  - SQL:1999 provides a keyword "only" (for example, "only people") to search the table only

다중 상속

SQL 표준안은 다중 상속을 지원하지 않는다.

만약 특정 시스템이 다중 상속을 지원하는 경우에는 다중 상속에 의한 이름 충돌 문제를 해결할 수 있어야 한다.

관계 상속

테이블 상속은 한 객체가 하나 이상의 타입을 가지도록 하는 기능을 제공한다.

서브 테이블에 속하는 객체는 묵시적으로 슈퍼 테이블에 속하게 된다. 그 결과, 특정 테이블에 대한 질의를 하게 되면, 질의 대상 테이블 및 하위 테이블 모두에 대하여 질의가 적용된다. "only" 키워드를 사용하면 질의 대상 테이블에만 질의가 적용된다.

Consistency Requirements for Subtables

- Consistency requirements on subtables and supertables
  - Each tuple of the supertable (e.g. "people") can correspond to at most one tuple in each of the subtables (e.g. "students" and "teachers")
  - All tuples corresponding to each other (that is, with the same values for inherited attributes) must be derived from one tuple (inserted into one table)
    - That is, each entity must have a most specific type
    - We cannot have a tuple in "people" corresponding to a tuple each in "students" and "teachers"
    - Additional constraint in SQL:1999

서브 테이블에 대한 제약조건

제약 조건은 두 가지이며, 첫 번째 제약 조건은 수퍼 테이블에 속하는 터플은 서브테이블의 최대 하나 터플에 대응이 된다는 것이다. 이 조건으로 인하여 예를 들면, people 테이블의 한 터플이 students (또는 teachers) 테이블의 두 개 터플에 대응될 수 없다.

두 번째 제약 조건은 서로 대응이 되는 터플은 하나의 터플에서 유도되어야 한다는 것으로, 이는 각 개체는 가장 상세한 타입을 가져야 한다는 것을 의미한다. "people"에 속하는 터플은 students와 teachers 테이블에 동시에 속할 수가 없다. 만약 실제 세계에서 학생이면서 선생인 사람이 존재하면 이를 위한 다른 테이블을 생성하여야 한다. SQL 표준에서 정의한 제약은 ER 모델의 overlapping specialization(상위 클래스에 속하는 개체가 하나 이상의 하위 클래스에 속하는 현상)을 지원하지는 않는다.

7.4 집합 타입 (Collection Types)

Array and Multiset Example

- Create type Publisher as
```
(name          varchar(20),
 branch        varchar(20));
```
- Create type Book as
```
(title         varchar(20),
 authorArray   varchar(20) array [10],
 pubDate       date,
 publisher     Publisher,
 keywordSet    varchar(20) multiset);
```
- Create table books of Book;
- Insert into books values ('Database I', array['Lee', 'Park'], Publisher('SSU', 'Seoul'), multiset['DB', 'SQL']);

배열 및 멀티집합 예제

집합 타입은 집합, 멀티집합, 배열 등이 존재한다.

상기 그림은 배열 및 멀티집합을 정의하고 새로운 값을 삽입하는 예제이다. 테이블을 생성한 후 값을 삽입하는 문장에서 배열 및 멀티집합 값을 생성하는 표기법을 알 수 있다.

여기에서 소개되는 표기법은 SQL 표준에 정의한 내용이며, 집합 타입에 대한 지원 및 표기법은 상용 데이터베이스 시스템마다 서로 상이하다.

Querying Collection-Valued Attributes

- To find all books that have the word "DB" as a keyword
  - Select title
    from books
    where 'DB' in (unnest(keywordSet));
  - Collection-valued attributes can be treated much like relations using the keyword "unnest"
- We can access individual elements of an array by using indices
  - Select authorArray[1], authorArray[2]
    from books
    where title = 'Database I';
- To get a relation containing pairs of the form "title, author-name" for each book and each author of the book
  - Select B.title, A.author
    from books as B, unnest(B.authorArray) as A(author);
- To retain ordering information we add a "with ordinality" clause
  - Select B.title, A.author, A.position
    from books as B, unnest (B.authorArray) with ordinality as A(author, position);

집합 타입에 대한 질의

상기 그림은 집합 타입에 대한 질의 예제를 보여준다. "unnest" 키워드를 사용하여 집합 타입을 비집합 타입으로 변환하여 질의를 할 수 있다.

Unnesting

- The transformation of a nested relation into a form with fewer (or no) relation-valued attributes is called "unnesting"
- Select B.title, A.author,
  B.publisher.name as pubName,
  B.publisher.branch as pubBranch,
  K.keyword
  from books as B,
  unnest(B.authorArray) as A(author),
  unnest(B.keywordSet) as K(keyword);
  // returns the "flat-books" table //

비중첩(unnesting)

중첩 관계를 더 적은 (또는 없기도 함) 관계 값 속성을 가지는 중첩 관계로 변환하는 것을 비중첩이라고 한다. 상기 그림은 비중첩 예제를 보인다.

unnest(B.authorArray) 표현은 authorArray 속성은 집합형(여기서는 array)을 가지는 속성인데, 이를 A(author) 일반 테이블로 변환하는 것이다.

Nesting

- Nesting is the opposite of unnesting, creating a collection-valued attribute
- Note that SQL:1999 does not support nesting
- Nesting can be done in a manner similar to aggregation, but using the function collect() in place of an aggregation operation, to create a multiset
- To nest the flat-books relation on the attribute keyword
  - Select title, author, Publisher(pubName, pubBranch) as publisher, collect(keyword) as keywordSet
    from flat-books
    group by title, author, publisher; // See the next slide
- To nest on both authors and keywords
  - Select title, collect(author) as authorSet, Publisher(pubName, pubBranch) as publisher, collect(keyword) as keywordSet
    from flat-books
    group by title, publisher;

중첩(nesting)

중첩은 비중첩의 반대 변환을 하는 연산이며, SQL 표준안은 지원하지 않는다. 상용 데이터베이스 시스템은 중첩에 대한 나름대로의 방식을 지원하고 있다.

A Partially Nested Version of "flat-books"

title	author	publisher (pubName, pubBranch)	keywordSet
Database I	Lee	(SSU, Seoul)	{DB, SQL}
Database I	Park	(SSU, Seoul)	{DB, SQL}
Web DB	Kim	(Oxford, London)	{IR, Web}
Web DB	Choi	(Oxford, London)	{IR, Web}

"flat-books" 의 부분 중첩 결과

상기 그림은 전 그림에서 나온 질의문의 결과를 보인다.

Another Approach for Nesting

- Another approach to creating nested relations is to use subqueries in the select clause
- Select B.title,

```
array(select A.author
      from authors as A
      where A.title = B.title
      order by A.author) as authorArray,
Publisher(B.pubName, B.pubBranch) as publisher,
multiset(select K.keyword
         from keywords as K
         where K.title = B.title) as keywordSet
from books4 as B;
```

중첩을 위한 다른 방식

중첩을 위한 다른 방식은 서브질의를 사용하는 것이다. 이에 대한 예제가 나와 있다.

book4s는 4NF 형태로 표현했을 때 나온 테이블이며, books(title, pubName, pubBranch) 스키마를 가진다.

7.5 객체 식별자와 참조 타입 (Object Identifiers and Reference Types)

Reference Types

- Object-oriented languages provide the ability to create and refer to objects
- In SQL:1999
  - References are to tuples, and
  - References must be scoped
    - · Can only point to tuples in one specified table

참조 타입

객체지향 패러다임의 특징 중의 하나는 객체를 참조하는 기능이다.

SQL 표준의 참조 타입은 터플에 대하여 참조가 가능하고 터플 참조는 테이블을 지정하는 범위를 가진다.

Reference Example

- Define a type "Department" with a field "name" and a field "head" which is a reference to the type "Person", with table "people" as scope
  - Create type Department (
    name varchar(20),
    head ref(Person) scope people);
    // Person: type name
    // people: table name
- We can then create a table "departments" as follows
  - Create table departments of Department;
- We can omit the declaration scope "people" from the type declaration and instead make an addition to the create table statement
  - Create table departments of Department
    (head with options scope people);

참조 예제

참조 예제를 보인다. 타입을 정의할 때 참조는 타입을 참조하나 범위는 테이블로 함을 알 수 있다.

System Generated Identifiers

- SQL:1999 requires a special attribute (called self-referential attribute) to be declared to store the object identifier
  - SQL:1999 does not support the ref() function of Oracle
- The self-referential attributes can be generated either by the system or the user
- The self-referential attribute is declared by adding a "ref is" clause to the "create table" statement
  - Create table people of Person
    ref is personID system generated;
    // personID is an attribute name, not a keyword

시스템 생성 식별자

SQL 표준에서는 자기 참조 속성을 이용하여 객체 식별자를 저장하는 속성을 선언할 수 있다.

Initializing Reference-Typed Values

- To create a tuple with a reference value, we can first create the tuple with a null reference and then set the reference separately
  - Insert into departments values ('CS', null);
  - Update departments
    set head = (select p.personID /* ref(p) in Oracle */
    from people as p
    where p.name = 'John')
    where name = 'CS';

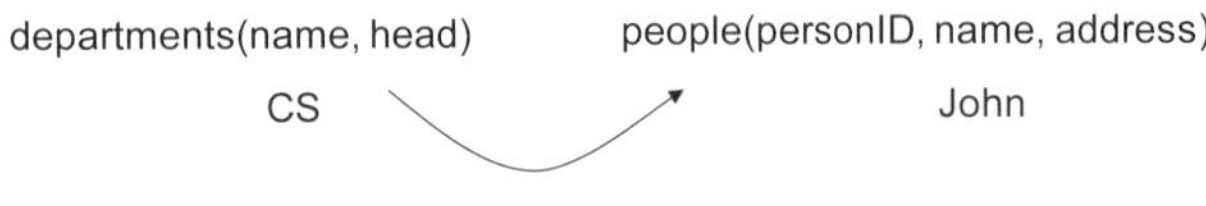

참조 타입의 초기화

상기 그림은 참조 타입에 대한 값을 저장하는 방법을 보인다.

User Generated Identifiers (1/2)

- The type of the object identifier must be specified as part of the type definition of the referenced table
- The table definition must specify that the reference is user generated
  - Create type Person
    (name varchar(20)
    address varchar(20))
    ref using varchar(20));
  - Create table people of Person
    ref is personID user generated;
- When creating a tuple, we must provide a unique value for the identifier
  - Insert into people(personID, name, address) values ('01234567', 'John', '1-1 Sangdo-dong');
- We can then use the identifier value when inserting a tuple into departments
  - Avoids need for a separate query to retrieve the identifier
  - Insert into departments values('CS', '01234567');

사용자 생성 식별자 (1/2)

SQL 표준안은 시스템이 생성하는 식별자 외에도 사용자가 생성하는 식별자를 지원한다. 상기 그림은 사용 예제를 보인다.

User Generated Identifiers (2/2)

- Can use an existing primary key value as the identifier
  - Create type Person
    (name varchar(20) primary key,
    address varchar(20))
    ref from(name);
  - Create table people of Person
    ref is personID derived;
- When inserting a tuple for departments, we can then use
  - Insert into departments values('CS', 'John');

Path Expressions

- Find the names and addresses of the heads of all departments
  - Select head –>name, head –>address
    from departments;
- An expression such as "head –>name" is called a path expression
- Path expressions help avoid explicit joins
  - If department head were not a reference, a join of departments with people would be required to get at the address
  - Makes expressing the query much easier for the user

사용자 생성 식별자 (2/2)

사용자가 식별자를 생성하게 되면, 기존의 주 키를 식별자로 사용할 수도 있다.

"ref from" 절을 사용하여야 한다.

이런 경우에는 department 테이블에 사용자가 직접 주 키 값을 입력할 수 있다.

경로식

참조형을 이용하면 경로식 방식으로 질의문 작성이 가능하다. 경로식은 기존의 조인 연산을 대치하여 빠른 접근을 제공한다.

7.6 RDB, ORDB, OODB

Object-Oriented Paradigm

- Object-orientation concepts can be used as a design tool
- The concepts of object orientation can be incorporated into databases
  - Object-relational systems: Add complex types and object-orientation to relational language
  - Persistent programming languages: Extend object-oriented programming language to deal with databases by adding concepts such as persistence and collections

객체지향 패러다임

객체지향 패러다임은 데이터 설계 시에 적용할 수 있으며, 이에 대한 내용은 extended ER data model에서 이미 다루었다.

객체지향 패러다임을 데이터베이스 시스템에 적용하는 방식은 두 가지가 있다. 객체관계형 데이터 모델과 지속성 프로그래밍 언어 방식이다.

객체지향 데이터베이스 시스템은 90년대 C++ 기반으로 많이 개발 되었으나, 기대 이하의 실제 사용률(보급률)로 인하여 시장 개척에는 실패를 하였다. 90년대 Object Data Management Group(ODMG) 표준화 단체가 객체지향 데이터베이스 시스템에 대한 언어 표준을 제정하기도 하였으나, ODMG는 2002년에 해체되었다. 현재까지 사용되는 객체지향 데이터베이스 시스템은 ObjectStore, Versant 정도가 있다.

Persistent Programming Languages (1/2)

- Persistent Programming languages allow objects to be created and stored in a database, and used directly from a programming language
- Allow data to be manipulated directly from the programming language (no need to go through SQL)
- No need for explicit format (type) changes
  - Format changes are carried out transparently by system
  - Without a persistent programming language, format changes becomes a burden on the programmer
    - · More code to be written, more chance of bugs

영속지원 프로그래밍 언어 (1/2)

영속지원 프로그래밍 언어 방식은 객체지향 데이터베이스 시스템에서 사용하는 방식이다. 객체지향 데이터베이스 시스템은 SQL 같은 데이터베이스 언어를 사용하지 않고 직접 객체를 조작하는 방식이다.

SQL 언어를 사용하지 않으므로 프로그래밍 언어와 SQL 간의 변환 등의 연산이 필요 없다.

Persistent Programing Languages (2/2)

- Allow objects to be manipulated in-memory
  - No need to explicitly load from or store to the database
  - Saved code, and little overhead of loading/storing large data
- Drawbacks of persistent programming languages
  - Do not support declarative query languages !!!
  - Complexity of languages makes automatic high-level optimization more difficult
  - Due to power of most programming languages, it is easy to make programming errors that damage the database
  - Do not support data independence

영속지원 프로그래밍 언어 (2/2)

객체지향 데이터베이스 시스템은 데이터를 조작하기 위하여 메인 메모리로 데이터를 로드 하는 연산 등이 필요 없다.

그러나 객체지향 데이터베이스 시스템은 SQL 언어가 제공하는 선언적 데이터 접근, 데이터 독립성 등을 지원 할 수 없다.

Comparison of RDB, ORDB, OODB

- Relational systems
  - Simple data types, powerful query languages, high protection
- Persistent-programming-language-based OODBs
  - Complex data types, integration with programming language, high performance
- Object-relational systems
  - Complex data types, powerful query languages, high protection
- Many real systems blur these boundaries
  - E.g. persistent programming language built as a wrapper on a relational database offers first two benefits, but may have poor performance

RDB, ORDB, OODB 비교

상기 그림은 RDB, ORDB, OODB 비교를 보여준다.

Chapter 08

OLAP, 데이터 웨어하우스, 데이터 마이닝

8.1 OLAP • 200

8.2 데이터 웨어하우스 • 210

8.3 데이터 마이닝 • 217

Subtopics

- OLAP
- Data warehouse
- Data mining

구성요소

본 장은 현대 데이터베이스 시스템 환경에서 중요하게 사용되는 3가지 기능, 즉 OLAP, 데이터 웨어하우스, 데이터 마이닝에 대하여 살펴본다.

8.1 OLAP

OLAP vs. OLTP

- Online Analytical Processing (OLAP)
  - Interactive analysis of data, allowing data to be summarized and viewed in different ways in an online fashion (with negligible delay)
  - Used at decision support systems and management information systems
- Online Transaction Processing (OLTP)
  - A class of information systems that facilitate and manage transaction-oriented applications
  - ATMs (automatic teller machines) for a bank, and reservation systems are typical examples

OLAP 과 OLTP

OLAP은 다차원 데이터에 대하여 다양한 형태의 요약 데이터를 제공하여 사용자에게 실시간으로 데이터 분석을 가능하게 하는 시스템을 의미한다. 데이터의 크기가 작은 경우 엑셀과 같은 스프레드시트(spreadsheet) 응용 프로그램으로 가능하지만, 데이터 량의 크기가 방대한 경우에는 데이터베이스 시스템이 제공하는 OLAP 제품을 사용하여야 한다.

OLTP는 데이터베이스 시스템의 전통적 응용분야인 은행, (항공권) 예약 업무 등에 적용되며, 트랜잭션 기반의 데이터 처리가 주류를 이룬다. OLTP는 빠른 시간 내에 대용량 데이터 처리를 원활하게 하여 비즈니스가 운영되게 함이 목적이다.

Multidimensional Data

- Measure attributes
  - Measure some value (for example, "quantity" attribute of the "sales" relation)
  - Can be aggregated upon
- Dimension attributes
  - Define the dimensions on which measure attributes (or aggregates) are viewed
  - For example, attributes "item", "color", and "size" of the "sales" relation
- Data that can be modeled as dimension attributes and measure attributes are called multidimensional data

"sales" relation

item	color	size	quantity
skirt	dark	small	2
skirt	dark	medium	5
skirt	dark	large	1
skirt	pastel	small	11
skirt	pastel	medium	9
skirt	pastel	large	15
skirt	white	small	2
skirt	white	medium	5
skirt	white	large	3
dress	dark	small	2
dress	dark	medium	6
dress	dark	large	12
dress	pastel	small	4
dress	pastel	medium	3
dress	pastel	large	3
dress	white	small	2
dress	white	medium	3
dress	white	large	0

item	color	size	quantity
skirt	dark	small	2
skirt	dark	medium	6
skirt	dark	large	6
skirt	pastel	small	4
skirt	pastel	medium	1
skirt	pastel	large	2
skirt	white	small	17
skirt	white	medium	1
skirt	white	large	10
pants	dark	small	14
pants	dark	medium	6
pants	dark	large	0
pants	pastel	small	1
pants	pastel	medium	0
pants	pastel	large	1
pants	white	small	3
pants	white	medium	0
pants	white	large	2

다차원 데이터

측정 속성(measure attribute)이란 임의 값을 측정하는 속성이며, 차원 속성(dimensional attribute)이란 (주로) 집계 함수가 적용된 측정 속성 값을 보고자 하는 기준 속성을 의미한다. 다차원 데이터란 차원 속성을 기준으로 측정 속성을 산출하는 데이터를 의미한다.

sales 관계

상기 그림은 예제로 사용하려고 하는 sales 관계 인스턴스를 보인다. quantity 속성은 측정 속성이며, item, color, size은 차원 속성이다. 상기에 나오는 그림은 단일 테이블이나 터플 개수가 많아서 두 개 테이블로 나누어서 보였다.

상기 예제는 다음 책에서 인용하였다.
Silberschatz, H. Korth, and S. Sudarshan, Database System Concepts (6th edition), McGraw-Hill, 2011.

Subtopics

- A cross tabulation (cross tab, also called a pivot table) is a table derived from a relation R where
  - Values for one of the dimension attributes form the row headers
  - Values for another dimension attribute form the column headers
  - Other dimension attributes are listed on top
  - Values in individual cells are (aggregates of) the values of the dimension attributes that specify the cell

size : all

		color			
		dark	pastel	white	total
item	skirt	8	35	10	53
	dress	20	10	5	35
	shirt	14	7	28	49
	pants	20	2	5	27
	total	62	54	48	164

교차분석 (cross tabulation)

교차분석이란 차원 속성 간의 연관 관계를 보여주는 테이블이며, 각 셀은 측정 속성의 집계 값을 보인다. 교차분석표를 피벗 테이블(pivot table) 또는 분할표(contingency table)이라고도 한다.

Data Cube

- A data cube is a multidimensional generalization of a cross-tab
- Can have n dimensions (shown is 3 dimension)
- Cross-tabs can be used as views on a data cube

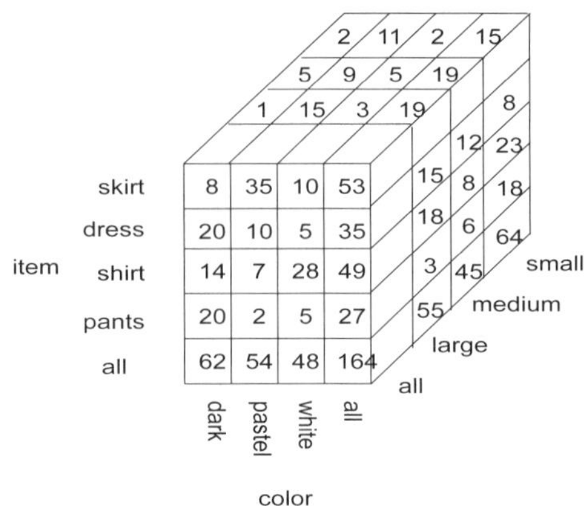

데이터 큐브

데이터 큐브란 교차분석을 다차원으로 일반화한 것이다. 상기 그림은 3차원 데이터 큐브를 보인다. 표면에 보이는 셀은 관련 값이 보이지만, 안에 있는 셀도 관련 값을 (다만 안 보이지만) 가지고 있다.

상기 데이터 큐브 전면에 보이는 면은 앞서 살펴본 교차분석 예제와 동일함을 주목하자.

sales 관계에서 차원 속성은 3 값을 가지는 color, 4 값을 가지는 items, 3 값을 가지는 size이며, 각 속성에 대한 합 속성을 고려하면 4*5*4= 80 개의 셀이 존재한다.

OLAP Operations

- Slicing/dicing
  - Viewing the data cube with a fixed value of a dimensional attribute
  - Sometimes called "dicing" when values of multiple dimensions are fixed
- Rollup
  - OLAP systems permit users to view data at any desired level of granularity
  - Aggregation moving from finer-granularity data to a coarse granularity
  - The opposite operation is called "drill down"

Hierarchies on Dimensions

- Hierarchy on dimension attributes
  - To view dimensions at different levels of detail
  - For example, the dimension "city" can be used to aggregate by province and country

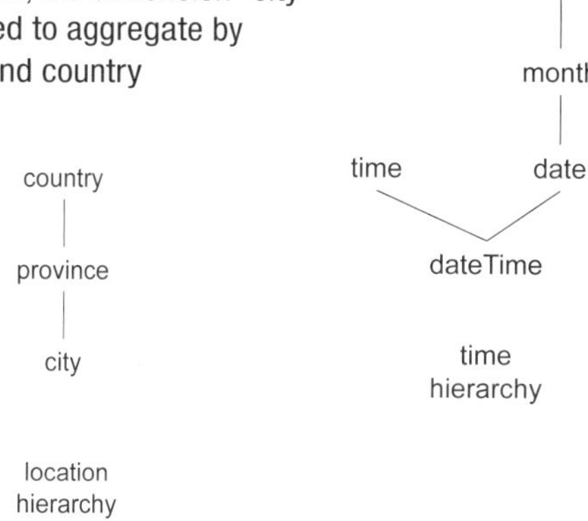

OLAP 연산

슬라이싱 연산은 다차원 데이터에서 하나의 차원 속성 값을 고정한 후에 데이터 큐브를 생성하는 연산을 의미하며, 두 개 이상의 차원 속성 값을 고정한 후에 데이터 큐브를 생성하는 연산은 다이싱(dicing)이라고 한다.

rollup 연산은 작은 단위의 데이터를 큰 단위로 집계하여 큰 단위의 데이터로 다차원 데이터를 조명하는 연산이며, 반대 연산은 drill down이라고 한다.

차원 계층

차원 속성에 대하여 계층을 정의할 수 있다. 차원 계층은 차원 데이터를 여러 레벨로 조망하기 위하여 정의한다. 예를 들어, 도시(city)의 상위 계층은 도(province, 道)로 정의가 가능하며, 도의 상위 계층으로는 국가(country)로 정의할 수 있다.

Cross Tabulation with Hierarchy

- Cross tabs can be easily extended to deal with hierarchies
  - Can drill down or roll up on a hierarchy

size : all

category	item	color			total	
		dark	pastel	white		
womens wear	skirt	8	35	10	53	
	dress	20	10	5	35	
	subtotal	28	45	15		88
mens wear	shirt	14	7	28	49	
	pants	20	2	5	27	
	subtotal	34	9	33		76
total		62	54	48		164

계층을 지원하는 교차분석

교차분석은 차원 속성의 계층을 지원할 수 있다. skirt와 dress는 여성 의류이고 shirts와 pants가 남성 의류이면, 사용자는 shirt/dress 레벨에서 집계 데이터를 관찰한 후 rollup 하여 여성 의류 레벨에서 집계 데이터를 볼 수 있으며, 남성 의류 레벨에서 집계 데이터를 관찰한 후 drilldown하여 shirts/pants 레벨에서 집계 데이터를 볼 수도 있다.

Relational Representation of Cross-tabs

- Cross-tabs can be represented as relations
  - We use the value "all" to represent aggregates
  - The SQL standard actually uses "null" values in place of "all"

item	color	size	quantity
skirt	dark	all	8
skirt	pastel	all	35
skirt	white	all	10
skirt	all	all	53
dress	dark	all	20
dress	pastel	all	10
dress	white	all	5
dress	all	all	35
shirt	dark	all	14
shirt	pastel	all	7
shirt	white	all	28
shirt	all	all	49
pants	dark	all	20
pants	pastel	all	2
pants	white	all	5
pants	all	all	27
all	dark	all	62
all	pastel	all	54
all	white	all	48
all	all	all	164

교차분석의 테이블 표현

교차분석은 (사용자가 명시하는) 기본 데이터 외에 집계 데이터를 가지고 있으며, 이를 상기 예제와 같이 테이블 형식으로 표현이 가능하다. 값 'all'은 해당 차원 속성의 모든 값을 의미한다.

(shirt, all, all, 49) 터플은 color 차원 속성의 모든 값(즉, dark, pastel, white)과 size 차원 속성의 모든 값(즉, large, medium, large)에 해당되는 quantity의 합이 49임을 표현한다. 이는 sales 테이블에 대하여 group by item을 수행한 결과이다.

```
select item, sum(quantity)
from sales
group by item;
```

차원 속성의 계층도 테이블 형식으로 표현이 가능하다. 예를 들면, itemCategory(itemName, category) 관계를 작성한 후, 이를 sales 관계와 조인을 하면 특정 item이 속하는 category가 함께 명시되며, 이 테이블에 대하여 group-by절을 적용하면 차원 속성의 계층을 지원하는 교차분석을 테이블 형식으로 표현이 가능하다.

Pivot Clause (1/2)

- SQL implementations support a pivot clause which allows creation of cross-tabs
  - Changing the dimensions used in a cross-tab is called "pivoting"

Pivot Clause (2/2)

- Select *
  from sales
  pivot (sum(quantity)
  for color in
  ('dark', 'pastel','white'));
- The attribute "color" is eliminated, but "for" clause specifies new attributes
- "quantity" attribute is not there any more

item	size	dark	pastel	white
skirt	small	2	11	2
skirt	medium	5	9	5
skirt	large	1	15	3
dress	small	2	4	2
dress	medium	6	3	3
dress	large	12	3	0
shirt	small	2	4	17
shirt	medium	6	1	1
shirt	large	6	2	10
pants	small	14	1	3
pants	medium	6	0	0
pants	large	0	1	2

피봇 절 (1/2)

SQL 언어 시스템 다수(Oracle, MS SQL Server)는 교차분석을 생성하는 피봇절을 지원한다.

피봇 절 (2/2)

상기 SQL은 sales 테이블에서 교차분석을 생성한다.

sales(item, color, size, quantity)

sales 테이블에 존재하는 color 속성은 교차분석 테이블 속성에서 제외되며, for 절에 명시된 값이 교차분석의 속성 헤드(attribute head)에 위치한다. 나머지 속성은 교차분석에 변경 없이 나오게 되며, quantity 속성은 교차분석의 셀 값으로 표시된다.

만약 셀 값을 구성하는 터플이 두 개 이상이면, 이에 대한 집계 연산(여기서는 sum(qunatity)) 수행하여야 하는데, 상기 예제는 셀 값을 구성하는 터플이 하나이므로 집계 연산이 적용되지 않았다.

Cube Operation (1/2)

- sales(item, color, size, quantity)
- To find the number of items sold in each item
  - Select item, sum(quantity) from sales group by item;
- To find the number of items sold in each item name and color
  - Select item, color, sum(quantity) from sales group by item, color;
- Need to perform "group by" many time

item	quantity
skirt	53
dress	35
shirt	49
pants	27

item	color	quantity
skirt	dark	8
skirt	pastel	35
skirt	white	10
dress	dark	20
dress	pastel	10
dress	white	5
shirt	dark	14
shirt	pastel	7
shirt	white	28
pants	dark	20
pants	pastel	2
pants	white	5

큐브 연산 (1/2)

sales(item, color, size, quantity) 테이블을 고려하자.

각 아이템 별로 판매된 수량을 구하려면 첫 번째 SQL 문장을 수행하여야 하고, 각 아이템 및 색상 별로 판매된 수량을 구하려면 두 번째 SQL 문장을 수행하여야 한다. OLAP 응용 분야에서는 데이터 분석을 위하여 "group by" 절을 자주 사용함을 알 수 있다.

Cube Operation (2/2)

- The "cube" operation computes union of "group by"s on every subset of the specified attributes
  - For each grouping, the result contains the null value for attributes not present in the grouping
- sales(item, color, size, quantity)
  - Select item, color, size, sum(quantity) from sales group by cube(item, color, size);
  - This computes the union of eight different groupings of the sales relation
    - { (item, color, size), (item, color), (item, size), (item), (color, size), (color), (size), ( ) } where ( ) denotes an empty group by list

큐브 연산 (2/2)

큐브 연산은 명시된 속성의 모든 부분 집합에 대하여 "group by" 절을 적용하며, 부분 집합에 속하지 않은 속성은 null로 표현한다.

sales 테이블에 대하여 상기 SQL 문장을 적용하자. 세 개의 속성이 명시되어 있으므로, 이에 대한 부분 집합 개수는 8(= 23)이므로 8번의 group by 문장이 수행하게 된다.

결과 테이블은 (item, color, size, sum(quantity)) 속성으로 구성되며, 큐브 결과 테이블은 일반적으로 큰 테이블이다. 4 종류의 item, 3가지 색상, 3가지 사이즈인 경우 80 (= 5 * 4 * 4) 터플을 가지는 테이블이다.

Cube Example

- Select item, color, sum(quantity) from sales group by cube(item, color);

item	color	quantity
skirt	dark	8
skirt	pastel	35
skirt	white	10
skirt	null	53
dress	dark	20
dress	pastel	10
dress	white	5
dress	null	35
shirt	dark	14
shirt	pastel	7
shirt	white	28
shirt	null	49
pants	dark	20
pants	pastel	2
pants	white	5
pants	null	27
null	dark	62
null	pastel	54
null	white	48
null	null	164

큐브 예제

상기 SQL 큐브 연산에 대한 결과 테이블을 보인다.

cube(item, color)는 group by (item, color), group by item, group by color, group by () 를 수행한다.

결과 테이블에서 가장 아래 터플은 group by () 결과이며, 그 위의 3개 터플은 group by color 결과이다.

"rollup" Aggregation (1/3)

- The "rollup" construct generates union on every prefix of specified list of attributes
  - Select item, color, size, sum(quantity) from sales group by rollup(item, color, size);
  - Generates union of four groupings { (item, color, size), (item, color), (item), ( ) }

rollup 집계 (1/3)

rollup 표현은 큐브 연산과 유사하지만, group by 절을 생성할 때 주어진 순서를 유지한다. 상기 SQL 문장에서는 4가지 group by 절이 적용된다.

cube에 명시되는 속성 순서는 무의미하지만, rollup에 명시되는 속성 순서는 의미를 가진다.

"rollup" Aggregation (2/3)

- Rollup can be used to generate aggregates at multiple levels of a hierarchy
- Suppose itemCategory(item, category)
  - Select category, itemCategory.item, sum(quantity)
    from sales, itemCategory
    where sales.item = itemCategory.item
    group by rollup(category, itemCategory.item)
  - Gives a hierarchical summary by category and by (category itemCategory.item)
- Consider location hierarchy (country, province, city)
  - "group by rollup(county, province, city)" gives a hierarchical summary !!!

rollup 집계 (2/3)

itemCategory(item, category) 테이블은 item이 속하는 category를 저장하고 있다고 하자.

상기 SQL 문장은 (category itemCategory.item) 기준의 수량의 합, category 기준 수량의 합을 보여준다.

지역 계층이 (country, province, city)로 구성이 된다고 하자.
group by rollup(country, province, city) 표현은
country 별로 집계함수를 적용하고,
country province 별로 집계함수를 적용하고,
country province city 별로 집계함수를 적용하므로
사용자에게 drill-down 효과를 제공한다.

"rollup" Aggregation (3/3)

- Multiple rollups and cubes can be used in a single "group by" clause
  - Each generates set of "group by" lists
  - Cross product of sets gives overall set of "group by" lists
- Select item, color, size, sum(number)from salesgroup by rollup(item), rollup(color, size);
  - Generates the groupings {item, ()} X {(color, size), (color), ()}
    = { (item, color, size), (item, color), (item),
    (color, size), (color), ( ) }

rollup 집계 (3/3)

rollup과 cube 표현은 함께 사용이 가능하며, 이 경우 가능한 각 부분집합의 모든 조합에 대한 group by 가 적용된다.

OLAP Implementation (1/2)

- The earliest OLAP systems used multidimensional arrays in memory to store data cubes, and are referred to as multidimensional OLAP (MOLAP) systems
- OLAP implementations using only relational database features are called relational OLAP (ROLAP) systems
- Hybrid systems, which store some summaries in memory and store the base data and other summaries in a relational database, are called hybrid OLAP (HOLAP) systems

OLAP Implementation (2/2)

- Early OLAP systems precomputed all possible aggregates in order to provide online response
  - Space and time requirements for doing so can be very high (2^n combinations of group by)
- Several optimizations available for computing multiple aggregates
  - It suffices to precompute some aggregates, and compute others on demand from one of the precomputed aggregates
    - · Can compute aggregate on (item, color) from an aggregate on (item, color, size)
  - Can compute aggregates on (item, color, size), (item, color) and (item) using a single sorting of the base data
  - Not applicable for non-decomposable aggregates such as "median"

OLAP 구현 (1/2)

OLAP 시스템을 구현하는 세 가지 방식을 설명한다. 초기에는 MOLAP 방식이었으나, 관계형 데이터베이스 시스템이 OLAP 기능을 지원하게 되면서 ROLAP 방식, HOLAP 방식으로 발전하였다.

OLAP 구현 (2/2)

초기 OLAP 시스템은 모든 그룹에 대한 집계함수 결과를 저장하였으나, 종종 큐브 데이터가 원 데이터보다 용량이 더 크기도 하며 모든 그룹에 대한 집계 함수 결과를 저장하는 것은 현실적으로 불가능하기도 하다.

다중 집계 함수를 계산하는 최적화 방법에 대한 방안은 다수가 존재한다. 속성 A가 속성 B의 일부이면, 일부 집계함수의 경우에는 B에 대한 집계 결과로 부터 A에 대한 집계 결과를 구할 수 있다.

medium은 중간 값을 의미하며, 평균(average)와는 다르다.

8.2 데이터 웨어하우스 (Data Warehouse)

Decision Support Systems

- Decision support systems are used to make business decisions, often based on data collected by on-line transaction-processing systems
  - What selling promotion is most effective?
  - What insurance premium to change?
  - To whom to send advertisements?

의사 결정 시스템

대용량 데이터가 컴퓨터 시스템에 저장, 관리됨에 따라, 이를 활용하여 다양한 사업 결정에 활용하려는 시도는 예전부터 있었으며, 이러한 시스템을 통칭하는 용어가 의사 결정 시스템이다. 사업 운영을 위하여 온라인으로 축적 관리되는 데이터를 사업 결정을 함에 있어 활용하고자 하는 노력이다.

몇 가지 사업 결정의 사례가 상기에 나열되어 있다.

A producer wants to know....

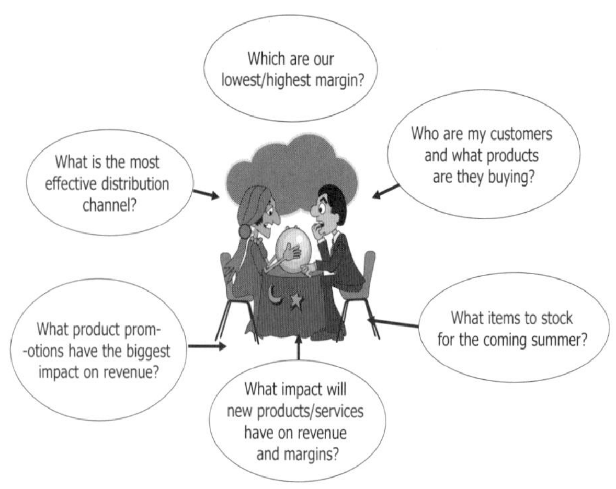

의사 결정 시스템이 필요한 이유

상기 슬라이드는 물건 제작자가 알고 싶어하는 사항을 몇 가지 정리하였다. 사업을 운영하는 사업자는 상기 사항에 대한 결정을 하여야 하며, 이러한 사업 결정을 지원하는 체계적인 도구는 그들에게 도움이 된다.

Issues in Decision Support Systems

- A data warehouse archives information gathered from multiple sources, and stores it under a unified schema, at a single site
  - OLAP operations (SQL extension)
- Data mining seeks to discover knowledge automatically in the form of statistical rules and patterns from large databases
  - Statistical analysis packages (such as SAS, S++) can be interfaced with databases

Data Warehouse (1/2)

- Data warehouse is a single, complete and consistent store of data obtained from a variety of different sources made available to end users under a unified schema
  - Separate OLAP data from OLTP data
  - Shifts decision support query load away from transaction processing systems
  - Data sources often store only current data, not historical data
  - Corporate decision making requires a unified view of all organizational data, including historical data

의사결정 시스템의 이슈

의사 결정 시스템 구축은 크게 두 단계로 구성이 된다. 첫 단계는 다수의 정보 원천지로 부터 정보를 수집하여 하나의 장소(이를 데이터 웨어하우스(data warehouse) 라고 함)에 저장, 관리하는 것이며, 다음 단계는 수집된 자료로 부터 의사 결정에 도움을 주는 정보 및 지식을 추출하는 것(이를 데이터 마이닝(data mining)이라고 함)이다.

데이터 웨어하우스 (1/2)

데이터 웨어하우스에 대한 정의 설명이다. 데이터 웨어하우스는 (지리적으로 분산되어 있는) 다수 소스로 부터 데이터를 수집하여 데이터 분석에 적합한 단일 스키마로 저장 관리하는 장소이며, 상기 설명 중에서 single, complete, consistent 단어가 중요 성질을 대변한다.

데이터 웨어하우스의 구축 이유 중의 하나는 operational data와 analysis data를 구분하여 OLTP 부하로 부터 OLAP 부하를 분리하고자 하는 것이다. OLTP 데이디에 대하여 데이터 분석 작업을 하면 운영 시스템에 과부하를 줄 수 있으며, 데이터 자체 또한 분석에 적합하지 않으므로, 원 데이터를 변화하여 하나의 데이터 저장소에 하나의 스키마하에 분석 데이터를 저장 관리하고자 하는 것이다.

Data Warehouse (2/2)

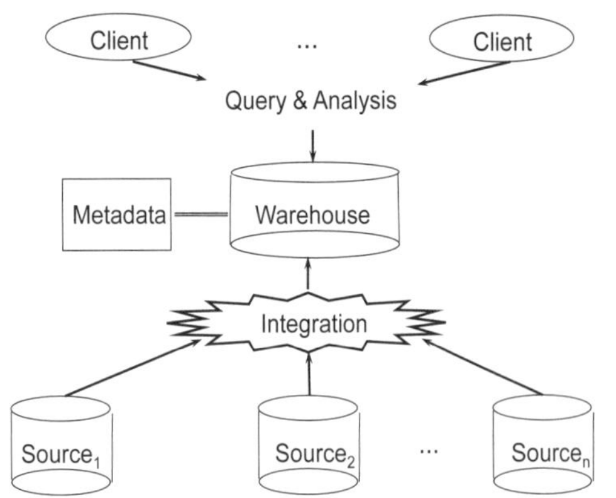

Comments on Data warehouse

- Data warehousing is combining data from multiple and usually varied sources into one comprehensive and easily manipulated database
- Common accessing systems of data warehousing include queries, analysis and reporting
- Because data warehousing creates one database in the end, the number of sources can be anything you want it to be
- The final result is homogeneous data, which can be more easily manipulated

데이터 웨어하우스 (2/2)

상기 그림은 데이터 웨어하우스 시스템에 대한 전반적인 상황을 도식적으로 보여준다.

데이터 웨어하우스 설명

데이터 웨어하우스에 대한 설명이다.

Data Warehouse should be ...

- Subject oriented: Data that gives information about a particular subject instead of about a company's ongoing operations
- Integrated: Data that is gathered into the data warehouse from a variety of sources and merged into a coherent whole
- Time-variant:
  - All data in the data warehouse is identified with a particular time period
  - Data is assumed to be accurate as of some moment in time
- Non-volatile: Data is stable in a data warehouse
  - More data is added but data is never removed
  - This enables management to gain a consistent picture of the business

Metadata in Data Warehouse

- Metadata is important for designing, constructing, retrieving, and controlling the warehouse data
- Technical metadata include where the data come from, how the data were changed, how the data are organized, how the data are stored, who owns the data, who is responsible for the data and how to contact them, who can access the data, the last date of access, etc
- Business metadata include what data are available, where the data are, what the data mean, how to access the data, predefined reports and queries, etc

데이터 웨어하우스 성질

데이터 웨어하우스가 가져야 하는 성질을 설명한다. 데이터 웨어하우스 데이터는 주제 지향적이며, 통합 데이터이어야 하고, 시간성을 가지는 데이터이고, (데이터 삭제 없이) 데이터 축적만이 발생한다.

데이터 웨어하우스의 메타 데이터

메타 데이터는 데이터에 대한 데이터(data about data)로서 데이터 웨어하우스에 저장 관리되며, 데이터 웨어하우스를 설계, 구축, 검색, 제어하는데 중요하다.

광의적 의미로 보면 메타 데이터는 기술적인 메타 데이터와 비즈니스 메타 데이터로 구분이 가능하며, 각 메타 데이터의 예제가 상기에 나열되어 있다.

OLTP vs OLAP

- OLTP
  - Application-oriented
  - Used to run business
  - Detailed data
  - Current up to date
  - Isolated data
  - Clerical user
  - Few records accessed at a time (tens)
  - Read/Update access
  - No data redundancy
  - Transaction throughput is the performance metric
  - Thousands of users
- OLAP
  - Subject-oriented
  - Used to analyze business
  - Summarized and refined
  - Snapshot data
  - Integrated data
  - Knowledge user (Manager)
  - Large volumes accessed at a time (millions)
  - Mostly read (batch update)
  - Redundancy present
  - Query throughput is performance metric
  - Hundreds of users

OLTP와 OLAP

OLTP와 OLAP 처리의 특징을 대조적으로 설명한다. OLTP 데이터는 OLAP 처리에 부적합하므로 운영 데이터를 OLAP 처리에 적합하게 데이터를 변형, 저장, 관리하는 장소가 데이터 웨어하우스이다.

Design Issues (1/2)

- ETL (extract, transformation, loading) process
- When and how to gather data
  - Source driven architecture: data sources transmit new information to warehouse, either continuously or periodically
  - Destination driven architecture: warehouse periodically requests new information from data sources
  - Data/updates are periodically downloaded from online transaction processing (OLTP) systems
    - Usually OK to have slightly out-of-date data at warehouse

설계 이슈 (1/2)

데이터 웨어하우스를 구축하려면 ETL 과정을 거쳐야 한다. 즉, 데이터를 추출하고 이를 변환하여 데이터 저장소에 로딩을 하여야 한다. 상기 슬라이드는 ETL 과정에서 고려하여야 하는 설계 이슈를 설명한다.

데이터 수집 및 전달은 source-driven 또는 destination-driven이 가능하다. 데이터 웨어하우스와 외부 데이터 소스와의 동기화는 정기적인 데이터 이관으로 이루어지며, 그 결과 일정기간 동안 데이터간의 out-of-date가 현상이 발생하나 이로 인한 손실은 무시할 수 있다. 데이터 간의 out-of-date 현상을 원천적으로 해결하려면 two-phase commit protocol을 사용할 수 있으나 비용 대비 효과가 거의 없으므로 two-phase commit 방식은 사용하지 않는다.

Design Issues (2/2)

- Data cleansing and transformation
  - E.g., correct mistakes in addresses, merge address lists from different sources and purge duplicates, change measure units, ...
  - Take much longer then expected in most cases
- What data to summarize
  - Raw data may be too large to store on-line
  - Aggregate values (totals/subtotals) often suffice
- What schema to use
  - Schema integration

설계 이슈 (2/2)

데이터 정제(cleansing) 및 변환 작업은 원천 데이터가 가지고 있는 다양한 오류 제거 및 다수 데이터 소스 병합에 따른 데이터 중복 제거 및 변환 작업을 의미한다. 실제 데이터 웨어하우스 구축 시에 데이터 정제 작업은 예상보다 훨씬 많은 시간이 소요되는 경우가 많다.

데이터 웨어하우스에 저장할 데이터를 결정하여야 한다. 데이터 웨어하우스에 raw 데이터를 변환 없이 저장하는 경우에는 데이터 용량이 많으므로 보통 집계 데이터 저장한다. 또한 집계 데이터는 구체적으로 어떤 집계 데이터를 데이터 웨어하우스에 저장할 것인지 결정하여야 한다.

Schemas

- The data is usually multidimensional data with dimension attributes and measure attributes
- Fact tables, which have dimension and measure attributes, are very large
  - Dimension values, which are declared as a foreign key, are usually encoded using small integers and mapped to full values via dimension tables
- Dimension table has full information on dimension attribute
- Resultant schema is called a star schema
  - Snowflake schema: multiple levels of dimension tables
  - Constellation: multiple fact tables

스키마

데이터 웨어하우스에서 사용되는 데이터는 보통 차원 속성과 측정 속성을 가지는 다차원 데이터이다. 차원 속성과 측정 속성을 가지는 테이블(즉, fact table)는 용량이 방대하므로 차원 속성에 대한 상세한 정보를 내부적으로 저장하지 않고, 차원 테이블에서 해당 차원 속성에 대한 상세 정보를 가지고 있다. 하나의 fact table에는 다수개의 외래 키가 있으며, 각 외래 키는 해당 차원 속성에 대한 상세한 정보를 가지고 있는 차원 테이블을 참조한다. 즉, 하나의 fact table에 다수 개의 차원 테이블이 연관되어 있는 소위 "스타 스키마" 형태가 이루어 진다.

- snowflake (눈송이) : one of the soft, white bits of frozen water that fall as snow.
- constellation (별자리, 성좌) : a group of stars which form a pattern and have a name.

Star Schema Example

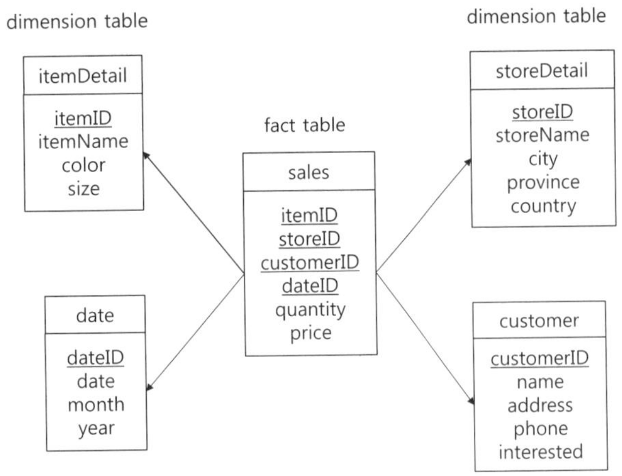

Data Marts

- A data mart is a scaled down version of a data warehouse that focuses on a particular subject area
- A data mart is a subset of an organizational data store, usually oriented to a specific purpose or major data subject, that may be distributed to support business needs
- Data marts are analytical data stores designed to focus on specific business functions for a specific community within an organization
- Implemented as the first step in proving the usefulness of the technologies to solve business problems

스타 스키마 예제

스타 스키마 예제이다. sales 테이블 속성 중에서 itemID, storeID, customerID, dateID는 차원 속성이며, quantity 및 price는 측정 속성이다. fact table인 sales 테이블에는 4개의 외래 키가 있으며, 각각은 해당 차원 속성의 상세 정보를 가지고 있는 차원 테이블을 참조한다.

데이터 마트

데이터 마트는 작은 규모의 데이터 웨어하우스이며, 조직체 전체를 위한 데이터 분석이 아닌 (주로) 특정 부서 데이터 분석 또는 특정 주제 데이터 분석을 위하여 생성하는 소규모 단위의 데이터 저장소이다.

Characteristics of Data Mart

- Source is departmentally structured data warehouse
- Easy access to frequently needed data
- Improves end-user response time
- Customized by departments
- Ease of creation in less time
- Lower cost than implementing a full data warehouse
- Creates collective view by a group of users

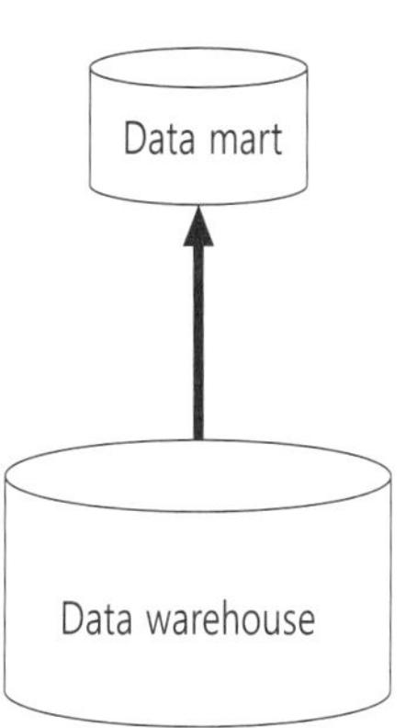

데이터 마트 특성

데이터 마트의 특성을 설명한다.

8.3 데이터 마이닝 (Data Mining)

Data Mining

- Data mining is the process of semi-automatically analyzing large databases to find valid, previously-unknown, interesting, useful patterns (knowledge)
  - Valid: the patterns hold in general
  - Useful: we can devise actions from the patterns
- Data mining is an interdisciplinary field of artificial intelligence, machine learning, statistics, and database systems

데이터 마이닝

데이터 마이닝은 대규모 데이터를 분석하여 유용한 지식(패턴)을 추출하는 분야이며, 데이터베이스, 인공지능, 통계학 분야 연관이 많다.

Common Tasks in DM

- Association rule (dependency modelling) searches for relationships between variables
- Clustering is the task of discovering groups and structures in the data that are in some way or another "similar", without using known structures in the data
- Classification is the task of generalizing known structure to apply to new data. For example, an e-mail program might attempt to classify an e-mail as "legitimate" or as "spam"
- Regression attempts to find a function which models the data with the least error
- Summarization provides a more compact representation of the data set, including visualization and report generation
- Anomaly detection (outlier/change/deviation detection) is an identification of unusual data records that might be interesting or data errors that require further investigation

데이터 마이닝 일반 업무

데이터 마이닝의 주요 분야로는 연관 규칙, 집단화(clustering), 분류, 회귀(regression), 요약(summarization), 변형 탐지 등이 있다. 데이터마이닝 업무는 크게 prediction task와 description task로 구분이 가능하다.

Prediction task: use some variable to predict unknown or future values of other variable

- classification
- regression
- deviation detection

Description task: find human-interpretable patterns that describe the data

- clustering
- association rule
- summarization

Association Rule

- Association rule example
  - Retail shops are often interested in associations between different items that people buy (for example, someone who buys bread is quite likely also to buy milk)
  - When a customer buys a particular book, an online shop may suggest associated books
  - Association between exposure to chemical X and cancer

연관 규칙

연관 규칙은 변수간의 관계성을 규명하는 작업이며, 슈퍼마켓, 온라인 서점, 질병 제어 분야에서 활용될 수 있다.

Support and Confidence

- Association rules:
  - For example, bread ⇒ milk
  - LHS is called antecedent, RHS is called consequent
- An association rule must have an associated population
- Association rules have an associated support as well as an associated confidence
- "Support" is a measure of what fraction of the population satisfies both the antecedent and the consequent of the rule
- "Confidence" is a measure of how often the consequent is true when the antecedent is true
  - For example, the rule bread ⇒ milk has a confidence of 80 percent if 80 percent of the purchases that include bread also include milk

지원 및 확신

연관 규칙은 지원(support)와 확신(confidence) 값을 가진다. 지원은 연관 규칙과 관련있는 전체 인스턴스(즉, population) 중에서 선행조건(antecedent) 및 결과(consequent)를 모두 만족하는 인스턴스 비율을 의미한다. 지원이 낮은 규칙은 빈번하지 않은 인스턴스이므로 관심 대상이 아니며, 예를 들어 지원이 2% 이상의 규칙만 고려할 수 있다.

확신은 선행조건이 만족할 때 결과가 만족하는 인스턴스의 비율이다. 그러므로 연관 규칙 "bread ⇒ milk"의 확신과 연관 규칙 "milk ⇒ bread"의 확신은 값이 다르다 (두 개 규칙의 지원 값은 동일하나).

- LHS (left-hand side), RHS (right-hand side)

How to Find Association Rules

- Naïve algorithm
  - Consider all possible sets of relevant items
  - For each set, compute the support (i.e., count how many transactions purchase all items in the set)
    - · We are generally only interested in association rules with reasonably high support (e.g., support of 2% or greater)
    - · We call sets with sufficiently high support "large itemsets"
  - Use large itemsets to generate association rules
    - · From an itemset S, generate a rule S-{s} ⇒ {s} for each s∈S
      - Support of the rule = support(S)
      - Confidence of the rule = support(S) / support(S-{s})
    - · Output rules with sufficient confidence

연관 규칙 구하기

연관 규칙을 구하는 알고리즘이다. 사용자는 일정 이상의 지원을 가진 연관 규칙에만 관심이 있으므로, 첫 단계는 주어진 데이터로 부터 큰 아이템집합(large itemset)을 구하는 것이다. Large itemset을 구하는 방식은 다음 슬라이드에 설명한다.

Large itemset S을 구하면 이를 이용하여 일정 신뢰를 가진 연관 규칙을 구한다.

How to Find large Itemsets

- Maintain a count (initially 0) for each set of items
  - Increment the count as the set is contained in the transaction
  - If memory is not enough to hold all counts for all itemsets, use multiple passes considering only some itemsets in each pass
  - Optimization: Once an itemset is eliminated because its count (support) is too small, none of its supersets needs to be considered !!!
- The "a priori" technique to find large itemsets
  - Pass 1: count support of all sets with just 1 item
    Eliminate those items with low support
  - Pass i: candidates is every set of i items such that all its (i-1) item subsets are large
    - · Count support of all candidates
    - · Stop if there are no candidates

Large Itemset 구하기

Large itemset 구하는 알고리즘을 설명한다.

트랜잭션에 관련 있는 모든 아이템(아이템의 슈퍼집합 포함)에 대하여 지원을 구하는 알고리즘이며, 한 개를 가지는 itemset를 구하고, 그 다음에는 두 개를 가지는 itemset을 구하고, 그 다음에는 3개를 가지는 itemset을 구하는 방식으로 itemset에 속하는 아이템 개수를 늘려가는 방식으로 large itemset을 구한다.

Apriori Example (1/4)

TID	List of items
T_1	I1, I2, I5
T_2	I2, I4
T_3	I2, I3
T_4	I1, I2, I4
T_5	I1, I3
T_6	I2, I3
T_7	I1, I3
T_8	I1, I2, I3, I5
T_9	I1, I2, I3

Transactional data

Itemset	Sup. count
{I1}	6
{I2}	7
{I3}	6
{I4}	2
{I5}	2

C_1

Itemset	Sup. count
{I1}	6
{I2}	7
{I3}	6
{I4}	2
{I5}	2

L_1

Apriori 예제

a priori 알고리즘을 이용하여 Large itemsets을 구하는 구체적인 예제이다. 트랜잭션 개수는 9개이며, 최소 지원 개수는 2(즉, 2/9 = 22%)라고 가정하자.

주어진 데이터베이스 트랜잭션 데이터로부터, 1-itemset 후보(C_1)를 구 한 후, 최소 지원을 가지는 1-itemset(L_1)을 구한다. 상기 예제에서는 C_1의 모든 항목이 최소 지원을 만족하므로 C_1과 L_1이 동일하다.

상기 예제는 다음 교재를 참조하였다.

J. Han and M. Kamber, Data Mining: Concepts and Techniques, Morgan Kaufmann Publishers, 2001.

Apriori Example (2/4)

Generate C_2 candidates
from $L_1 \bowtie L_1$

Itemset
{I1,I2}
{I1,I3}
{I1,I4}
{I1,I5}
{I2,I3}
{I2,I4}
{I2,I5}
{I3,I4}
{I3,I5}
{I4,I5}

C_2

Itemset	Sup. count
{I1,I2}	4
{I1,I3}	4
{I1,I4}	1
{I1,I5}	2
{I2,I3}	4
{I2,I4}	2
{I2,I5}	2
{I3,I4}	0
{I3,I5}	1
{I4,I5}	0

Itemset	Sup. count
{I1,I2}	4
{I1,I3}	4
{I1,I5}	2
{I2,I3}	4
{I2,I4}	2
{I2,I5}	2

L_2

Apriori 예제

L_1으로 부터 L_2를 구하는 과정이다.

첫째 L_1간의 조인(여기서는 카티시안 곱) 연산을 하여 총 ${}_5C_2$ (5*4/2 = 10)개의 C_2 itemset을 산출한다. 둘째, 각 itemset에 대한 지원을 트랜잭션 데이터를 참조하여 상기 그림에서 중간 테이블 같이 구한다. 셋째, 그 중에서 2개 이상의 지원을 가지는 itemset을 구하여 2-itemset(L_2)을 구한다.

Apriori Example (3/4)

Generate C_3 candidates
from $L_2 \bowtie L_2$

Itemset
{I1,I2}
{I1,I3}
{I1,I5}
{I2,I3}
{I2,I4}
{I2,I5}

$\bowtie$

Itemset
{I1,I2}
{I1,I3}
{I1,I5}
{I2,I3}
{I2,I4}
{I2,I5}

=

Itemset	Sup. count
{I1,I2,I3}	2
{I1,I2,I5}	2
{I1,I2,I4}	pruned
{I1,I3,I5}	pruned
{I2,I3,I4}	pruned
{I2,I3,I5}	pruned
{I2,I4,I5}	pruned

C_3

Itemset	Sup. count
{I1,I2,I3}	2
{I1,I2,I5}	2

L_2

Apriori 예제

L_2으로 부터 L_3를 구하는 과정이다.

첫째 L_2간의 조인 연산을 하여 C_3 itemset을 산출한다. 조인 연산 중에서 itemset 크기가 3인 itemset은 상기 그림과 같이 총 7개가 생성되지만, 그 중 충분한 지원을 받을 수 있는 itemset만을 고려하여야 한다.

{I1, I2, I3} : 서브셋 {I1,I2} {I1,I3} {I2,I3} 모두가 L_2에 속하므로 C_3에 속한다.

{I1, I2, I4} : 서브셋 {I1,I2} {I1,I4} {I2,I4} 중에서 {I1, I4}가 L_2에 속하지 않으므로 {I1, I2, I4}는 C_3에 속할 수 없다.

나머지 itemset도 같은 방식으로 처리하면, 총 2개만이 C_3에 속한다.

C_3의 각 itemset에 대하여 트랜잭션 데이터를 참조하여 지원값을 구하여 L_3를 구한다.

Apriori Example (4/4)

- Generate C_4 candidates from $L_3 \bowtie L_3$
  - {I1,I2,I3} ⋈ {I1,I2,I5} = {I1, I2, I3, I5}
  - Its subset {I2, I3, I5} is not frequent, so no C_4 exists

Apriori 예제 (4/4)

L_3으로 부터 L_4를 구하는 과정이다.

첫째 L_2간의 조인 연산을 하여 C_3 itemset을 산출한다. 조인 연산 중에서 itemset 크기가 3인 itemset은 상기 그림과 같이 총 7개가 생성되지만, 그 중 충분한 지원을 받을 수 있는 itemset만을 고려하여야 한다.

{I1, I2, I3} : 서브셋 {I1,I2} {I1,I3} {I2,I3} 모두가 L_2에 속하므로 C_3에 속한다.

{I1, I2, I4} : 서브셋 {I1,I2} {I1,I4} {I2,I4} 중에서 {I1,I4}가 L_2에 속하지 않으므로 {I1, I2, I4}는 C_3에 속할 수 없다.

나머지 itemset도 같은 방식으로 처리하면, 총 2개만이 C_3에 속한다.

C_3의 각 itemset에 대하여 트랜잭션 데이터를 참조하여 지원값을 구하여 L_3를 구한다.

Rule Generation Example

- Consider I={I1,I2,I5}
- What are the association rules to be generated from I?
- Nonempty subsets of I : {I1,I2}, {I1,I5}, {I2,I5}, {I1}, {I2}, {I5}
  - I5 ⇒ I1 ∧ I2, confidence=2/2=100%
  - I2 ⇒ I1 ∧ I5, confidence=2/7=29%
  - I1 ⇒ I2 ∧ I5, confidence=2/6=33%
  - I2 ∧ I5 ⇒ I1, confidence=2/2=100%
  - I1 ∧ I5 ⇒ I2, confidence=2/2=100%
  - I1 ∧ I2 ⇒ I5, confidence=2/4=50%

TID	List of items
T_1	I1, I2, I5
T_2	I2, I4
T_3	I2, I3
T_4	I1, I2, I4
T_5	I1, I3
T_6	I2, I3
T_7	I1, I3
T_8	I1, I2, I3, I5
T_9	I1, I2, I3

규칙 생성 예제

large itemsets로부터 연관 규칙을 생성할 수 있다. 주어진 itemset S의 모든 부분집합 s에 대하여 "S-{s} ⇒ s" 연관 규칙을 생성하며, 주어진 신뢰(confidence) 이상을 연관 규칙이 최종 결과가 된다.

Comments on Association

- Basic association rules have several limitations
  - If many people purchase bread, and many people purchase cereal, quite many would be expected to purchase both
- Deviations from the expected probability are more interesting
  - Positive correlation: co-occurrence is higher than predicted
  - Negative correlation: co-occurrence is lower than predicted
- Sequence associations/correlations
  - Time-series data (stock prices)
- Deviations from temporal patterns
  - E.g., "sales of winter clothes go down in summer" is not surprising (part of known patterns)
  - Look for deviations from what expected

연관에 대한 몇 가지 주석

앞에서 살펴본 연관 규칙 발견은 단점이 있는데, 대표적으로는 충분히 예상할 수 있는 연관을 생성하는 것이다. 만약 많은 사람이 빵을 사고, 많은 사람이 시리얼(cereal)을 산다고, 많은 사람이 두 개 모두를 구매한다고 예측할 수 있다.

관심 있는 것은 기대치 이상 또는 이하의 연관성이라고 할 수 있다. 기대 이상으로 co-occurrence가 발생하는 positive correlation 또는 기대 이하로 co-occurrence가 발생하는 negative correlation이 흥미로울 수가 있다. correlation 계산 방법은 통계학에서 많이 다루고 있다.

시간 연속 데이터의 대표적인 예제는 주식 데이터이다.

Classification

- Classification is the task of generalizing known structure to apply to new data
  - Given a new item whose class is unknown, predict to which class it belongs
  - Given a new automobile insurance applicant, should he/she be classified as low risk, medium risk or high risk?
  - An email program might attempt to classify an email as "legitimate" or as "spam"
- Classification rules help assign new objects to classes
  - $\forall$ person P, P.degree=none and P.income>50,000 $\Rightarrow$P.credit=good
  - $\forall$ person P, P.degree=bachelor and P.income>100,000 $\Rightarrow$ P.credit=excellent
  - Rules are not necessarily exact (there may be some misclassifications)

분류

예측(prediction)은 데이터 마이닝의 중요한 부분이다. 예측 업무 중의 하나가 분류이며, 분류는 주어진 개체가 소속되는 클래스를 예측하는 것이다. 주어진 데이타를 별개의 그룹으로 나누는 분류 규칙(classification rules)을 구하는 것이 분류 작업에서 중요하다.

Decision Tree

- Classification rules can be shown as a decision tree

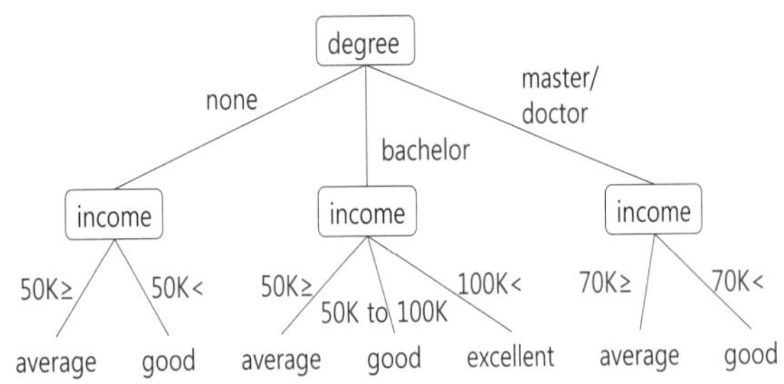

의사결정 트리(decision tree)

의사결정 트리는 분류에서 가장 널리 사용되는 기술이다. 의사결정 트리의 리프 노드는 목표 클래스를 의미하고, 중간 노드는 데이터를 분류하는 조건(predicate)를 의미한다.

How to Build a Decision Tree

- Use training set, which is a data sample in which the classification is already known
- Greedy top-down generation of decision trees
  - Each internal node of the tree partitions the data into groups based on a partitioning attribute, and a partitioning condition for the node
- How to pick best attributes and partitioning conditions
  - Gini measure
  - Entropy measure
  - Information gain

의사결정 트리(decision tree) 구하기

훈련 데이터 집합은 데이터가 속하는 클래스가 이미 알려진 데이터로서 분류 방법을 구축하는데 사용된다. 훈련 데이터를 이용하여 의사결정 트리를 생성할 수 있다.

생성 방법은 greedy 방식이며 top-down 방식이다. 의사결정 트리를 구하려면, 분류하는 조건 또는 속성을 결정하여야 하는데, 이를 평가하는 방법은 몇 가지가 제안되어 있으며 자세한 내용은 생략하기도 한다.

How to Evaluate Classifier

		actual	
		positive	negative
prediction	positive	true positive (t_pos)	false positive (f_pos)
	negative	false negative (f_neg)	true negative (t_neg)

- Evaluation
  - Let pos be (t_pos+f_neg), neg be (t_neg+f_pos)
  - Accuracy = (t_pos + t_neg) / (pos + neg)
  - Recall = t_pos / pos (how good the actual positive cases are classified)
  - Precision = t_pos / (t_pos + f_pos) (how good the positive cases are correct)
  - Specificity = t_neg / neg
- Evaluation is dependent on applications

분류기 평가하기

분류 평가는 상기와 같이 4가지 경우가 발생한다.

- True positive(t_pos)는 positive로 예측을 하였고 실제 positive한 경우
- False positive(f_pos)는 positive로 예측하였으나 실제는 negative한 경우
- True negative(t_neg)는 negative로 예측을 하였고 실제 negative한 경우
- False negative(f_neg)는 negative로 예측하였으나 실제는 positive한 경우

이를 이용하여 4기지 평가 기준을 노출한다. 4가지 평가기준은 특정 분류기의 effectiveness를 측정한다. 구체적인 평가기준 값은 각 응용에 따라 또는 사용자 요구 사항에 따라 결정되어야 한다.

Other Classifiers

- Neural net classifier
- Bayesian classifier
- Support Vector Machine (SVM)

다른 분류기

신경망(neural net)은 기계 러닝(learning) 분야에서 집중적으로 연구 개발된 기술로 인간의 뇌의 기능을 적극적으로 모방하려는 생각에 기초를 두고 있다. 자세한 사항은 생략하기로 한다.

Regression

- Given a set of mappings for an unknown function, predict the function result for a new parameter value
  - Regression deals with the prediction of a value, rather than a class
- Linear regression: to infer coefficients $a_0, a_1, a_2, \ldots, a_n$ such that $Y = a_0 + a_1{*}X_1 + a_2{*}X_2 + \ldots + a_n{*}X_n$
  - Given values for a set of variables $X_1, X_2, \ldots, X_n$, we wish to predict the value of a variable Y
- In general, the process of finding a curve that fits the data is called curve fitting
- Regression aims to find coefficients that give the best possible fit
  - The fit may only be approximate because of noise in the data, or because the relationship is not exactly a polynomial

회귀

회귀는 주어진 새로운 입력 값에 대한 최종 결과값을 구하는 작업이며, 이를 위하여 기존의 입력 값과 결과 값의 연관성을 활용하여야 한다.

선형 회귀는 상기와 같은 공식에서 상수를 구하여 주어진 입력 값에 대한 결과(함수) 값을 구하려고 한다. 이슈는 계수(coefficient)를 구하는 것인데, 통계학에서 이에 대한 연구가 진행되어 있다.

Clustering (1/2)

- Clustering is to find clusters of points in the given data such that similar points lie in the same cluster
  - Can be formalized using distance metrics
  - Group points into k sets (for a given k) such that the average distance of points from the centroid of their assigned group is minimized
    - Centroid: point defined by taking average of coordinates in each dimension
  - Another metric: minimize average distance between every pair of points in a cluster
- Cluster Example
  - Typhoid cases were clustered in an area surrounding a contaminated well
- Studied extensively in statistics but on small data sets

집단화 (1/2)

집단화는 주어진 주어진 데이터에서 유사한 점(point)의 집단을 찾는 문제이다. 점들간의 metric은 centroid와 거리 또는 동일 집단내의 모든 점들간의 거리 등 다수개의 방법이 존재한다. 집단화는 통계학에서 많이 다루어진 문제이나, 작은 량의 데이터를 대상으로 하였다.

Clustering (2/2)

- Data mining systems aim at clustering techniques that can handle very large data sets
- The BIRCH algorithm
  - An unsupervised data mining algorithm used to perform hierarchical clustering over large data sets
  - Main idea is to use an in-memory R-tree to store points that are being clustered
  - Insert points one at a time into the R-tree, merging a new point with an existing cluster if is less than some δ distance away
  - If there are more leaf nodes than fit in memory, merge existing clusters that are close to each other
  - At the end of first pass we get a large number of partially clusters at the leaves of the R-tree
  - Apply standard clustering techniques to get final clustering

집단화 (2/2)

데이터 마이닝에서는 대용량 데이터에 대한 집단화 문제를 해결하려고 하며, BIRCH(balanced iterative reducing and clustering using hierarchies) algorithm이 그 사례 중의 하나이다.

Zhang, T., Ramakrishnan, R. and Livny, M., "BIRCH: An Efficient Data Clustering Method for Very Large Databases", Proceedings of the 1996 ACM SIGMOD International Conference on Management of Data, pages 103-114, 1996"

부　　　록

영문/한글 용어 변환표 • 230

영문/한글 용어 변환표

- abort 철회
- anomaly 이상
  - insert anomaly 입력 이상
  - delete anomaly 삭제 이상
  - update anomaly 갱신 이상
- Armstrong's Axioms 암스트롱 공리
  - augmentation 부가성
  - reflexivity 재귀성
  - transitivity 이행성
- assertion 주장
- association rule 연관규칙
- attribute 속성
  - compound attribute 복합 속성
  - composite attribute 복합 속성
  - dimension attribute 차원 속성
  - measure attribute 측정 속성
  - multivalued attribute 다수 값 속성
  - nonprime attribute 비주요 속성
  - prime attribute 주요 속성
  - single-valued attribute 단일 값 속성
  - simple attribute 단순 속성
- bit map 비트맵
- bucket overflow 버킷 과적
- cardinality 카디날리티
- cascading rollbacks 연쇄 복귀
- checkpoint 검사점
  - fuzzy checkpoint 퍼지 검사점
- closure 폐포
- commit 완료
- concurrency control 동시성 제어
- conjunction 논리곱
  - disjunction 논리합
- confidence 확신
- cover 커버
  - canonical cover 정규 커버
  - minimal cover 최소 커버
- cross tabulation 교차 분석
- deadlock 교착상태
- decomposition 분해
  - lossy decomposition 손실 분해
  - lossless decomposition 무손실 분해
- entity 개체
  - weak entity 약한 개체
- entity-relationship 개체-관계성
  - ER diagram ER 다이어그램
- execution plan 실행계획
- hash 해쉬
  - dynamic hash 동적 해쉬
  - static hash 정적 해쉬
- history 역사
- index 색인
  - dense index 밀집색인
  - sparse index 희소색인 (비밀집색인)
- integrity constraint 무결성 제약
- join 조인
  - block nested-loop join 블록 중첩 루프 조인
  - equijoin 동등 조인
  - inner join 내부 조인
  - merge join 병합 조인
  - natural join 자연 조인
  - outer join 외부 조인
  - theta join 세타 조인
- failure 장애
- functional dependency 함수 종속성
  - full functional dependency 완전 함수 종속성
  - partial functional dependency 부분 함수 종속성
  - trivial functional dependency 무의미 함수 종속성
- key 키
  - candidate key 후보 키
  - foreign key 외래 키
  - primary key 주 키
  - superkey 슈퍼 키
- lock 록
- log 로그

materialization 구체화
modification 변경
- insert 입력
- delete 삭제
- update 갱신

multivalued dependency 다치 종속성
multiple granularity locking 다중 단위 크기 록킹
namespace 이름 공간
null 널
object 객체
- object-oriented 객체 지향
- object-relational 객체 관계형

quantifier 정량자
- existential quantifier 존재 정량자
- universal quantifier 전체 정량자

participation 참여
- partial participation 부분 참여
- total participation 전체 참여

phantom phenomenon 팬텀 현상
pipelining 파이프라이닝
precedence graph 선행 그래프
procedure 프로시저
recovery 회복
recursive query 순환질의
recursive view 순환뷰
- non-recursive view 비순환뷰

regular expression 정규식
- deterministic regular expression 결정적인 정규식

relation 관계
relational algebra 관계대수
- Cartesian product 카티시안곱
- project 투영
- rename 재명명
- select 선택
- set difference 차집합
- union 합집합

relational calculus 관계 해석
- domain relational calculus 도메인 관계 해석
- tuple relational calculus 터플 관계 해석

relationship 관계성
- relationship set 관계성 집합
- relationship type 관계성 타입
- binary relationship 이진 관계성
- non-binary relationship 다진 관계성

roll 롤
rollback 복귀
row 로우
serializable 직렬가능
- conflict serializable 충돌 직렬가능
- view serializable 뷰 직렬가능

schedule 스케줄
- cascadeless schedule 연속적인 철회가 필요 없는 스케줄
- recoverable schedule 회복가능 스케줄
- serializable schedule 직렬가능 스케줄
- strict schedule 제한적인 스케줄

shadowing 그림자
stable storage 안정 저장 (매체)
starvation 기아상태
subquery 서브질의
- correlated subquery 상관 서브질의
- nested subquery 중첩 서브질의

support 지원
topological sort 위상정렬
transaction isolation 트랜잭션 분리
- transaction isolation level 트랜잭션 분리도

trigger 트리거
tuple 터플
two-phase locking protocol 2단계 록킹 규약
- strict two-phase locking 엄격 2단계 록킹
- rigorous two-phase locking 엄중 2단계 록킹

view 뷰
- materialized view 실체화된 뷰
- updateable view 변경가능 뷰

wait-for graph 대기 그래프

이상호

서울대학교 전자계산기공학과 학사
Northwestern University 전산학 석사 및 박사
한국전자통신연구원 선임연구원 역임
한국사립대학교도서관협의회 회장 역임
한국대학정보화협의회 회장 역임
숭실대학교 지식정보처장 역임
숭실대학교 IT대학 소프트웨어학부 교수 (1992~현재)
주요관심분야 : 데이터베이스, 웹 기술

데이터베이스 II

초판발행 2017년 2월 28일

지은이 이상호
펴낸이 한헌수
펴낸곳 숭실대학교 출판국 / 서울 동작구 상도로 369
홈페이지 http://press.ssu.ac.kr
등 록 제14-2호(1982.1.25)
TEL 02-820-0772
FAX 02-817-5397
찍은곳 열린문화
TEL 02-718-3111

값 : 12,000원
ISBN 978-89-7450-354-3 93000